현대 영어 통사론

Modern English Syntax

현대 영어 통사론
Modern English Syntax

1판 1쇄 2012년 03월 01일
1판 3쇄 2016년 02월 28일
발행인 오덕성 지은이 홍성심
펴낸곳 충남대학교출판문화원 주소 대전광역시 유성구 대학로 99
전화 042-821-6045 홈페이지 http://www.cnupress.co.kr E-mail cnupress@cnu.ac.kr

ISBN 978-89-7599-428-9 93740
값 : 18,000원

현대 영어 통사론

Modern English Syntax

홍성심

충남대학교출판문화원

개정판 머리말

이 책은 Chomsky의 변형생성 문법과 규범문법을 통합적인 관점에서 절충하여, 학부 학생들의 경우 고학년에서, 그리고 대학원 수준에서는 개론서로서 "영어통사론" 이라는 주제를 알기 쉽게 보여 주고자 집필하게 되었다.

내가 영어통사론을 강의해온 지난 시간동안, 학생들에게 최대한 친절하게 영어 문장의 구조를 보여주고 싶었고, 동시에 풍부하고 활용성 높은 예문들을 제시함으로써 수준 높은 영어공부의 한 방법을 보여주고 싶었다. 이 점에 착안하여 집필된 이 책은 논증을 통한 영어공부와 수형도를 직접 그리거나 확인하면서 영어문장의 내부구조에 관한 지식을 얻을 수 있도록 고안되었다.

이 책에 소개된 여러 논증은, 주로 theory-neutral(특정 이론으로부터 중립적)하고, 여러 해 동안 모아진 자료 중심의 논증들이며, 한국의 대학생들이 영어통사론 공부를 통해 영어 공부도 함께 할 수 있도록 예문의 어휘와 구조를 선정하였다.

나에게 언어학자로서의 롤 모델이 되어주신 Howard Lasnik 선생님과 그 동안 내게 가르침의 기쁨을 준 수많은 제자들이 내가 이 책을 내는데 큰 힘이 되어 주었음을 밝히고 싶다. 내가 책을 쓰는 동안 정신적 지원과 채찍을 아끼지 않았던 나의 가족들에게도 이 기회를 빌려 감사와 사랑의 마음을 전하고 싶다. 또 대전 국립현충원에 계신 나의 아버지께서도 이 책의 출간을 기뻐해 주시리라 믿는다.

끝으로 부족함이 많은 원고를, 책으로 출간될 수 있도록 지원해주시고, 개정이 될 수 있도록 도와주신 충남대학교 출판문화원의 민경택 원장님(충남대 영어영문학과 교수)과, 충남대학교출판문화원의 양광준 과장님을 비롯한 직원 선생님들께 깊은 감사를 드린다.

충남대학교 영어영문학과 저자 홍성심

목차

Chapter 01 | 언어학과 영어 통사론: 배경과 목표

Chapter 02 | 단어와 어휘부(Words & Lexicon)

Chapter 03 | 문법기능과 구성소

Chapter 04 | 하위범주, 의미역, 선택제약 조건

Chapter 05 | 문장의 구조와 유형

Chapter 06 | 문장구성의 기본규칙

Chapter 07 | 변형문 형성규칙 I (핵이동)

Chapter 08 | 변형문 형성규칙 II (구 범주 이동)

Chapter 09 | 기타 영어 통사현상과 그 논증

Chapter 01

언어학과 영어 통사론: 배경과 목표

•• 핵심용어 및 개념

Linguistics
syntax
Universal Grammar & Grammar
Internalized-language & Externalized-language
Plato's problem
Language Faculty
Linguistic competence
Poverty of input
Darwin' s problem
Evolutionary Tree
FOXP2

Chapter

01 언어학과 영어 통사론: 배경와 목표

1.1. 언어학과 통사론의 목표

언어는 인간이 가지고 있는 고유한 능력중의 하나이며, 새가 날수 있는 능력이 있고, 물고기가 헤엄칠 수 있는 능력이 있는 것과 같이 일정 부분 인간이 생득적으로, 생물학적으로 타고 나는 능력이라고 말할 수 있다. 그렇다면, 언어능력(language faculty)의 실체는 무엇인가, 즉 인간이 한 언어를 알고 있다는 말은 무엇을 알고 있다는 말인가?에 대해 끊임없이 그 답을 추구해온 언어학자 Noam Chomsky는 바로 이 언어능력의 실체를 규명하기 위해서 1950년대 이후 일련의 언어 이론을 제시하여 왔다. 따라서, Chomsky의 언어이론은 한 언어를 모국어로 사용하는 모국어 화자가 그 언어에 대해서 알고 있는 총체적이고 추상적인 지식을 찾아내는 것을 목표로 하고 있다.

이 지식을 문법(grammar)라고 하는데, 문법의 실체는 현재까지는 추상적인 것으로 알려져 있다. 언어지식이 추상적이거나 무의식적이라는 오랜 전제에 반론이 될 만한 연구발표가 비교적 최근인 1998년 이후에 발표되었는데, 인간의 언어능력도 결국 유전자와 뇌세포의 발달에 관여되어 있다는 것이다.

그러나, 아직까지 대부분의 언어연구는 그 사용자가 언어를 사용할 때 나타난 자료를 중심으로 연구해 나갈 수 있을 뿐이다. 물론 뇌파 검사라든지 time-sensitive electro- physiological techniques등을 통해서 언어활동과 뇌의 활성화 관련성을 연구하다 보면, 인간의 언어능력이 생물학적 능력이라는 생각을 가질 수 있다. 그러나 대부분의 경우, 언어연구는 겉으로 나타난 초기언어자료(Primary Linguistic

Data, PLD)를 살펴 모국어화자가 그 언어에 대해서 알고 있는 지식의 실체를 찾아 보려는 것이다. 겉으로 나타난 언어 능력과 언어능력(FL)은 항상 완전히 일치하는 것은 아니다.

Chomsky 문법이 가지고 있는 또 한 가지 목표는 인간이 어떻게 적어도 한 개 이상의 언어를 모국어로 구현할 수 있는 언어능력(Faculty of Language)을 가지고 있는가? 즉 인간이 언어를 안다고 하는 것의 실체가 무엇일까 하는 궁금증을 해결하는 것이다. 다시 말하면 어떻게 모국어 습득이 가능한가? 하는 문제이다. 이 문제를 언어습득의 문제(First language Acquisition)라고 하는데, 우리가 외국어인 영어를 학습할 때의 학습과정과 달리. 모국어 습득이 일어나는 과정에 대한 의문점이라고 할 수 있다. 즉 모국어 습득은 어떻게 진행되고, 어떻게 해서 모국어가 습득되는가에 대한 의문점 규명이 Chomsky 언어이론의 두 번째 중요한 목표이다. 결국 모국어 화자가 자신의 모국어에 대해서 무엇을 알고 있는가 하는 문제와, 어떻게 해서 모든 인간이 적어도 한 개 이상의 언어를 습득하게 되었는가 하는 문제에 대답하는 일이 중요한 과제일 것이다.

1.2. Plato의 문제와 보편문법Universal Grammar

모든 인간이 적어도 한 개 이상의 언어를 모국어로 구사하고 있는데, 이런 언어들이 보편적으로 공유하고 있는 추상적 특질이 있다는 가설이 Chomsky의 보편문법이다. 즉 보편문법이란 인간이 각기 다른 피부색, 머리색, 눈동자의 색깔을 가지고 있어도, 생물학적으로 동일 종에 속하므로, 예를 들면 혈액이 공유될 수 있다든지, 염색체의 개수가 같다든지 하는 비유를 할 수 있겠다. 즉, 겉으로 나타난 표면상의 차이는 개별 언어가 가진 특성(매개 변항)이고, 인간이 가지고 있는 생물학적 유전학적 공통점은 많은 인간의 언어들이 공유하고 있는 보편문법적인 특징이라는 것이다.

보편문법은 학습되지 않아도 되는 것이며, 마치 우리가 태어날 때 손가락 10개를 다 가지고 태어나, 마침내 그 손가락들이 성장하고 성인의 손가락으로 커지는 것이지, 처음엔 1개의 손가락을 가지고 있다가, 나이가 들면서 2개, 3개 그러다가 마침내 성인이 되어서 10개가 되는 것이 아닌 것과 같다. 다만 그 보편문법적인 특징들이 개별 언어로 나타나려면, 이를 촉발하는 외부의 여러 가지 자극과 경험이 필요한데 그 자극과 경험을 통해 개별언어로 발전한다는 생각이다. 다시 말하면, 미국 아이나 한국 아이나 인간으로서 가지고 태어나는 보편 문법적 지식(UG)이 있고, 이것이 영어나 한국어로 발전하기까지 이를 촉발하는 여러 가지 언어 환경, 경험, 자극 등이 있다는 것이다.

그렇다면, 인간이 태어날 때 알고 태어나는 보편문법적 지식은 구체적으로 어떤 것들이 있을까? 가장 대표적인 예로, 사람들은 일정한 통사 범주의 존재를 알고 태어난다고 한다. 즉 문장을 구성하는 단어들이 Noun(명사)인지 Verb(동사)인지 등을 알고 있다는 것이다. 또한, 내포(embedding)같은 구조적 의존성(structural dependency)에 관한 지식도 보편문법의 일부이며, 심지어 cause(사역)과 location(위치)에 관한 개념적인 술어도 보편적이라고 주장된다.

다만 이러한 외부적 자극이 그 양에 있어서 불충분하고, 입력되는 자료의 질에 있어서도 완벽하지 못함에도 불구하고, 어린아이는 5-6년이라는 짧은 시간 안에 모국어의 문법을 "완벽하게" 내재화한다. Chomsky 이론의 틀안에서 보면, 이 언어 능력(linguistic competence)은 완벽하다고 전제할 수 있는데, 그와 달리, 언어 수행은(linguistic performance) 완벽하지 않을 수 있다. 즉, 언어 수행에는 실수가 있을 수 있지만, 한 언어의 모국어 화자가 지니고 있는 언어 능력(Grammar, Language faculty)은 완벽하다고 전제된다.

이처럼 언어를 습득하려는 어린아이에게 주어지는 언어자료는 불충분하고, 부정확할 수 있음에도 불구하고 완벽하게 언어를 습득하는 패라독스를 Plato's Problem(플라토의 문제)라고 부른다.[1] 즉, 모국어 화자가 실제로 접하게 되는 여러 언어자료는 매우 불충분하고, 문제가 많지만, 실제로 그런 언어 환경에 접하면서도 결국 완전한 모국어 습득의 경지에 이르게 되므로, 어떻게 그것이 가능한가를 규명하려는 것을 일컫는 말이다.[2]

1 Chomsky (1986)를 참조할 것.

언어습득의 논리적인 문제를 "Plato' s Problem" 이라고 부르고 이를 도식화 해보면 아래와 같다.

(1) Primary Linguistic Data (of L) ---> UG ---> Grammar (of L)

따라서, PLD와 일관성이 있으면서, 또한 언어의 특수한 여러 가지 규칙들간의 차이를 메울 수 있는 체제를 구축함으로서 UG가 과연 어떤 것인가를 연구하는 것이 언어연구의 궁극적 목적 중 하나가 되는 것이다.

Plato' s Problem에 대해서 Chomsky가 제시했던 한 가지 방법은 Principles & Parameters 접근법이었는데, 인간이 선천적으로 태고 나는 언어적 지식(능력)은 보편문법과 유사한 개념으로 이를 1980년대의 지배결속 이론에서는 원리(Principles)라고 명명하고, 이 보편문법 또는 Principles를 후천적으로 촉발해서 표면상 약 7,000여 개의 상이한 개별언어가 되게 하는 환경, 경험, 입력등은 매개변항(Parameters)라고 부른다.

따라서, 인간의 언어능력은 여타의 다른 경험에 노출되기 전에 이미 인간의 두뇌에 연결되어 있고, 그런 점에서 Chomsky의 언어관은 심리학적 이성주의 또는 생물학의 일부라고 말할 수 있다. 즉, 안아(구사)능력도 생물학적 기제라는 점이다.

모국어 화자가 가지고 있는 언어적 지식은 추상적이고, 보이거나 들릴 수 없다. 그렇다면, 이 같은 추상적 지식의 실체를 규명하는 일은 결국 겉으로 나타난 현상을 가지고 역 추적해서 찾아내는 수 밖에 없을 것이다. 겉으로 나타난 현상이란 모국어 화자가 사용하는 언어 자료를 말함인데, 마치 의사가 질병을 진단할 때, 환자에게 나타난 증상이나 상태를 관찰(진찰)하고, 그 증상/상태를 유발하는 원인을 찾아내는 것과 같은 과정이라고 생각할 수 있다.

2 이 Plato' s problem은 학자에 따라서 "A Black box problem" 이라고 일컬어지기도 한다.(Larson 2010, p. 13) 모국어 습득은 관찰 가능한 자료가 입력되어 관찰 가능한 자료로 출력되는 과정에 관여하는 일종의 black box 같아서 이 black box 속에 무엇이 들어있는가, 어떤 기제가 작용하는 가를 알아보는 것이 언어학의 목표라고 생각하는 것이다.

1.3. 문법의 정의

인간이 한 언어를 안다는 말은 무엇을 안다는 말인가? 한 언어를 안다는 말은 그 언어의 음성-음운적 지식, 형태-통사적 지식, 의미-화용적 지식을 비롯한 그 언어에 관련된 각종 규칙과 옳고 그름을 판단할 수 있는 총체적 능력을 가지고 있다는 말이고 그러한 규칙을 안다는 말이라고 할 수 있다.

한 언어에 관한 모든 지식을 우리는 문법이라고 부른다. '문법' 이란 말이 여러 가지 정의를 가지고 있을 수 있다. 그러나 요약하면 다음의 4가지 정도의 정의로 '문법' 이 무엇인가 설명할 수 있겠다.

(1) body of abstract linguistic knowledge in a native speaker' s brain ("mind")
(문법은 모국어화자가 자신의 언어에 관해 알고 있는 총체적지식)
(2) a linguist' s "thorough" description of (L)
(모국어화자의 총체적지식을 기술해 놓은 것)
(3) prescriptive (school) grammar; "language purism", language should not be corrupted by using it "incorrectly"
(규범문법, 혹은 학교문법)
(4) syntax; a component of linguistics dealing with the structures and rules of sentences in L under investigation
(통사론 혹은 문장 구조에 관한 지식)

따라서 한 언어의 모국어화자가 그 언어를 안다는 말은 그 언어의 문법을 내재화 했다는 의미로 해석할 수 있다.

영어의 음소의 수는 34개로, 형태소의 수는 그보다 훨씬 많고, 단어의 수는 물론 그보다 훨씬 많으며, 문장의 수는 무한하다고 말할 수 있다. 그렇다면 이처럼 무한한 개수의 문장은 무한한 개수의 규칙에 의해서 생성되었다고 말해야 하는가? 이에 대한 대답은 '아니다' 이며 문장의 개수는 무한하지만, 그 무한 문장들을 생성하도록 해주는 규칙은 한정적일 것이라는 것이 답이다.

English phoneme (34) ≤ morpheme ≤ words ≤ phrases ≤ sentences (≤ paragraphs)
cf. 26 (C=21, V=5) (writing) symbols

Lexicon ={W1, W2, W3,⋯..Wn}; n개의 어휘항목으로 이루어진 머릿속 사전[3]

S(entence)= W1 + W2, + W3 ⋯ Wm ; m개의 어휘항목으로 이루어진 S

Syntactic component={S1, S2, S3, ⋯.S∞}; 무한 개의 S를 생성할 수 있는 통사부

이 어휘 항목 중 특정 어휘항목을 선별하고, 특정 규칙에 의해서 조합하고, 발화하거나, 발화된 문장을 이해하는 과정도 모두 '문법'에 속한다. 예를 들면, 'Freeze!' 라는 문장은 적어도 듣기에는 한 개의 단어로 구성된 문장이라고 말할 수 있다.

또한 S는 그저 실에 꿰어진 진주 알 같은(beads-on-a-string) 편평구조가 아니다. 따라서, 눈에 보이지 않고, 귀에 들리지 않는 문장의 내부구조를 파악하고, 논증하는 일이 통사론의 영역이다.

1.4. 문법의 기준과 타당도

모국어 화자가 보편문법을 근거로 해서 내재화 혹은 습득했다고 생각되어지는 추상적 언어지식을 문법이라고 한다면, 이 추상적 지식을 기술(describe)해 놓은 것도 또한 문법이라고 할 수 있겠다.

그렇다면, 언어학자가 모국어 화자의 추상적 언어지식, 즉 문법을 기술할 때 갖추어야 할 중요한 기준은 무엇일까? Chomsky는 이에 대한 답으로 다음의 세 가지 타당도를 제시한 바 있다.

3 Hauser, Chomsky, & Fitch(2002)에 의하면, 평균의 영어 화자는 고등학교를 졸업할 때 약 60,000여 개의 어휘를 안다고 한다.

(1) **관찰적 타당도**(Observational Adequacy)

.... A grammar of a language is observationally adequate if it correctly specifies which sentences are (and are not) syntactically, semantically, morphologically, and phonologically well-formed in the language.

영어의 문법이라면, 적어도 영어에서 통사적, 의미적, 형태적으로, 또는 음성/음운적으로 적정한 자료와 그렇지 않은 언어자료를 구별해 낼 수 있어야 한다. 다시 말 하면, 문법적인 예문과 비문법적인 예문을 구별할 수 있는 규칙, 올바른 발음과 옳지 않은 발음을 구별할 수 있는 규칙, 올바른 어휘와 옳지 않은 어휘 등을 구별할 수 있는 규칙등을 제시하고 있으면, 그 문법이 적어도 관찰적인 타당도를 지닌다고 말할 수 있다. 다음의 예를 보자.

a. These boys don't like those girls.
b.*This boys doesn't like that girls.
c. These boys don't like that girl.
d.*This boys doesn't like that girls.

관찰적 타당도가 있는 문법이라면, (a)-(d)의 예문을 판단하여, (a)와 (c)는 정문이고, (b)와 (d)는 비문법적인 문장이라는 것을 예측할 수 있어야 한다.

(2) **기술적 타당도**(Descriptive Adequacy)

.... A grammar of a language is descriptively adequate if it correctly specifies which sentences are (and are not) syntactically, semantically, morphologically, and phonologically well-formed in the language, and also properly describes the syntactic, semantic, morphological, and phonological structure of the sentences in the language in such a way as to provide a principled account of the native speaker's intuition about this structure.

어떤 문법(G1)이 바람직한 문법인가에 대해 우리는 의문을 가질 수 있다. 즉, 관찰적 타당도만을 가진 문법은 충분치 않다. 그저 옳고 그름만을 예측해 주는 문법은 기술적 타당도가 없다고 말할 수 있다. 관찰적 타당도보다 더 나은 문법은 기술적 타당도를 갖춘 문법으로 관찰적 타당도를 포함하고, 동시에 왜 이러한 문법성/비문법성이 있는가를 일반화 해서 설명할 수 있으면 기술적 타당도를 갖춘 문법이라고 말 할 수 있다. 동일한 예를 가지고 설명해 보자면, 위의 (a)와 (c)의 문법성을 살펴보고 (b)와 (d)의 비문법성을 살펴본 뒤, "영어의 한정사와 피수식어인 명사 사이에는 수의 일치가 있다"라는 일반적 규칙을 포함하는 문법이라면, 기술적 타당도를 갖춘 문법이라고 말할 수 있겠다.

(3) **설명적 타당도**(Explanatory Adequacy)

... A linguistic theory attains explanatory adequacy just in case it provides a descriptively adequate grammar for every natural language, and does so in terms of a maximally constrained set of universal principles, which represent psychologically plausible natural principles of mental computation.

기술적 타당도는 관찰적 타당도를 포함하는 개념이지만, 기술적 타당도 역시 더 큰 개념인 설명적 타당도속에 포함될 수 있다. 즉, 영어에 존재하는 한정사-명사의 수의 일치에 대한 일반적 규칙의 제시와 더불어, 다른 많은 자연언어에서도 유사한 현상을 유사한 규칙으로 설명할 수 있는가 알아보고, 인간의 언어습득에 과연 "한정사와-피수식어 사이의 일치관계"에 관여하는 규칙을 제시할 수 있다면, 이 문법은 설명적 타당도를 가지고 있는 문법이라고 할 수 있다. 따라서 바람직한 문법이론은 설명적 타당도를 갖춘 문법이라고 말할 수 있다.

이상의 세 가지 타당도는 인간이 가지고 있는 언어지식과 언어습득과정을 규명하고자 할 때 갖추어야 할 기준이 된다고 말할 수 있겠다.

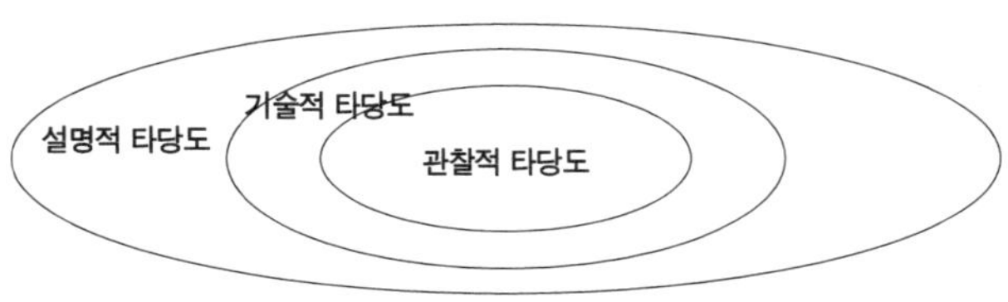

1.5. 변형생성 통사이론의 흐름

1.5.1. 배경

Chomsky의 통사이론은 크게 표준이론(1965년)과 1970년대의 확대 표준이론을 한데 묶어 (i) 초기 변형생성문법의 시대(1950-1970년대 말), (ii) 지배 결속이론 - 매개변항이론의 시대(Government & Binding Theory/Principles & Parameters, 1980년대), 그리고 (iii) 최소주의 이론의 시대(1990년대-현재)까지로 나누어 볼 수 있다.

변형문법이 출현하기 전에는 소위 행동주의 심리학(Behaviorism)과 구조주의 언어학(Structuralism)이 성행하고 있었다. 구조주의 언어학은 언어를 과학적으로 규명하려는 학문적 풍조로 스위스의 소쉬르(Ferinand de Saussure)가 대표적 학자라고 할 수 있다. 1950년대 들어 구조주의 언어학이 쇠퇴하게 되면서 Chomsky의 변형생성문법이 등장하게 된다.

인간의 언어(모국어)가 순전히 학습에 의해서 습득되는 것이라는 생각, 즉 언어는 순전히 연습과 훈련으로 습득된다는 생각으로부터 언어는 인간이라면 본래 타고나는 일종의 능력과 같아서, 학습에 의한 부분도 있겠지만, 생물적 기관(biological organ)처럼 타고 나는 부분도 있다는 생각이 Chomsky 문법의 근간이다.

따라서, 단순한 학습만을 강조한 구조주의 문법만으로는 창의적(creative)이며 무한 순환적일 수 있는 인간의 언어를 설명할 수 없었지만, 변형생성문법은 창의적이며 무한하게 순환적(recursive)인 인간언어의 특성을 잘 설명할 수 있다. 이제 초기 변형생성문법 - GB 문법 - 최소주의로 변화와 발전을 해나가는 통사이론의 흐름을 살펴보자.

1.5.2. 초기 변형생성 문법

초기 변형생성 문법은 우선 어휘부(Lexicon), Phrase-Structure Rules(구 구조규칙), 그리고 변형규칙(Transformational Rules)이 있었다. 구 구조 규칙이 강제적으로 Top-down 방식으로 적용되어 V, N, Det, P, Adj 등의 어휘범주까지 다시 쓰기 규칙을(rewriting rules) 마치면, 어휘 삽입(lexical insertion)이 적용된다. 초기 변형 문법 모델을 정리해 보면, 다음과 같다.

(1) 구 구조 규칙 Phrase Structure Rules ⇒ 기본 구 구조 형성
⇒ the basic structure building
(2) (1)의 결과로 생겨난 구조물의 종단 절점(terminal Node)에 어휘부로부터의 어휘 삽입 ⇒ 어휘 삽입으로 최초 문장 형성
⇒ 최초의 P-marker 생겨남(Deep Structure)
(3) 심층구조(Deep Structure) 선택적이거나 혹은 강제적 변형규칙을 적용함
⇒ 도출된 중간 도출과정의 P-marker 생겨남(Derived Structure)
(4) Derived Structure 가 더 이상의 변형규칙이 적용되지 않으면
⇒ 표층구조(Surface Structure)가 됨

초기 변형문법은 구 구조규칙과 변형규칙이라는 그 성격이 아주 다른 규칙들로 구성되어 있었다. 그러나, 1970년대 초에 들어서면서, 구 구조규칙은 다음과 같은 여러 가지 문제점을 지적 받게 되었다.

(1) 첫째, 구 구조 규칙은 이미 독자적으로 어휘부에서 보장해 주고 있는 하위범주화와 중복적인 정보를 주고 있다. 예를 들면, VP -> V NP S 등의 구 구조 규칙은 타 동사가 반드시 그 보충어를 택한다는 하위범주화 규칙과 중복적인 정보를 주고 있을 뿐이다.

(2) 구 구조 규칙은 어휘수준의 범주(X^0)이거나 최대투사 범주인 구범주 수준의 범주만이 존재한다. 따라서 중간투사 범주가 인정되는 PP식의 문법틀을 인정한다면, 구 구조 규칙은 모국어 화자의 문장 구성능력을 기술하기에 적절하지 않다. 따라서, 구 구조 규칙은 포기 되었고, 대신 핵계층이론이 도입되었다.

(3) 구 구조 규칙은 각각의 범주마다 발견되는 일반성을 불필요하게 나열한다. 예

를 들면, VP는 반드시 V가 들어 있고, NP에는 반드시 N이 들어있고, PP에는 반드시 P로 "다시 쓰기"가 되는데, 이를 일반화 시킨 것이 핵계층 이론이다. 따라서, 핵계층 이론은 이러한 구 구조생성의 원리를 보다 일반화 할 수 있다는 점에서, 일반성을 보장해준다.

(4) 위에서 언급한 (3)과 관련이 있는데, 핵계층 이론에서는 핵과 보충어의 개념이 보다 정확하게 포착된다.(X가 투사되어서 XP가 된다는 개념)

위와 같은 이유로 구 구조 규칙은 포기되고, 구 구조 규칙이 담당하던 통사 구조의 구축은 핵 계층 이론(X-bar)이 대신하게 되었다.

1.5.3. 지배결속/매개변항이론

구 구조 규칙이 폐기되면서, 최초의 구 구조를 생성하는 규칙은 이제 핵계층이론에 따라 형성된다는 입장이 지배결속/매개변항의 이론이다. 이 문법틀에서는 D-구조라는 심층구조와 그에 여러 가지 변형규칙이 적용되어 그 결과 나타나는 S-구조라는 표층구조가 있다.

따라서 이런 문법모델에 의하면, 문장의 생성은 우선 핵 계층이론에 따른 구조물에 어휘부의 어휘가 삽입되고, 모든 문장은 n 갯수의 XP가 building-block처럼 모여서 이루어진다. 이와 같은 방식으로 생겨난 D-구조는 순환적으로 적용 가능한 변형규칙이 적용되어 그 결과 S-구조가 된다. 이 S-구조는 초기변형문법의 표층구조와 유사한데, 이 S-구조가 의미부(LF)와 음성부(PF)로 입력되는 입력물이 된다. 이런 문법틀을 T-모델이라고 한다.

따라서, GB/PP 문법에서는 핵계층 이론과 Move-α로 요약되는 규칙으로 문장구성이 이루어지고, S-구조가 PF와 LF로 입력되는 입력물인데, 이 이론에서 특징적으로 여러 가지 이론들이 조합적으로(modular) 적용되어 언어를 설명하려는 입장에 있었다. 대표적으로, 핵계층이론(x-bar theory), 격이론(case theory), 지배이론

(government theory), 결속이론(Binding theory), 이동이론(movement theory, bounding theory), 의미역이론(theta theory), 통제이론(control theory) 등이 상호 조합적으로 작동하고, 이런 작동으로 모국어 화자가 알고 있는 언어지식을 설명하려는 생각이었다. 예를 들면, 결속 이론은 NP/DP등의 분포와 해석에 관한 조건과 규칙을 제시하는 이론이고, 격이론은 격과 관련된 부분을 관장하는 이론이며, 통제 이론은 음성적 값이 없는 비명시적 명사구인 PRO의 분포와 해석에 관한 것이다.

1.5.4. 최소주의 이론

PP 문법틀로 불리는 중기 Chomsky 이론은 1995년 전후로 발간된 'The Minimalist Program' 의 발간을 계기로 지금까지 여러 가지 변화를 겪으면서 최소주의 통사이론으로 자리잡고 있다.

핵계층 이론과 Move-α라는 변형규칙으로 문장의 구조를 설명하려 했던 GB/PP 문법틀은 인간언어를 가장 경제적으로 설명하려면 통사적 조작을 최소화 해야 한다는 생각으로 여러 가지 문법층위, 예를 들면, D-구조나 S-구조를 없애고, 소리-음성과 관련한 PF를 Sensory-Motor(SM) 접합면으로, 의미와 관련있는 LF를 Conceptual-Intentional(CI) 접합면으로 남기는 변화를 겪게 된다. 또한, 핵계층 이론도 핵과 보충어의 개념은 살아 있지만, 지정어와 부가어의 개념을 축소해서, X-bar와 결합하는 요소면 모두 지정어로, XP에 부가 되면, 전부 부가어가 되는 구 구조상의 차이를 낳는다.

최소주의 이론중에서 문장의 기저형을 구축하는 규칙으로 병합(Merge)이라는 작동을 사용한다. 병합은 이분지 원칙(Binarity)에 의거해서 두 개의 항목을 병합해 나아가는 방식으로 문장을 구성한다. 이때 핵과 보충어라는 개념이 동원된다. 이때에 이동현상(혹은 위치이탈, displacement)은 내부병합(internal merge)이라고 하고, 어휘부로부터 뽑혀져 나온 어휘요소를 병합하는 것은 외부병합(external merge)라고 부른다. 자세한 논의는 해당되는 장에서 다룬다.

이상과 같은 이론적 변화에도 불구하고 변형생성문법의 특징은 인간의 언어가 자리 바꿈의 속성을 가지고 있으며, 이런 자리바꿈의 특성을 내부병합이라는 변형규칙을 설정함으로서 설명하려는 문법이고, 따라서 변형 규칙 적용 전과 변형규칙 적용 후가 서로 다른 표시를 가지는 문법이며, 표층과 심층이 단일한 체계로 설정되는, Head Driven Phrase Structure Grammar(HPSG) 같은 문법과는 확연한 차이를 보인다. 이상으로 현대 변형생성통사이론의 개략적 배경과 흐름을 살펴보았다.

1.6. Darwin의 문제와 보편문법

Chomsky의 변형생성문법은 지난 50여년간 자연언어의 여러 가지 특질들을 발견하고 주장해 왔는데, 예를 들면, (1)모든 자연언어는 무한한 회귀성(recursiveness)을 가진다, (2)자연언어는 실에 꿴 구슬 같은 문장을 가진 것이 아니고, 형상성(Hierarchical and configurational)을 가진다 (3) 또한 자연언어는 위치이탈(또는 이동)현상을 포함하는 장거리 의존관계를 가지고 있다. 이러한 인간 언어의 특질들은 FL로부터 출현한 것이고 이는 결국 UG로부터 나온 것이라고 말할 수 있다.

한편, 인간의 언어는 진화론적으로 약 50,000년 전부터 100,000년 전 경에 출현한 것으로 알려져 있다. 이는 진화적 관점에서는 매우 급작스러운 현상으로 볼 수가 있다. 그런 이유로, S. Pinker(1994)는 인간의 유전자에 언어관장 유전자가(FOXP2) 생겨난 것은 '매우 급작스러운 변이에 의한 것(mutation)' 이라고 주장한다.[4]

인간 언어의 복잡성과 무한성등을 고려한다면, 실제로 언어관련 유전자가 변이를 일으키면서, 진화가 일어날 때, 아주 사소한 한 두 가지의 변이에 의존해서 인간의 언어능력이 출현했을 것이라고 생각할 수 있다.(Hornstein 2009) 다시 말하면, 인간의 언어는 조합적이지 않고, 적응 등의 복잡한 과정을 포함하지 않으며, 눈깜짝할 사이에(the blink of an evolutionary eye) 일어난 일일 것이다.

바로 이런 변이가 '언어' 를 구사하는 인간과 그렇지 못한 유인원(원숭이류)이 진화계통수(evolutionary tree)상 다른 위치를 차지하게 된 시발점이 될 것이다. 그러

4 실제로 FOXP2를 발견하고 주장한 사람은 Pinker의 가설에 영향을 받은 Simon Fisher(1998년)를 포함하는 학자들로 알려져 있다.

면 수 백년이나 수 만년이 흐르면 유인원은 언어를 가지게 되는가? 이에 대한 대답은 부정적이다. 왜냐하면, 이미 진화계통수상에 서로 다른 길을 가게 된 두 개체는 각각 다른 방식으로 발전하고 진화해 나가기 때문에 이미 다른 길로 들어선 유인원이 인간과 같은 변이를 거치면서 말을 하게 되리라 믿기 어렵기 때문이다.

이상과 같이 인간에게 어떻게 언어가 출현하게 되었는지, 인간의 언어능력(FL)은 진화론적으로 어떤 출현 과정을 거치게 되었는지의 미스터리가 바로 Darwin' s Problem이다.

비록, 인간에게 언어가 출현하게 된 과정이나 출현 현상에 관여된 문제가 바로 Darwin의 문제이긴 하나, 인간의 언어가 오늘날처럼 다양하게 6,500-7,000여 개로 달라지게 된 것은 별도의 미스터리라고 할 수 있다. 인간언어의 기원을 연구하는 학자들은 다양한 의견을 내고 있으며 한때는 언어의 기원을 논의하지 말라는 경고를 Linguistic Society of Paris가 내보냈었다(1866년).

인간의 제스처가 인간의 언어중추를 자극하고, 이로부터 뇌의 언어중추를 발달시켰으며, 그로부터 고급한 음성언어로 발달했을 것으로 추정하는 학자들이 있다. 이러한 주장은 몸동작을 사용하는 수화(sign language)사용자들의 경우에도 음성언어를 사용하는 일반인과 같이 뇌의 좌반구(Left hemisphere)가 활성화된다는 연구에 의해서 옹호되었다.[5]

언어의 기원에 관한 연구는 최근 뇌과학, 분자생물학, 계통분류학, 생물언어학의 협업으로 눈부신 발전을 하고 있다.

5 음성 언어는 음의 청각적 시간적 변화에 의해 기호화되지만, 수화는 손이나 몸짓의 신호에 따른 시각적 공간적 변화에 의존하기 때문이다. 하지만 수화도 말처럼 언어중추가 담당한다는 사실이 최근에 밝혀졌다. 캐나다 맥길 대학 심리학과 로라 안 패티토 교수팀은 청각 장애인이 수화를 할 때도 정상인이 말을 주고받을 때처럼 언어중추가 활동을 한다는 연구 결과를 2000년에 발표했다. 연구팀은 청각 장애인이 수화를 할 때와 정상인이 언어활동을 할 때 뇌 속의 피의 흐름을 양전자방출단층촬영법으로 측정했다. 그 결과 청각 장애인과 정상인 모두 왼 뇌의 브로카 영역과 베르니케 영역의 혈액의 흐름이 왕성했다. Broca' s area 와 Wernick' s area는 인간의 언어를 관장하는 중요한 부분으로 Broca영역은 좌뇌의 앞부분을 주로, Wernicke 영역은 좌뇌의 뒷부분을 주로 차지하는 곳이다. 이처럼 좌뇌의 동일 영역이 말하고 듣기뿐만 아니라 제스처도 관장한다는 것은 제스처와 언어의 뿌리가 근본적으로는 같다는 것을 간접적으로 옹호한다고 생각할 수 있기 때문이다.

··· 연습문제

1. 이 장에서 논의된 여러 가지 개념들을 생각해보고, 다음의 제시된 예들이 해당되는 개념과 연결시켜 보시오.

a. 언어의 출현과 진화계통수 (Evolutionary Tree)
b. Linguistic competence vs Linguistic performance
c. 모국어와 제 2 언어의 습득과정

2. 다음의 가설을 설명하시오.

Innatenedness Hypothesis
Critical Period Hypothesis
Universal Grammar (UG)\
제 1언어습득 (L1 acquisition)과 제 2언어습득(L2 acquisition)의 차이
Plato의 문제와 Darwin의 문제가 무엇인지 각각 설명하시오.

3. 다음 글을 읽고, 여기서 말하고자 하는 FOXP2에 대해서 논의하시오.

It' s hard to overestimate the impact genetics has had on our understanding of evolution. But one nice example comes from the history of the FOXP2 gene and its role in the evolution of language. It' s a nice example because it illustrates both the complexity and utility of genetics. In the popular press FOXP2 has been heralded as the 'language gene' . But this is a simplification, the path from the genome to the person isn' t straightforward and it is influenced by multiple interacting factors (other genes, environmental and developmental processes to name a few). So is FOXP2 the 'language gene' , I' m afraid not, it' s certainly necessary for speech and it has a role to play in our fine motor control but the story behind the evolution of language hasn' t been solved quite yet and there are many, many more factors to consider. So, next time you read about the 'X' gene, whether the crime gene or the gay gene, take it with a massive pinch of salt.

Chapter 02

단어와 어휘부 (Words & Lexicon)

영어 문장을 구성하는 최소 단위는 영어 단어 (또는 어휘)라고 말할 수 있고, 이들 단어가 결합되어 구가 된다. 그리고 다시 구가 모여서 문장이 된다. 다만, 단어들의 조합이나 배열은 무작위적으로 연결된 것은 아니다. 이런 단어들은 일정한 규칙에 따라 결합하여 화자의 생각을 표현해 준다. 이런 일정한 규칙과 일반성을 찾는 것이 통사 연구의 목표이다.

이 장에서는 문장의 최소 기본단위인 단어의 정의, 각각의 단어가 가지고 있는 통사적 정보, 즉 통사 범주를 살펴보기로 한다. 흔히 품사라는 용어가 익숙하게 사용되어 왔는데, 이는 주로 전통 문법적 관점에서 사용된 용어로서 현대통사이론에서는 통사범주라는 용어를 사용하며, 영어에는 대체로 8개의 통사범주가 있는 것으로 인정되고 있다. 그 8개의 통사범주는 한정사, 명사, 형용사, 동사, 전치사, 부사, 접속사, 감탄사이다. 주의할 점은, 각 각의 단어가 단 한 개의 통사범주만에만 속하는 것은 아니라는 점이다. 따라서, 각 단어는 문장 중에서 어떤 통사범주로 사용되고 있는가를 이해하는 것이 중요하다.

•• 핵심용어 및 개념

Morpheme 형태소
Words & Phrases 단어와 구
Constituent 구성소
Open class 개방부류
Closed class 폐쇄부류
Lexeme 어휘소
Lexicon 어휘부
Content word 내용어
Function word 기능어
Syntactic category 통사범주

Parts of speech 품사
Determiner 한정사(관사)
Verb & Auxiliary verb 동사와 조동사
Noun 명사
Adjective 형용사
Adverb 부사
Preposition 전치사
Conjunction 접속사
Interjection 감탄사

Chapter

02 단어와 어휘부 (Words & Lexicon)

2.1. 단어와 어휘소 words and lexemes

어느 언어나 마찬가지로 영어 단어는 영어문장을 구성하는데 필요한 가장 작은 단위라고 말할 수 있다. 물론 형태소(morpheme)라는 개념이 단어(word)라는 개념보다는 작은 개념이고, 단어가 되기 전의 의미를 가진 최소한의 단위라고 할 수 있으나, 자유형태소(free morpheme)가 아닌 구속형태소(bound morpheme)등은 홀로 독립해서 사용될 수 없으므로, 단어가 문장 구성의 가장 작은 독립적 단위라고 할 수 있다. 물론 학자에 따라서 또는 학파에 따라서, 음성적 값을 잃어 발음되지 않거나, 또는 발음이 생략된 단어들도 문장구성과 해석에 참여한다는 주장을 할 수 있고, 이는 매우 설득력이 있어 보인다.

우리는 우리말을 들었을 때, 어디에서 한 단어가 끝나는지, 새로운 단어가 시작되는지를 알 수 있는데, 영어의 모국어 화자도 역시 영어 문장을 듣거나 보았을 때 설사 단어와 단어 사이가 나뉘어 있지 않더라도 어디서 한 단어가 끝나고 새로운 단어가 시작되는지 알 수 있다.

단어는 적어도 한 개 이상의 형태소로 구성되어 있다. 예를 들면, 'dogs' 란 단어는 두 개의 형태소로 구성된 한 개의 단어이다. 또, 'ungentlemanlyness' 라는 한 개의 단어는 5개의 형태소로 구성된 한 개의 단어이다. 한편 어휘소란 개념은 사전에 나타난 추상적 의미의 단어로 'dog' 와 ' dogs' 는 동일한 한 개의 명사 어휘소(noun lexeme)로부터 출발한 단어이다. 이와 유사하게 'eat' 와 ' eats' 는 두 개의 별도의 단어지만, 대부분의 사전에는 별도의 단어로 열거되지 않으며, 마찬가지로, 'eat' ,

' eats' , 'eating' ,' ate' , 'eaten' 은 각각의 어휘항목으로 열거되지 않는다. 이들은 5개의 별도 단어지만, 한 개의 동사 어휘소(verb lexeme)로서, 이들 모두는 'EAT' 에 속하기 때문이다.

한편, 단어를 분류함에 있어서 Open class와 Closed class로 분류하거나, 내용어와 기능어/문법어로 분류하는 방법이 있다. Open class는 '개방부류' 로서 계속적으로 새로운 단어들이 도입될 수 있는 부류가 이에 속한다. 과학과 시대의 발전에 따라 새로 발명된 물건, 새로운 개념이 언어에 도입되는 데, 이를 기술하는 이름/동작은 자연히 새로운 신조어가 되어 그 언어에 들어온다. 명사, 동사, 형용사 등이 이에 속한다. 한편 a, the 같은 한정사, before, after, and 같은 접속사, 'in, to, of 등의 전치사, 혹은 조동사처럼 더 이상 새로운 단어가 만들어지지 않는 부류를 폐쇄부류(closed class)라고 한다.[1]

American Dialect Society는 다음의 신조어를 최근 (미국)영어에 포함시켰다.

(1)

-CSI effect (2005); the unrealistically high expectations some jurors have for the prosecution's case in a criminal court proceeding, particularly when those expectations are created by exposure to forensic-oriented TV shows.

-plutoed (2006); demoted or devalued as the former planet Pluto was when the General Assembly of the International Astronomical Union decided Pluto no longer met the assembly's definitior of a planet.

-Subprime(2007); an adjective used to describe a risky or less than ideal loan, mortgage, or investment.

-elderproof (2007) v, adj to make something safe for the elderly to use.

-lifestreaming (2007) n, an online record of a person's daily activities, either via direct video feed or via aggregating the person's online content such as blog posts, social network updates, and online photos. -lifestreamer n, lifestream v, n.

-unfriend, (2009) v, to eliminate from the list of social group such as 'friends' (listed in Oxford Dictionary, chosen to be "the Word of the Year").

1 통사범주를 분류하는 것은 학자들 마다 다르다. 예를 들면, 전치사나 부사는 어떤 범주에 넣어 분류할 지 논란의 여지가 있을 수 있다.

단어를 분류함에 있어, 두 번째 방법은 내용어(content words)와 기능어/문법어로 나누는 것이다. 말 그대로, 자체적 의미와 내용을 가지고 있는 단어는 내용어로, 문법적 기능을 수행하는 단어는 기능어로 구분하여 붙인 이름이다. 명사, 동사, 형용사등이 내용어에 속하고, 조동사, 한정사, 전치사등은 기능어에 속한다.

2.2. 품사와 통사범주

비교적 잘 알려진 '품사' 라는 개념은 이미 오래 전 그리이스의 철학자 Plato에서도 논의된 개념으로 명사(noun, noma), 동사(verb, rhema), 문장(sentence, logos)으로 단어들의 통사적 성격(정보)를 분류하기 시작했고, 그 후 Aristotle가 대명사, 접속사, 한정사등을 포함하여 Conjunction이란 이름을 붙인 범주를 추가하였다. 그 뒤 그리이스의 철학자 Dionysius Thrax는 그리이스어에 바탕을 두고, 단어들을 Noun, Verb, Article, Adverb, Pronoun, Participle, Preposition, Conjunction으로 분류하였다.(Larson 2010, p.128, Wikipedia)[2]

Joseph Pristley는 Noun, Pronoun, Verb, Adjective, Conjunction, Adverb, Preposition, Interjection로 8품사를 제시하였으며, 여기서는 Bas Aarts(1999, 2002)에서 제시된 바와 같이 대명사 대신 한정사를 인정한 8품사를 인정하여 설명하고자 한다.

'품사' 라는 용어는 일반적으로 전통문법이나 학교 문법적 관점에서 단어의 통사적 또는 문법적 정보를 분류하는데 사용한 용어인데, 보다 최근의 문법이론이나 통사이론에서는 '품사' 라는 용어보다는 '통사범주' 라는 용어를 선호하며, 통사범주는 영어 문장을 구성할 때 필요한 통사적 정보를 포함하고 있다. 물론 한 단어의 통사적 정보가 꼭 범주 이름만 있는 것은 아니다. 예를 들면, 'bicycle' 이라는 단어가 ' 명사' 라는 품사적 정보 이외에, 추상명사가 아닌 보통명사, 셀 수 있는 명사라는

2 사실 여기에 제시한 Thrax의 8 품사는 Art of Grammar라는 책에서 제시된 것으로 처음에는 Interjection(감탄사)이 들어 있었는데, 나중에 Priscian이란 라틴 문법학자가 D. Thrax의 interjection을 제외하고 Article(한정사)를 포함시켜 수정하였다.

것 등의 구체정보도 가지고 있다.

동사를 예로 들자면, 'put' 이라는 단어에는 ' 동사 '라는 범주적 정보가 들어 있고, 그 밖에도, 반드시 직접목적어와 장소를 나타내는 표현이 있어야 한다. 이런 정보를 하위범주적(subcategorization) 정보라고 한다. 모국어 화자가 그 언어의 단어를 안다는 말은 그 단어의 음성적 정보, 문법자질을 포함한 통사적-범주적 정보와 하위 범주적 정보, 의미자질을 포함한 의미적 정보, 그리고 더 나아가 화용적 정보까지 안다는 뜻이다. 따라서, 품사라는 용어와 통사범주라는 용어는 특별히 따로 명시하지 않는 한 상호 교환적으로 사용 가능할 수 있다.

2.3. 통사 범주에 따른 단어 분류와 특성

2.3.1. 한정사(Determiner/Article)

명사 앞에서 수식하는 표현들로 한정사는 수식하는 기능에서 형용사와 비슷하지만, 형용사는 여러 개가 반복적으로 나타날 수 있으나, 한정사는 한 개 이상 오지 못한다. 한정사로 다음의 예가 있다.

(2)
- a/the; a/the book
- this/these; this film, these films were very costly.
- that/those; that house, those houses
- which; Which language did he speak?
    (cf. the books which the police confiscated)
- whose; Whose neighbours are they?
    (cf. I met a girl whose brother was a chain smoker)

주의 할 점은 동일한 형태의 'which' 는 위에서 사용된 경우처럼 한정사이기도 하지만, 다음의 예문에서처럼 명사이기도 하다.

(3)
a. *Which* do you like?
b. I want the picture *which* you took of him

단어의 통사범주를 분류-확인함에 있어, 한 개의 단어가 반드시 한 개의 통사범주에만 속한다는 생각은 매우 부정확한 생각이며 오히려, 한 개의 단어가 어떻게 사용되었는가 하는 분포적 위치에 따라 판단해야 할 문제이다.

☞ Guess What? 강 한정사(strong determiner) vs. 약 한정사(weak determiner)
때로는 한정사를 세분하여 강 한정사와 약 한정사로 나누기도 하는데, 그 이유는 이들 두 가지가 서로 다른 통사현상을 보이기 때문이다. 대표적인 예로, there로 시작하는 구문이 가지는 제약으로 다음의 예를 살펴보자.

(4)
a. There is a student in the conference room.
b. *There is the student in the conference room.
c. There are many/some/a few students in the conference room.
d. *There is every student in the conference room.
e. *There are most students in the conference room.
f. Who did you want [some pictures of t]?
g. *Who did you want [the pictures of t]?
cf. Who did you want [many pictures of t]?
Who did you want [a picture of t]?
Who did you want [ø pictures of t]?
*Who did you want [every picture of t]?

위와 같은 현상을 한정성 효과(definiteness effect)라고 부르고, 한정성 효과를 촉발하는 한정사는 강 한정사로, (4a)처럼 허사구문에 쓰일 수 있는 한정사는 약 한정사로 분류하기도 한다.

2.3.2. 명사(Noun)

명사
- 보통명사(common noun)
- 고유명사(proper noun)
- 수량명사(numerals, 수사)
- 대 명 사(pronoun)
  - 인칭대명사(personal pronoun)
  - 소유대명사(possessive pronoun)
  - 재귀대명사(reflexive pronoun)
  - 지시대명사(demonstrative pronoun)
  - 상호대명사(reciprocal pronoun)
  - 관계대명사(relative pronoun)
  - 의문대명사(interrogative pronoun)
  - 불특정대명사(indefinite pronoun)

명사는 어떤 표현의 이름을 일컫는데, 명사를 세분하면 다음과 같다.

① 보통명사(common noun)

-countable(가산); book, fork, train, car

-non-countable(불가산); love, butter, soap

주의해야 할 것은 종종, 한 개의 명사가 모두 가산 명사로, 또는 불가산 명사로 다 사용될 수가 있는데 이때는 가산명사일 때와 불가산 명사일 때의 의미가 달라진다는 것을 명심해야 한다. 그 예를 들어보면 다음과 같다.

(5)
a. Mary baked a birthday *cake* for her son.
b. Mary had some more *cake* with coffee for dessert.
c. The boys will have to borrow your *football.*
d. The boys are going to play *football.*

e. The chairperson suggested a few *improvements*.
f. There has been little *improvement*.

g. I have many bad *experiences* with the landlord.
h. Everyone has at least *one experience* to remember.
i. The company was looking for a carpenter with *experience* in roof repair.
j. I have *experienced* loneliness when young.

② 고유 명사(proper noun)

고유명사란 사람의 이름, 장소의 이름 또는 물체의 이름을 말한다.
Jack, Daejeon, London, Sarah, Chungnam National University(CNU)

고유명사가 보통명사화 한 경우도 있는데, 가장 대표적으로는 *sandwich*, *Xerox*-copy, *cashmere* sweater, 클리넥스 등이 있다.[3]

한편, 고유명사의 특징은 보통 한정사와 함께 쓰이지 않는다는 점, 복수형태가 가능하지 않다는 점, 제한적 관계절의 선행사가 되지 못한다는 일반적인 특징이 있다.

☞ Guess What? 고유명사가 보통 명사처럼 한정사와 출현하거나 단/복수형태를 취할 때가 있음을 주목할 필요가 있다. (Wardhaugh, 1995)

(6)
a. He was not *the* John Smith (that) I saw.
b. There are *several* Marys in my syntax class.
c. He is *a* regular Don Juan.
d. How many *Johns* do we have in this room?
e. Name all the *Marys* at Harvard who major in Syntax.
f. Chomsky, who made a great contribution to the academia, wrote many books on world politics.

3 이렇게 고유명사가 보통명사화 해서 단어가 되는 방식의 조어법을 eponym이라고 한다.

g. *Chomsky who made a great contribution to the academia wrote many books on world politics.

③ 수량명사 : 수사(numerals)

수사(numerals)에는 one, two, three 같은 cardinal(기수) first, second, third 같은 ordinal(서수)가 있다.수사가 형용사처럼 명사 앞에 출현하며 수식하는 것처럼 보이기 때문에 수사를 형용사라고 주장하는 학자들도 있다. 그러나, 수사를 명사로 보는 중요한 몇 가지의 이유가 있다. 첫째, 다른 명사처럼 복수가 될 수 있다. 둘째, 수사는 전치사의 보충어(목적어)가 될 수 있다. 셋째, 다른 형용사들은 비교급이나 최상급이 될 때, -er, -est등의 굴절어미가 붙는데 반해 수사는 -er, -est등의 굴절어미가 붙을 수 없다.

이런 이유로, 수사는 형용사와도 비슷한 분포적 특성을 보이기는 하지만, 명사로 분류하는 것이 보다 보편적인 접근이라고 할 수 있다.

(7)
a. The group divided into *twos* and *threes*.
b. Open your eyes at (the count of) *three*. Ready?

④ 대명사(pronouns)에는 다음의 8가지 종류가 있다.

a. personal pronoun(인칭); I, me, you they, it, we
b. possessive pronouns(소유) ; my/mine, his, hers, their/theirs
c. reflexive pronouns(재귀) ; myself, themselves, himself
d. demonstrative pronoun(지시) ; this, that, these, those
e. reciprocal pronoun(상호) ; each other, one another
f. relative pronouns(관계) ; that, who, which, whose, etc
g. interrogative pronouns(의문) ; what, why, where whatever, who, etc
h. indefinite pronoun(불특정) ; anyone, anybody, nobody, something, someone, etc

☞ Guess What? 불특정 대명사의 통사적 특징은, 동사가 단수로 일치된다는 점이다. 그러나, 형식을 갖추지 않은 문체(informal), 내포문에 나타날 때, 부가의문문에서 불특정 대명사를 그 의미에 입각해서 'they' 로 받는 경우가 많다. (Huddlestone & Pullum, 2005, p. 104)

(8)
a. Everyone thinks that he is intelligent.
b. Everyone thinks that they are intelligent
c. Everyone is here, aren't they? vs. *Everyone's here, isn't he?

2.3.3. 형용사(Adjective)

형용사는 명사를 수식하는 기능과, be-종류의 동사 뒤에서 술어적으로 사용되는 경우가 있는데, 종종 very, extremely, so, less 등이 형용사를 수식할 수도 있다. 형용사의 굴절은 중세영어(Middle English) 시기에 많이 사라지고, 지금은 원급(absolute), 비교급(comparative), 그리고 최상급(superlative)의 접미사만 남아있다. 명사를 수식할 때의 형용사를 attributive한 용법이라고 부르고, 이를 다시 명사의 앞에서 수식하는 경우와 명사의 뒤에서 수식하는 경우를 각각 prenominal, postnominal용법이라고 한다. 흥미로운 점은 명사 앞의 형용사와 명사 뒤의 형용사는 그 의미가 다르고, 모든 형용사가 다 이 두 위치에 나타날 수 있는 것은 아니다.

(9) Attributive & Predicative
a. the timid man - The man is timid
b. the hungry teenagers - The teenagers are always hungry.

c. the gorgeous lady - The lady is gorgeous.

(10) Attributive only: utter, mere, sheer, pure (complete의 의미인 경우만), only, former,

a. an *utter* fool -*a fool is *utter*

b. the *mere* formality - *The formality is *mere*.

c. *Pure* nonsense - *The nonsense is *pure*.

d. these *damn* budget cuts - *These budget cuts are *damn*.

e. the *eventual* winner - *The winner is *eventual*.

f. the *main* problem -*The problem is *main*.

g. the *sole* survivor - *The survivor is *sole*.

h. Her *former* husband - *Her husband was *former*.

i. the *only* drawback -*The drawback is *only*.

j. the *sheer/utter* disgrace - *The disgrace is *sheer/utter*.

(11) Predicative only: asleep, alone, alike, alive, ashamed, awake

a. The man is ready - *the ready man

b. The man is afraid - *an afraid man

c. The students were ashamed - *the ashamed students

d. The woman is quite ill/well today - *The ill/well woman

e. Those students looked alike -*Those alike students

(12) when modified, they can be used attributively.

a. The *half* asleep children started screaming

b. The *fully* awake patient is my cousin

c. A *somewhat* afraid soldier started drinking vodka

d. He is a *really* alive student ('lively')

e. A *very* ashamed girl passed out in front of everyone.

☞ Guess What? Attributive의 용례 중에서도, 명사 앞 위치와 명사 뒤 위치가 있다.

(i) prenominal position: The impertinent remark was not from the president.

(i)는 명사앞 위치에 나타난 경우이다.

(ii) postnominal position: The person responsible will be punished.

(ii)는 명사 뒤에 나타난 경우이다.

명사 앞에 선행하는 형용사와 명사 뒤에서 수식하는 형용사는 의미의 차이가 있을 수 있다.

(15)
a. the big talker ≠ the talker was big
b. a perfect idiot ≠ the idiot was perfect
c. a real hero ≠ the hero was real
d. the late President Park ≠ President Park was late

2.3.4. 동사(Verb)

동사는 어떤 언어에서도 그렇겠지만, 논항구조를 결정하는 통사범주로서 크게 본동사(main V)와 조동사(auxiliary V)로 나눈다. 본동사는 어휘동사라고도 하고, 조동사는 본동사를 도와, 완료상과 진행상의 양상(aspect), 서법(mood), 태(voice)등을 나타내 준다. 다음의 예문을 보면 각종 조동사들이 사용되어 있음을 알 수 있다.

(16)
a. You *must* comply with the regulations.
b. They really *ought* to leave.
c. We *shall* write to you as soon as possible.
d. These students *are* always complaining.
e. Shelley *has* broken two wine glasses.
f. This doughnut *was* eaten by our Head of Department.
g. The garden shed *was* wrecked by Billy.
h. When it *was* first established in 1900, the Nobel committee clearly thought the Peace Prize *should* be awarded to people who really *did* believe in peaceful solutions and non-violence.
i. John *does* not cycle to work every day.
j. People close to Senate leader Tom Dashhound say he *should* be considered a possible candidate, but many Democrats say they *would* be surprised if he *does* run.

① 시제와 의미차이 : 흥미롭게도 시제는 미묘한 의미상의 차이를 수반한다. 이에 대한 자세한 예는 다음과 같다.

(13) 진행상과 완료상의 차이(Quirk, et.al. (1972, p. 97))
a. Who's *eaten* my dinner?
(⇒ there is no food left)
b. Who's *been eating* my dinner?
(⇒ there is some food left)

c. John *has lived* in New York since 1990.
d. John *has been living* in New York since 1990.
(⇒ The speaker considers John's residence to be temporary)

(14) 단순 과거와 완료상의 차이(Quirk, et al p.91)
a. Shelley lived in Paris for ten years
(⇒ The period of her residence in Paris has come to a close).
b. Shelley *has lived in Paris* for ten years.
(⇒ She still lives in Paris at the moment of speaking)

c. His sister *has been* an invalid all her life
(⇒ She is still alive, although she is weak)
d. His sister *was* an invalid all her life
(⇒ She is now dead)

e. For generations, North Korea *has produced* the world's strongest soldiers.
(⇒ The nation North Korea must still exist)
f. For generations, Sparta *produced* Greece's greatest warriors.
(⇒ The nation Sparta may no longer exist)

g. Peter has injured his ankle and it's still bad
h. *Peter has injured his ankle but now it's better.

i. Where *did* you put my purse?
(⇒ asking the addressee to remember a past action)
j. Where *have* you put my purse?
(⇒ asking present whereabouts of the purse)

k. *Did* you hear Segovia play('on a certain occasion' = definite reference)
l. *Have* you *heard* Segovia play?('at any time' = indefinite reference)

위의 예문 중 (14i)와 (14j)를 비교해 보자. 두 예문 다 지갑의 행방을 찾고 있지만, (14i)는 (i)는 화자가 청자에게 과거에 어떤 행동을 했는지 -즉 어디에 지갑을 두었는지에 초점이 있고, (j)는 현재 지갑이 어디에 있는지에 초점이 있다.

이상 우리는 조동사들 중 상을 나타내는 조동사의 미묘한 의미를 논의했지만, 영어의 조동사는 이 밖에도 몇 가지 종류가 더 있다. 또한 이 조동사들 사이에는 엄격한 순서가 있음을 알아두자.

② English Auxiliary Verbs(영어 조동사)

영어의 조동사군, 특히 시제소와의 결합관계는 제 8장 핵이동 부분에서 접사이동 규칙(Affix Hopping)과 더불어 자세히 다루고 있으므로 여기서는 다음의 간단한 도표로 설명을 대신하겠다.

Tense: [+Present] [-Present]
Modal auxiliary" will, can, shall, may, must, etc
Aspect: Perfective or Progressive
Voice: Active or Passive

〈표 2〉

VP = Tense - (Modal) - (Neg) - (Perfect) - (Progressive) - (Passive) Verb

예시 : Pst/Prs will not have+en be+ing be+en Verb

위 도표 2에서 보여주는 화살표의 움직임을 접사 이동(affix hopping)이라고 하며, 홀로 독립적으로 서 있을 수 없는 접사들이 뒤에 따라오는 여러 요소들에게 달라 붙는다.

위의 도식에서 쉽게 알 수 있듯이, 타원으로 표시된 모든 요소들은 일종의 구속형태소들이다. 인간의 언어에는 어떤 구속형태소도 홀로 독립하여 사용될 수 없다는 언어보편적인 원리(Stranded Affix Filter)가 있으므로, 이들은 접사이동 규칙이 적용된다.

만일 접사이동규칙을 '이동' 으로 설명하지 않으려면 접사가 완전히 굴절된 채 도입된 후, 굴절된 접사가 올바른지 아닌지를 점검하는 방식으로 설명할 수 있다. 결과적으로 접사가 이동해서 올바른 굴절형을 설명하던지, 아니면 완전히 굴절된 단어만이 점검을 통해서 도출되는지는 통사이론상의 접근의 차이인데, 초기 변형문법일 때는 '접사이동' 으로, 최근 통사 이론으로는 접사 점검으로 설명하는 경향이 강하다.

(17)
a. The company *would not have been being taxed* three times this year.
b. Three essays *could have been being written* by those young professors.
c. His speech *might not have been being understood* as much.
d. She *should have done* her homework assignment.
e. *Should* you *have studied* English Syntax harder?
f. Is she not *being* nasty today?
g. The two letters *could not have been sent* to the president.
h. The criminal *should have been being arrested* at the site.

다음의 영어의 조동사를 분류한 분류표를 살펴보자.

(18)

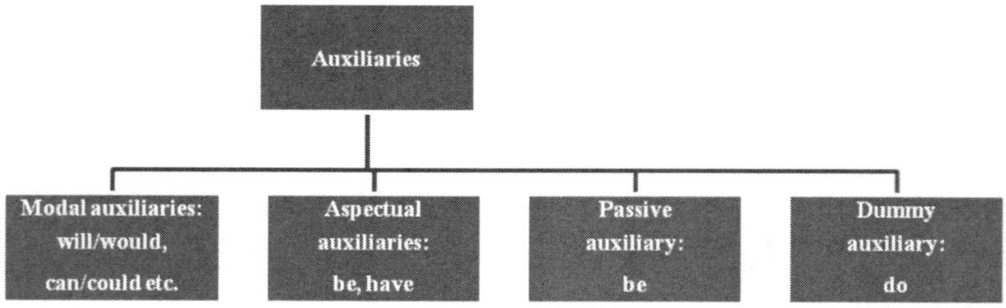

영어 조동사는 4가지가 있으며 이 4개의 조동사는 일정한 출현 순서가 있다. 이를 보여주는 예는 아래와 같다.

(19) Modal auxiliary: can, will, shall, may, must, etc.
a. John *can* speak Chinese; I *will* study English syntax
b. You *should* leave right now. I *must* be going.

(20) Aspectual auxiliary: Perfective HAVE/Progressive BE
a. Mathew *has* already left; Cynthia *was* singing in the shower, while I *was* cooking in the kitchen.
b. Who *has* eaten my pizza? Vs. Who's *been* eating my pizza?

(21) Voice auxiliary: BE
a. The man who set the top national treasure on fire *was* arrested yesterday.
b. The company *was* being heavily fined for tax evasion
c. The students in the street *were* arrested by the riot police.
d. My watch *was* stolen last year.

(22) Dummy auxiliary: DO
a. He *DOES* cycle to work every day.
b. John *DID* do his homework assignment all by himself.
c. *Don't* be silly (*Be not silly)

사례연구 #1: 'HAVE' 의 본동사/조동사 구별하기

(19)
a. She *has* gone to Paris during the holiday.
b. We *have* been warned about syntax.
c. They *have* been working on the joint project on the space shuttle.
d. The doctor *had* an eye-specialist examine the patient.
e. They *have* their car serviced regularly.
f. They *have* seen a ghost.
g. We *had* a hearty lunch today.
h. We *had* such a great time at the party last night.
i. He *has* to take care of the house chore for his wife.
j. I *have* never *had* anyone send me flowers.
k. Professor Hong *has* her hair styled by Vidal Sassoon.
l. You *have* to do the job right.

위에서 각각의 'HAVE' 는 본동사인가, 조동사인가?

사례연구 #2: 부가의문문을 통한 조동사 / 본동사 구별하기

(24)
a. She has seen a ghost, _____ she?
b. John has a girlfriend, _______ he?
c. Demonstrators have been protesting the World Bank on April 26, 2008, ____ they?
d. John studies English syntax every day, ________ he?
e. The arsonist set a fire on a national top treasure last month, _____ he?
f. The man and the woman went out for dinner, ________ they?
g. She had the eye-specialist examine her mother, _______ she?
h. We had such a great time at the back-to-school party last night, ______ we?
i. He has to house-sit for his friend twice every summer, _______ he?
j. They have their car serviced regularly, ________ they?
k. John and Mary have been working on a joint research project, ____ they?

사례연구 #3: 축약현상을 통한 조동사/본동사 논증하기

(25)
a. She has gone to Paris during the holiday.
b. She's gone to Paris during the holiday.
c. We have been warned about syntax.
d. We've been warned about syntax.
e. They have been working on the joint project on the space shuttle.
f. They've been working on the joint project on the space shuttle.
g. They have their car serviced regularly.
h. *They've their car serviced regularly.
i. We had a hearty lunch today.
j. *We'd a hearty lunch today.
k. She has seen a ghost.
l. She's seen a ghost.
m. She has a very understanding father.
n. *She's a very understanding father.
o. He has to take care of the house chore for his wife.
p. *He's to take care of the house chore for his wife.

q. Professor Hong has her hair styled by Vidal Sassoon.
r. *Professor Hong's her hair styled by Vidal Sassoon.
s. I have never had anyone send me flowers.
t. I've never had anyone send me flowers.

사례연구 #4: 기타 축약 현상과 조동사 특성 살펴보기

(26)
a. They have been to Hong Kong
b. They should have been to Hong Kong
c.They've been to Hong Kong
d. Should they have been to Hong Kong?
e. *Should they've been to Hong Kong?

따라서, 비슷해 보이지만 본동사로 사용되는 'have' 와 조동사로 사용되는 'have' 는 그 분포와 심지어는 발음에 있어서 차이를 보인다. 조동사의 'have' 는 그 모음이 약화되어 schwa[ə]가 된다.([həv] vs. [hæv])(207쪽 참조)

2.3.5. 전치사(Preposition)

전치사는 단순전치사와 복합전치사가 있다.
- 단순전치사(simple preposition) : at, behind, for, in, to, like, of 등
- 복합전치사(complex preposition) : because of, in front of, by means of, in spite of 등

전치사는 둘 혹은 그 이상의 개체 사이의 시간적 · 공간적 관계를 나타내는 표현이다.

(27)
a. The book is on the table(Spatial relationship)
b. She is in trouble(Metaphorical relationship)

전치사 유무가 문장에서 의미의 차이를 일으키는 경우도 있다

(23)
The man shot the ambassador
(⇒ The ambassador is dead now)
The man shot *at* the ambassador
(⇒ The ambassador is still alive)

2.3.6. 부사(Adverb)

부사를 정의하기는 매우 어렵다. 부사는 일반적으로 동사나 문장을 수식하는 단어군을 이르는데, 부사의 특징은, 보통 -ly가 붙거나, 형용사와 동일한 형태를 가지고 있기도 하다.

▶ 부사의 종류

Circumstantial Adverb; often, gleefully, intentionally, reluctantly
Degree Adverb; extremely, extraordinarily, less, more, pretty, quite, too, very
Sentence adverb; however, probably, perhaps

adverbs ending with -ly; carefully, wisely, cheerfully, immediately
adverbs ending with -wards, -wise, -ways: programwise, weatherwise, homewards
cf. non-adverb words ending with -ly; *womanly, friendly, goodly, lively, masterly, wooly, costly, timely, homely, leisurely, girly, timely*

(24) examples of Sentence Adverbs
a. James' past is not unblemished. However, we will disregard this for now.
b. Perhaps you can sign on the dotted line.
c. Probably, we will have to continue the work.

2.3.7. 접속사(Conjunction)

접속사의 기본 기능은 두 개 이상의 표현을 연결하는 기능이다. 이 범주는 폐쇄범주에 속하는 범주로서, and, or, but, so 등의 동등접속사(coordinating conjunction)와 각종 시간, 양보, 이유, 장소, 목적등의 종속절을 주절과 연결하는 종속접속사(subordinating conjunction)로, before, after, while, when, although, though, since, as 등이 있다.

종속 접속사중에서 that, for, if는 특별히 보문소(Complementizer)라고 부르는데, 이들 보문소는 종속접속사중에서 주로 보충절 (complement clause)을 도입하는 기능을 하면서 보충문의 형태가 의문문인지, 진술문인지 등에 대한 중요한 결정능력을 가지기 때문에, 이 3개의 단어를 종속접속사로부터 따로 구분해서 보문소(complementizer)라고 부른다.

이들은 다음 6장에서 다루어지게 될 Complementizer Phrase (CP)의 핵이 된다. 보문소를 특별히 따로 이름 붙이게 된 것은 이들이 나머지 as, before, after, while, although 등의 종속접속사는 나름대로의 의미를 가지고 있어 해석에 기여하는 바가 있으나, that, if, for 등은 해석에 아무런 의미를 첨가하지 않으면서 단순히 보충절의 도입만을 표시해주면서 보충절의 형태를 결정짓는 역할을 하기 때문이다.

1990년대 초까지 whether를 보문소 C의 범주로 간주하기도 하였으나, if와 whether가 분포상의 큰 차이를 보이기 때문에, 1990년도 중반경부터는 if는 complementizer로, whether는 의문부사로 취급하고 있다.

① 접속사의 종류

(i) coordinating conjunctions; and, or, but, so
(ii)subornating conjunctions; ┌ complementizer: that, if, for;
└ non-complementizers: *because, although, when, before, while, as, since, as if, as long as, in order that, so that, etc*

(30)
a. I bought [a computer] *and* [a laptop].
b. He is [pretty stupid] *but* [quite eager].
c. She likes [pizza] *but* hates [lasagna].
d. Jane killed the roach [willfully] *and* quite [mercilessly].
e. The student signed up the petition [very decisively] *and* [unhesitatingly].
f. [We will not teach syntax] *but* [we can recommend a College that will].
g. Jim wanted [to leave London] *and* [to travel to Sicily]
h. He thinks *that* we will agree.
i. The university president thinks *that* all CNU students excel at English.
j. I wonder *if* he will ever change.
k. We don't know *if* it is a done deal.
l. I am hoping *for* Helen to arrive today.
m. *For* Koreans to obtain the US visas used to be extremely difficult.
n. Professor Hong is very strict, *although* she is very courteous.

☞ Guess What? 동등접속사가 접속하는 X {and} Y 와 Y {and} X는 그 의미가 같지 않은 경우가 종종 있다.

(31)
a.She addressed and posted the letter ≠ She posted and addressed the letter
b.She disliked and distrusted her advisers ≠ She distrusted and disliked her advisers
c.The man died and was buried in the cemetery ≠The man was buried in the cemetery and died

과거에 whether와 if는 모두 보문소(complementizer)에 속한다는 주장이 많았으나, 최근에는 이 두 요소가 별도의 통사범주에 속한다는 주장이 보편적이다. 이를 뒷받침하는 논증을 알아보자. 우선 두 어휘의 분포상의 차이에 근거해서 whether는 의문부사로, if는 보문소로 분류 할 수 있다. 이에 대한 논증은 공시적, 통시적 증거가 다음에 제시된다.

② 'whether' 와 'if' 의 분포상의 차이

(32)

① 'whether' and 'if' both take interrogative embedded clause.

a. I wonder whether you could help me with the homework assignment.

b. I wonder if you could help me with the homework assignment.

② 'whether' can introduce tensed or non-finite clause, but not 'if'

a. I wonder whether I should study English syntax.

b. I wonder if I should study English syntax.

c. I wonder whether to study English syntax.

d. *I wonder if to study English syntax._

③ 'whether' can be complement of preposition, but not 'if'.

a. I am not certain about *when/where/whether* he should study syntax.

b.*I am not certain about *if* he should study syntax.

④ 'whether'-clause can function as subject but not 'if'.

a. *Whether he would take such a lousy job* is uncertain.

b. *Whether to teach grammar or not to schoolchildren* is a hotly debated issue.

c. **If he would take such a lousy job* is uncertain.

⑤ 'whether' can be coordinated with 'not' next to each other, but not 'if'.

a. I don't know *whether* it will rain or not.

b. I don't know *whether or not* he will show up.

c. * I don't know *if or not* he will show up.

d. I don't know *if* your car breaks down *or not*.

⑥ 'whether' cannot be used in a negative, but 'if' can

a. I don't care if it doesn't rain.

b. *I don't care whether it doesn't rain.

⑦ 'whether' but not 'if' can be used in a copula sentence

a. The question you have to answer is *whether/*if* the mutual trust has been established between the two parties.

b. My main concern at this moment is *whether/*if* I should apply for a Ph.D progam.

⑧ 'if' 절은 동격절로 사용될 수 없지만, 'whether' 절은 동격절로 사용될 수 있다.

a. You have still to answer my question, whether/*if I can count on your help.

⑨ 의미상으로 'whether' 와 'if' 는 약간의 차이를 보이는데, 인식, 판단, 진술 등의 동사 (judge, ponder, investigate, explain, doubt, discuss, study)는 동일 상황에서 'whether' 가 선호된다.

a. I doubt whether/?if they will make it to the top.

b. We discussed whether/?if was the correct decision

c. The police have long been investigating whether/?if there is any other clue to catch the serial killer.

2.3.8. 감탄사(Interjection, exclamation)

Onions (1971)은 감탄사와 호격표현은 문장/절 구조물 밖에 위치한다고 설명하였다.

"Vocatives(=address terms) and interjections, since they form no part of the subject or predicate of the sentences or clauses with which they are connected, are outside the formal structure of the sentence."

따라서, 감탄사와 vocatives(호격)는 일반적으로, 그 의미나 구조적 중요도가 다른 통사범주에 비해서 많이 떨어진다. 따라서, 여기서는 그 예만 들고, 자세한 논의는 생략하겠다.

(Interjection words of expressing emotion, physical state, agreement, disagreement: *hmm, wow, oh, ouch, phew, shit, yes, yuck, yumm, jeez, boy*)

··· 연습문제

1. 다음에서 밑줄 친 단어의 통사범주를 가능한 한 구체적으로 쓰시오

a. Jack walked into the room and <u>everybody</u> stared at him.
b. The group divided into <u>twos</u> and <u>threes</u>.
c. He is not the <u>John</u> I used to know.
d. Would all the <u>Janets</u> in this room please raise their hands?
e. <u>Which</u> house were you interested in buying? The Duplex or the Ranch?
f. If you do not behave yourselves at this bar, I can *<u>eighty-six</u>* you guys.
g. Your application has been *eighty-sixed* by my boss
h. He can' t *<u>shoulder</u>* such a great responsibility!
i. It is well-known that anteaters *<u>father</u>* attractive offspring
j. *<u>Water</u>* the potted plants while my family is taking the vacation in Hawaii, please
k. Unfortunately, his statement was *<u>tantamount</u>* to an admission of guilt

2. 다음 문장에서 'that' 이 각각 어떤 통사범주로 쓰였는지 설명하시오.

a. Mozart might have thought *that* his colleague was a fool.
b. *That* man over there was once a man-slaughter and drug-dealer.
c. *That* is the funniest story I have ever heard.
d. Ironically enough, the woman that I was once in love with is now the VP of the company *that* I am applying for.
e. *That* Albert Einstein was linguistically retarded is relatively well-known to people.
f. *That* man who you met at the party *that* night was not the kind of man *that* I believe that I want you to spend the rest of your life with

3. 다음 각각의 단어 위에 해당 통사범주를 영문 이니셜로 표시하시오.

(D) ( ) ( ) ( )( ) ( ) ( ) ( ) ( ) ( ) ( ) ( ) ( )
a. The then president of the student body is now serving time in jail.

( ) ( ) ( ) ( ) ( )( ) ( ) ( ) ( ) ( )
b. For actors to undress on the stage is normal nowadays

4. 다음에서 밑줄 친 단어가 어떤 통사범주로 사용되었는지 판단하시오.

a. He doesn't eat very much, but he looks healthy _though_.
b. _Though_ Jane is very poor, she is satisfied with her situation.
c. You can phone the doctor if you like, but I very much doubt, _however_, whether you will get him to come out on a Saturday night.
d. Everyone has the _need_ to cry, says psychotherapist Vera Diamond.
e. If you find yourself near someone crying, _deal_ with it.
f. That's not a done _deal_, he said.
g. Please tell me the _nearest_ post office.
h. Don't give me too many _ifs_ and _buts_; I wouldn't accept them.
i. Never let a _fool_ kiss you or a kiss _fool_ you.
j. If government is in the hands of a few they will tyrannize the _many_; if in the hands of the many, they will tyrannize the few. It ought to be in the hands of both, and they should be separated. (quoted from Alexander Hamilton)
k. Marriage is the price men pay for sex; sex is the price women _pay_ for marriage.
l. _Gluttony_ is an emotional escape.
m. We all are very _gluttonous_.

5. 다음 지시대로 영작을 하시오.

relative pronoun 'who' 와 interrogative pronoun 'who' 를 넣은 문장을 써보시오

(i) ____.

(ii) ____.

determiner 'this' 와 demonstrative pronoun 'this' 가 든 문장을 쓰시오.

(i) ____.

(ii) ____.

6. 다음의 이탤릭체로 쓰여진 단어의 통사범주를 가능한 자세히 쓰고, 판단의 근거를 제시 하시오.

a. He *is* working on his homework assignment.
b. They are *be*ing selfish, *are*n't they?
c. We *have*n't talked about the gazebo.
d. John *did* the dishes, while I *was* on the phone.
e. I *did* my homework all by myself, but John was consulting it with other graduate students.
f. There are do's and don'ts.
g. How many times *did* I tell you not to lick your plate?
h. I *had* my hair permed yesterday.
i. *Do* what you *have* to *do*.
j. *Do be* quiet!

7. 다음 글은 단어와 단어 사이의 띄어쓰기를 하지 않은 채 붙어있다. 단어와 단어 사이에 √를 넣어 떼어 쓰시오.

Sandra,acollegesenior,learneda painfullessoninhowtodressforsuccessata recentjobinformationsessionathercollege.The employerwasacomputercompany.Thedresscodewas "stylishlycasual",so Sandrawasn'tworried aboutgoingtothemeetingrightafterclass Afterallshewaswearinganewpairofdenimbell-bottom trousersandablackfur-collaredcoatThatwasabig mistake Almosteveryoneelseatthemeeting waswearingconservativeoutfits;and assoonasshewalkedinsheknewshewasdressedin appropriately. Formuchofthesessionthepresenters staredatherintheennndshedidnotgetajoboffer.

8. 아래의 신문기사는 여러 군데 띄어쓰기가 망가져있다. 띄어쓰기가 잘못된 곳마다 √를 넣어서 정상적인 기사로 고치고, 이를 요약해서 영어 한 문장으로 써보시오.

Sexy AND smart: Why an hourglass figure means brains as well as beauty
Womenwithanhour-glassfigurehavebrainstogowiththeircurves,scientistsclaim.

Goinginatthewaistissaidtobeasignofintelligencewhichleadstobrighterchildren, too. WomensuchasNigellaLawsonwithabigdifferencebetweentheirwaistandhip measurementsscoredsignificantlybetterintesststhanthosewithleaner,straighter frames. Researchersconcludedthatitwasnotnecessaryforawomantobeskinny-what matteredwasthatherwaistshouldbesmallerthanherhips. Aratioof 3:5 wasfound tobeideal.
Thestudy,bytheUniversitiesofPittsburghandCalifornia, involved16,000women andgirls.
Accordingtothescientists, theresultsarenomerequirkofnature. Theyclaimthat thefataroundcurvyhipsandthighsholdshigherlevelsofomega-3 fattyacidswhich areessentialforthegrowthofthebrainduringpregnancy.
Thefatwhichcollectsaroundthewaist, however, ismorelikelytocontainomega-6 fattyacids, whicharelesssuitedtobraingrowth.
Reportinginthejournal Evolution and Human Behaviour, theresearchersfound thatthechildrenofcurvymothersaremorelikelytodowellincognitiveteststhan others.

(8) Write M for a main V 'Have', and A for an Auxiliary V 'Have'. Justify your answer.

a. The man could have been more enthusiastic than he actually was.
b. John has a very wealthy girlfriend, doesn' t he?
c. She had her hair permed last night, and so did I.
d. My mother had her wisdom tooth extracted by the dentist.
f. You have a lot of homework to do, don' t you?
g. You have to study English Syntax hard; you can find a tutor on campus.

9. 다음 예문에서 통사범주/품사가 달라진 동일 단어에 대한 의미를 설명하시오.

a. The mail carrier stood on the *walk*
a'. They *walk* on the street in twos and threes.
b. The town council has decided to build a new *jail*.
b'. The sheriff told the officer to *jail* us for jaywalking.

c. The neighbors heard the high pitched *cries* in the middle of the night.
c'. The baby *cries* all the time.

d. *Books* are made of paper, ink, and glue.
d'. My secretary *books* the airplane tickets for me.

10. 다음은 인터넷에서 퍼온 글이다. 각 각의 line에 있는 homograph(동철자어)들을 찾아 이들의 통사범주와 의미를 판단하고, 판단의 근거를 제시하시오.

This Wonderful Language of Ours

We polish the Polish furniture.
He could lead if he would get the lead out.
A farm can produce produce.
The dump was so full it had to refuse refuse.
The soldier decided to desert in the desert.
The present is a good time to present the present.
At the Army base, a bass was painted on the head of a bass drum.
The dove dove into the bushes.
I did not object to the object.
The insurance for the invalid was invalid.
The bandage was wound around the wound.
There was a row among the oarsmen about how to row.
They were too close to the door to close it.
The buck does funny things when does are present.
They sent a sewer down to stitch the tear in the sewer worker' s seam.
To help with planting, the farmer taught his sow to sow.
The wind was too strong to wind the sail.
After a number of Novocain injections, my jaw got number.
I shed a tear when I saw the tear in my clothes.
I had to subject the subject to a series of tests.
How can I intimate this to my most intimate friend?
I spent last evening evening out piles of books.

11. 다음은 문법 범주를 알면 풀기 쉬운 연습문제이다. 틀린 것을 고르시오.

1. A museum in Denver, Colorado, <u>chronicles</u> (A) black cowboys <u>and</u> (B) <u>his</u> (C) role in the <u>history</u> (D) of the American West.

2. Bluegrass music is <u>a kind of</u> (A) country music <u>who</u> (B) was <u>pioneered</u> (C) by Bill Monroe <u>of</u> (D) Rosine, Kentucky.

3. A number of the materials used in manufacturing paint are potential dangerous if
A B C
mishandled.
D

4. Chestnuts were once the most common tree in the eastern United States, but
A B
almost of them were destroyed by disease called chestnut blight.
C D

5. Physical therapists help patients relearn how to use their bodies after disease or
A B C
injure.
D

6. Boolean algebra is most often used to solve problems in logic, probability, and
A B C
engineer.
D

7. There was once a widespread believe that all lizards were poisonous.
A B C D

8. Sharks acquire many sets of tooth during their lifetimes.
A B C D

9. In any animal community, herbivores(great / greatly) outnumber carnivores.

10. (Regular / Regularly) airmail service in the Unites State began in 1918.

11. Writer Ernest Hemingway was known for his (simple / simply) language and his lively dialogue.

12. The tiny coral snake is (beautiful / beautifully) but deadly.

13. A good proofreader (painstaking / painstakingly) examines a manuscript for errors in spelling and grammar as well as for factual mistakes.

14. Alpha rays (loss / lose) energy rapidly as they pass through matter.

15. The cherry is one of the only fruits that will not (ripe / ripen) if it is removed from the tree.

16. Liberal arts colleges cultivate general intellectually abilities rather than technical or
A B C
professional skills. ______________________
D

17. Goats are extremely destruction to natural vegetation, and are often responsible
A B C D

for soil erosion. ____________________

18. Wild plants were of considerable important to early settlers, and many are still used medicinally and as foods. ____________________

(A: Wild, B: considerable, C: important, D: medicinally)

19. One important branch of linguistics is semantics, which analysis the meaning of words. ____________________

(A: branch, B: linguistics, C: analysis, D: meaning)

20. Black bears can move rapidly when necessary and are skillful tree-climbers for their size and weigh. ____________________

12. 다음 예문들에서 'round' 의 통사범주와 의미를 설명하시오.

a. The diplomats from the committee began a new *round* of talks.
b. Mary pointed to a *round* area in the middle of the conference room.
c. Please *round* it off whenever necessary.
d. John went *round* the corner for a while when everyone got hysterical.
e. I believe my boss will come *round* to our point of view.

13. 다음 예문들에서 'that' 의 통사범주와 의미를 설명하시오.

a. You should ask *that* man; he is the contact point on this matter.
b. I don' t want this; I want *that*.
c. He' s not that rich; I don' t how he owns three BMWs.
d. It was then *that* I recognized her in the dark.
e. John took the book *that* I wanted to check out.
f. I said *that* anyone but John could do it.
g. He said *that that that that* you used should have been this.

14. 다음에서 since, before, after의 분포를 살펴 통사범주를 논의하시오.

a. I haven' t seen him since 1998
a' . I haven' t seen him since I left Boston back in 1998
a" . I haven' t since him since.
b. I broke the vase before his interruption
b' . I broke the vase before he interrupted my conversation with my wife
b" . I broke the vase before.
c. The man left the crime scene after midnight
c' . The man left the crime scene after everyone else disappeared.
c" . The man left the crime scene after.

Chapter 03

문법기능과 구성소

이 장에서는 문장 구성의 최소단위인 어휘/단어들이 어떤 통사적 정보를 가지고 있는가, 또 그 요소들이 주어진 문장 속에서 어떤 문법 기능(grammatical function)을 수행하는가, 그리고 통사범주와 문법기능은 어떤 관계를 가지고 있는가? 왜 이들을 통사적, 문법 기능적으로 달리 정의할 필요가 있는지를 알아보기로 한다. 문법기능은 주어, 술어, 직접목적어, 간접목적어, 부가어로 나누어 설명한다. 또한 문법기능과 통사범주상의 관계도 논의하면서 각종 문법기능의 논증도 함께 제시된다.

•• 핵심용어 및 개념

Grammatical function 문법기능
Subject 주어
Predicate 술어
Direct object 직접목적어
Indirect object 간접목적어
Adjunct 부가어
Modifier 수식어
Constituent 구성소
Tag questions 부가의문문
Coordination 동등접속

Chapter

03 문법 기능과 구성소

3.1. 문법 기능Grammatical Function

우리는 앞 장에서 이미 한 개의 단어가 여러 개의 통사적 범주로 사용될 수 있음을 보았다. 즉, 한 개의 단어가 문장 가운데서 어떻게 사용되는가를 살펴보면, 그 단어의 문법 기능을 알 수 있다. 일반적으로 문법기능을 5가지로 분류하는데, 주어(Subject), 술부와 술어(Predicate/Predicator), 직접목적어(Direct Object), 간접목적어(Indirect Object), 그리고 부가어(Adjunct)로 나눌 수 있다. 이들 각각의 문법 기능을 알아보자.

3.1.1. 주어(Subject)

문장의 주어라는 문법기능은 술어에 의해 기술된 행위(동작)을 행하는 요소로서 구조적으로는 S(또는 TP)의 지정어의 위치(Spec, TP)에 오는 요소라고 할 수 있는데, 물론, 대부분의 경우는 명사구(NP)지만 굳이 통사적 범주가 명사구가 아닌 경우도 가능하다.

3.1.1.1. 일반 주어

통사적(문법적) 기능과 의미를 동시에 가지고 있으며, 일반적으로 주어가 되는 통사범주는 명사구지만, 때에 따라서, 전치사구, 소절을 포함하는 절 등이 주어가 될 수 있다.

① 명사구(NP)가 주어의 기능을 하는 경우

(1)
a. The consequences of fallout from Chernobyl are still being felt.
b. TV companies always welcome the feedback from viewers.
c. The Police are warning of an increased number of break-ins in this area.

② 전치사구(PP)가 주어의 기능을 하는 경우

(2)
a. [Under the stairs] was a safe area to be during the earthquakes
b. [Outside the fridge] is not a good place to keep any dairy products
c. [After Christmas] would be a good time to go away for a few days
d. [Between ten and midnight] suits me fine for a late night get-together

③ 시제절(Finite Clause)이 주어의 기능을 하는 경우

(3)
a. [That he will be promoted to the assistant manager's position soon] is obvious
b. [Just because he is generous] doesn't mean that he is rich
c. [What the terrorists said] puzzled the police
d. [Why she consented] remains a mystery
e. [What Sean got for his birthday] is a computer
f. [Whatever he says] is disturbing
g. [What Judy did] was slam the door
h. [What Judy slammed] was the door
i. [What surprised the audience] was your reaction to the commentator.
j. [Whether he gets the money or how he gets the money] is his own affair

④ 비시제절(non-finite)이 주어의 기능을 하는 경우

(4) 자체주어를 가지고 있는 to 부정사절(to-infinitive)
a. [For Judith to buy that house] would spell disaster.
b. [For the undergraduate students to understand the political issues] requires a major mental effort.
c. [For South Koreans to visit North Korea at a time like this] would not be recommendable.

(5) 자체주어가 없는 비시제절
a. [To be a good father] is more difficult than people think.
b. [To see her] is to love her.
c. [To surrender our arms] will seem cowardly.
d. [To break down this fence] could lead to a conflict with the neighbors.

(6) Wh-로 시작되는 비시제절
a. [What to read during the spring break] is the question all students are asking.
b. [Who to ask for permission] seems quite unclear.
c. [Where to sleep in this remote town] will not be an easy problem to solve.
d. [Whether to teach grammar or not to schoolchildren] is a hotly debated issue.

(7) 자체주어가 있는-ing 절
a. [Students breaking the rules] is unacceptable.
b. [Students walking on the roof] poses a safety risk.
c. [Damien fooling around] embarrasses his parents.
e. [George buying all those books] will cost his father a fortune.

(8) 자체주어가 없는-ing 절[1]
a. [Going on holiday] always creates tensions.
b. [Running a business] is hard work
c. [Swimming in this polluted lake] will definitely make you ill
d. [Refusing to help the needy] is selfish
e. [Being healthy] requires the right balance of everything.

(9) 소절(Small clause)
a. [The kitchen free of cockroaches] is a welcome prospect
b. [Workers angry about the pay] is the last thing we need to know
c. [Workers angry about the pay] *displeases* the government

1 여기 '-ing' 절은 전통문법에서는 동명사구로 불려온 요소들로서, 괄괄호([V-ing])속의 주어는 PRO라고 부른다. 이 책에서 PRO에 관한 자세한 논의는 생략하겠다.

3.1.1.2. 허사 주어(가주어, expletive subject, pleonastic element, dummy subjects)

다른 일반 주어와 마찬가지로 동사/술어의 앞에 위치하고 있고, 주어가 가지는 통사적 구조적 특징을 가지고 있긴 하나, 그 의미가 없다고 해서 허사주어라고 부르는 주어가 있다. 영어에는 두 개의 허사 주어가 있다. 'There' 와 'it' 가 허사주어로 쓰일 때가 있는데, 물론 이 두 단어가 일반적인 명사로 사용될 수 있다는 점은 주의해야 한다. 다음은 이들 단어가 일반 명사로 사용되는 경우와 허사로 사용되는 경우를 예로 든 것이다.

(10) non-referential 'it' vs. referential 'it'
a. *It* has been snowing in the region ever since I saw you.
b. *It* was John who tried to win her back.
c. *It* seems that John is an idiot.
d. *It* is getting really warm each day.
e. Where did you put my ticket? I left it on the table.

(11) existential 'there' vs. locative 'there'
a. *There* are approximately 1600 foreign students at CNU. (E)
b. *There* exist many ways to make you feel healthy and fit. (E)
c. I saw the cat a minute ago. There it is! (L)
d. I put the package over there (L)
e. *There* are drawbacks as well as advantages to every situation. (E)
f. *There* are some magnolia trees over there (E,L)
Cf. I believe there to be an idiot in the room (E)

과연 허사구문에 나타난 there나 it이 주어인지를 증명하는 것은 다음 3.2절에서 자세히 다루겠지만, 일단 허사 there와 it으로 시작하는 구문을 허사구문이라고 하고, 그렇게 사용된 there와 it을 허사주어라고 한다.

3.1.2. 술어(predicate)

술어는 하나의 명제(proposition)을 완성하는 기능을 가지고 있고, 주어나 목적어나 부가어의 행위나 기술(description), 동작 등을 표현하는 요소이다.

의미역을 다루는 부분에서 더 자세히 설명하겠지만, 모든 문장은 술어가 있어야 한다. 그리고 그 술어는 그 의미에 따라 몇 개의 논항을 선택하는가 정해져 있다. 이는 어휘부에서 그 단어의 의미에 따라 정해지는 것인데, 영어의 모국어 화자가 그 단어를 안다는 말은 그 단어의 음성적, 어휘적, 통사적, 그리고 의미적 정보를 다 안다는 뜻이다. 예를 들면, 'GIVE' 라는 단어는 적어도 3개의 논항이 필요한 동사인데, "준다는 행위를 하는 X", "받는 Y" 그리고 "주고 받는 대상이 되는 물체 X" 가 있어야 한다. 따라서 'give' 같은 동사는 3항 술어라고 한다. 더 자세한 것은 4장에서 설명하겠다.

문법 기능상 술부는 통사범주로는 동사구(Verb Phrase)가 가장 일반적이고, 동사는 술어(predicator)가 된다. 계사구문(copula)의 경우, 명사구, 형용사구, 혹은 전치사구도 술어가 되기도 한다.

(12)
a. John is a good physician.
b. John is incredibly handsome.
c. I'm afraid that he is not in today.

3.1.3. 직접목적어(DO, Direct Object)

직접목적어는 타동사의 뒤에 위치하면서 타동사의 행위나 동작이 영향을 미치는 대상이 되는데, 수동문이 되면 문장의 주어로서 그 문법기능이 바뀌게 되는 요소이다. 직접목적어가 될 수 있는 통사적 범주는 대표적으로는 명사구지만, 절이나, 의문사절 등도 가능하다.

① NP, 허사가 직접목적어의 기능을 하는 경우:

(13)
a. Sarah admires [the President].
b. Ralph enjoys [her company], but I don't.
c. William lit [the barbecue] at the company picnic.
d. Nancy considers [it] rather surprising [that Mary has left].

(cf. Nina considers that *it* is rather surprising that Mary has left).
(cf. Nina considers *it* to be rather surprising that Mary has left).

② That-절이 직접목적어의 기능을 하는 경우

(14)
a. The government believes [that the voters are stupid].
b. She admits [that she ignored the red light].
c. We regret [that we appointed you].

③ Wh-절이 직접 목적어 기능을 하는 경우

(15)
a. The girl doesn't seem to know [what she wants].
b. The officer explained [who would be in charge of the investigation].
c. I don't remember [why Paul said that].
d. The committee decided [where the next conference site would be].
e. I know [where he went].
f. I sold [what you gave me].
g. He announced [what room it was in].
h. John asked [whomever he saw].
i. We should give the prize to [whoever enters first].
j. The man will agree to [whatever the boss says].
k. I have read of [what a fine reputation he has].

④ To-부정사(to-infinitives) 절이 직접목적어 기능을 하는 경우

(16)
a. Kevin considers [Helen to be an excellent curator]
b. They believe [the tabloid newspapers to contain nothing but smut]
c. The company expects [its employees to seriously follow the dress code]

⑤ 원형절(bare infinitive clause)이 직접목적어의 기능을 하는 경우

(17)
a. Ricky could hear [his tutor rage with anger]
b. I let [the situation pass]

⑥ -ing절이 직접목적어의 기능을 하는 경우

(18)
a. I heard [Jamie singing in the shower]
b. They remember [the cast rehearsing for weeks]
c. We could smell [something burning in the kitchen]

⑦ -ed 분사절이 직접목적어의 기능을 하는 경우

(19)
a. The warren had [the prisoners jailed]
b. The crowd watched [the ship moored]

⑧ 소절(Small clause)이 직접목적어의 기능을 하는 경우

(20)
a. Janet considers [Sebastian a nerd]
cf. Janet considers Sebatian to be nerdy
b. Larry judges [the VP of the company a genius]
c. Kate deems [Hector emotionally unstable]

3.1.4. 간접목적어(IO, Indirect Object)

간접목적어가 나타나는 경우는 수여동사(ditransitive)의 경우인데, 우선 간접목적어가 나타난 예문을 살펴보자.

① NP가 간접목적어 기능

(21)
a. She told [her brother] a white lie.
b. The curator of the museum showed [the party] some rare paintings.

② Wh-절이 간접목적어 기능

(22)
a. Sean told [whoever wanted to hear it] his boring story.
b. Sean gave [whoever he didn't want to date] a nasty 'Dear John Letter'].
c. David gives [whoever he likes] [whatever he owns].

☞ 이중목적어 구문(DOC)의 경우, IO에 주어지는 제약

이중목적어구문 (Double Object Construction, DOC)에서 간접목적어에 가해지는 한 가지 제약조건은 [+Animacy]라는 것이다. 물론 모든 ditransitive 동사가 다 그런 것은 아니겠지만, 대부분의 경우, 간접 목적어는 무생물일 수 없다. 다음의 문장이 비문인 것으로 보아, 'give' 의 경우는 간접목적어가 반드시 유생물(animate)이어야 한다.

(23)
a. *?John gave his computer a plastic cover. (DOC)
a'. *?The students sent London a parcel package. (DOC)
b. *John gave the Red Cross a hundred dollars. (DOC)
b'. John gave a hundred dollars to the Red Cross. (DC)
c. *John gave good causes a hundred dollars. (DOC)
c'. John gave a hundred dollars to good causes. (DC)

흔히, 간접목적어가 나타나는 구문은 DOC라고 하고, 직접목적어와 PP로 이어지는 여격구문 (Dative Construction DC)와 매우 유사한 의미를 가지므로, 학자들은 이중목적어 구문과 여격구문사이의 관계를 설명할 때, 여격이동(dative shift)라는 변형규칙으로 설명하기도 한다. 여격이동에 대한 상세설명은 8장에 더 상세히 설명되어 있다.

(24)
a. John gave Mary a book (DOC)
b. John gave a book to Mary (DC)
c. John asked her a favor (DOC)
d. John asked a favor of her (DC)
e. The students played him a trick (DOC)
f. The students played a trick on him (DC)

이처럼 이중목적어 구문과 여격구문은 그 의미의 차이 없이 서로 상호 호환적으로 사용될 수 있는 경우가 많이 있다. 그러나 이중목적어 구문이 아무런 제약조건 없이 항상 여격구문으로 바뀌어 쓰일 수 있는 것은 아니다.

3.1.5. 부가어(Adjunct)

부가어는 대부분 "when, where, how, why" 등의 질문에 대답이 될 수 있는 부분으로 그 표현들의 통사 범주는 여러 가지가 다 가능하다. 흔히 부사구(AdvP)만이 부가어라고 생각하기 쉽지만, 전치사구(PP), 명사구(NP)등도 부가어의 기능을 수행하며, 각종 부사절, 관계절등도 부가어의 기능을 한다. 부가어는 대부분의 경우, 삭제해도 원문장의 문법성이 달라지지 않는 부가적인 요소이다. 다음의 예문들은 여러 가지 통사범주에 속하는 부가어를 포함하고 있다.

① AdvP가 부가어로 작용하는 경우

(25)
a. They [repeatedly] had their car stolen.
b. The project was [successfully] completed.

② PP가 부가어로 작용하는 경우

(26)
a. [Because of the accident] there was a three-mile tailback along the motorway.
b. They always drink vodka [before dinner].
c. We parked [in a lay-by] [on the by-pass].

③ NP가 부가어로 작용하는 경우

(27)
a. He resigned [the month before last].
b. Yesterday, I met the girl of my dreams

④ Finite clause가 부가어로 작용하는 경우

(28)
a. Mary doesn't like Mark, [because he gives her the creepy feelings].
b. She'll give money to a charity, [in order that they will spend it on a good cause].

⑤ Non-finite clause가 부가어로 작용하는 경우

(29)
a. [For anyone to appreciate oysters] she/he will need to overcome his or her revulsion for eating raw fish.
b. Catherine will need to work harder [for her to reach her life's ambition].

⑥ -ing participle clause with subject가 부가어로 작용하는 경우

(30)
a. [The streets being completely deserted], Jackie preferred to take a cab.
b. Sally stared out of the window, [her thoughts drifting away dreamily].

⑦ -ing participle clause without subject가 부가어로 작용하는 경우

(31)
a. Garry got off the subway train, [buttoning up his trench coat].
b. Bob talked to his girlfriend on the phone, [mopping the floor].
c. Mary walked in, [unbuttoning her jacket].

⑧ -ed Participle가 부가어로 작용하는 경우

(32)
a. [The trees chopped down], the park looked completed deserted.
b. [The attack averted], the people of the town could come out of hiding.
c. [Disgusted by what he had witnessed], Frank left the party in a hurry.
d. Meggie joined the NGO, [convinced that her participation would benefit political prisoners].
e. The victim must have died in her car, [suffocated by exhaust fumes].

주의할 점은 when, where, why, how의 대답이거나, 혹은 부사구라는 통사범주에 속하더라도, 드물게 부가어가 아니고 보충어인 경우도 있다. 다음을 보자.

☞ AdvP가 보충어가 되는 경우

(33)
a. The secretary washed the president's limousine carefully.
a'. The secretary washed the president's limo.
b. The secretary worded the president's letter carefully.
b'.*The secretary worded the president's letter.
(cf. The secretary did n't word the president's letter)
(cf. The secretary DID word the president's letter)

또 다른 예로 treat도 badly, harshly 등의 부사를 보충어로 요구하는 동사다.[2]

(34)
a. Her ex-husband treated her badly.
b. The old professor treated the foreign students too harshly.
c. The professor treated the international students nicely.
cf. The man treated the students at a nice buffet restaurant.

이상과 같이 통사형태와 문법기능과의 관계를 요약해서 보면 다음과 같다.

〈표〉 Form-Function Relationships

Form	Function			
	Subject	Direct Object	Indirect Object	Adjunct
Noun Phrase	V	V	V	V
Adjective Phrase	V	-	-	-
Prepositional Phrase	V	V	-	V
	V	-	-	V
Finite Clauses				
That-clause	V	V	-	-
Wh-clause	V	V	V	V
Clauses introduced by *because, when* etc.	V	-	-	V
Nonfinite clauses				
to-infinitive clause	V	V	-	V
bare infinitive clause	V	V	-	V
-ing participle clause	V	V	-	V
-ed participle clause	-	V	-	V
Small clause	V	V	-	V

이상에서처럼 여러 다양한 통사범주가 부가어의 문법기능을 수행할 수 있다. 이러한 부가어는 구조적으로도 직접목적어 같은 보충어와 다른 위치를 차지한다. 이에 대한 논증은 6장 핵계층 이론(X-bar theory)을 소개할 때 자세히 설명하겠다.

2 'treat' 는 여기서 "….를 취급하다, 대하다' 의 의미이며, 이와는 전혀 다른 '.. 를 대접하다' 의 의미일 때는 부사가 동반되지 않아서, 부사구는 부가어이다.

3.2. 문법기능의 논증

3.2.1. 주어 논증

주어는 일반적으로 명사구이며, 이들 명사구 주어는 문장의 술어(동사)와 수의 일치 Subject-Verb Agreement(Concord)를 일으킨다. 또한 영어의 경우 명령문 같이 특수한 경우를 제외하고, 시제문에서는 항상 주어가 명시적으로 나타난다. 주어 논증을 할때 다음의 3가지 질문을 해보자.

첫째, 의문문이 될 때 Subject-Auxiliary Inversion이 일어나는가?
의문문이 될 때 주어 앞으로 조동사가 이동하는 (SAI)가 일어나는가를 살펴 주어인가 알 수 있다.

(35)
a. The man who was shouting at the funeral home was a mortician.
Was the man who was shouting at the funeral home a mortician?
*Was the man who shouting at the funeral home was a mortician?
b. The lady with a red wig would buy an outfit like that.
Would the lady with a red wig buy an outfit like that?

둘째, 동사의 일치 (Verb Agreement)가 일어나는가? 영어에서 동사는 주어와 일치할 뿐 목적어와 일치현상을 보이지 않는다.

셋째, 부가의문문의 부가(Tag) 부분에 무엇이 나타나는가?를 알아보면 주어를 학인할 수 있다.

(36)
a. This teacher is a genius, isn't *she?*
b. The kid has arrived safely, hasn't he?
c. Our parents should inform the police, shouldn't they?

d. John and Mary got engaged last night over a bottle of wine, didn't they?
e. There are many students in the room, aren't *there*?/*aren't they?
f. It has been snowing in London, hasn't *it*?

사례연구 : there 구문에서 문장의 주어를 논증해 보자.

There is a rat in the room.

주장A: 위 there 구문에서 there가 주어이다.
주장B: 위 there 구문에서 a rat가 주어이다.

주장 A는 우선, there는 동사의 앞에 위치한다. 영어의 주어는 동사의 앞에 위치한다. 따라서 there가 주어이다.

주장 B는 우선, there 구문은 결국 a rat에 관한 문장이다. 가장 중요한 표현은 a rat이고, there는 그 의미가 없다. 따라서 a rat이 주어이다.

주장 A는 둘째로, 의문문이나 부정문이 될 때 주어-조동사 도치가 there 앞으로 넘어 가면서 일어난다. 따라서 there가 주어이다.

(37)
a. Is there a rat in the room?
b. There isn't any rat in the room.
c. Isn't there any rat in the room?

주장 B는 둘째로, 영어에서 발견되는 주어-조동사 일치 현상을 살펴보았다. there구문에서는 a rat와 동사의 수가 일치하는 것을 볼 수 있다. 따라서 a rat가 주어이다.

(38)
a. There are many rats in the room
b. *There has been many foreign students at this university
c. There is one Zimbawabe student in town

주장 A는 셋째로, 부가의문문이 되면, 보통은 주어가 출현하는 부가(tag)의 자리에 there가 출현한다는 점을 주목한다. 다음 자료를 살펴보자.

(39)
a. The man who was arrested last night was an arsonist, wasn't *he*?
b. John and Mary decided to go to an Italian restaurant for dinner, didn't *they*?
c. Your parents haven't been to Hong Kong, have *they*?
d. We didn't hurt you, did *we*?
e. It is really breezy in Korea, isn't *it*?
f. There is a rat in the room, isn't *there*?
g. There are many faculty members at CNU, aren't *there*?

주장 B는 셋째로, there-구문은 문장의 의미에 영향을 주지 않은 채 a rat를 주어로 하는 문장으로 바꾸어 쓸 수 있다.

☞교차언어적 관점(Cross-linguistic consideration):
자연언어 중에 'there' 같은 허사가 없는 언어도 많이 있는데, 한국어/일본어도 그러한 언어중의 하나이다. 따라서, 허사가 없는 언어의 경우에 비추어, 'a rat' 가 주어라고 하는 편이 좀더 설득력이 있다고 말할 수도 있겠다.

"There is a rat in the room" "그 방에는 쥐가 있다"
"A rat is in the room" "그 방에는 쥐가 있다"
"There are many interesting students at Yale"
"예일대학교에는 재미있는 학생이 많다"
"Many interesting students are at Yale"
"예일 대학교에는 재미있는 학생이 많다"

결론적으로 말해서 there를 통사상의 주어, a rat 같은 제휴어를 의미상의 주어라고 할 수 있다.

3.2.2. (직접) 목적어의 논증

어떤 구가 직접목적어인가 아닌가를 논증할 때 다음의 세 가지 질문을 해볼 수 있다.

첫째, 수동문이 될 때 그 구가 주어가 될 수 있는가?

둘째, 그 구를 대명사로 대체해서 쓸 수 있는가?

셋째로, 동사 바로 뒤에 오면서 다른 요소의 삽입이 허락되지 않는가? 영어의 경우 보충어는 동사의 바로 뒤에 위치하며 다른 요소가 끼어드는 것을 허락하지 않는다. 예를 들어보자.

(40)
a. Edward told the manager
b. Edward arrived last night.
c. The manager was told by Edward.
d. *Last night was arrived by Edward.
e. Edward told him.
f. *Edward arrived it.
g. *Edward told unexpectedly the manager.
h. Edward arrived unexpectedly last night.

따라서, 위의 예문에 의하면, the manager는 직접목적어의 기능을 수행하고 있는 것이고, last night은 그렇지 않다는 것을 알 수 있다. 즉 last night은 통사적으로는 명사구지만 그 문법기능은 부가어의 기능을 하고 있다. 부가어는 생략할 수 있지만, 타동사로 쓰인 동사의 경우 직접목적어(보충어)는 생략하면 비문이 된다. 동사 tell은 자동사와 타동사가 다 가능하므로 이 점을 증명하기는 쉽지 않다.

(41)
a. Edward won't tell.
b. Edward won't tell the manager.

그러나 동사 뒤에 오는 명사구가 과연 모두 직접목적어의 문법기능을 가지는가에 대해서 생각해 볼 필요가 있다. 다음의 예문을 살펴보자.

(42)
a. John weighed *160 pounds* last year, but he has gained a lot more since then.
b. This laptop computer cost *990 dollars*.
c. John resembled *his father*.
d. Susan has *a boyfriend* who is a pro-choice activist, whereas Susan believes in a pro-life movement.

위에서 밑줄 쳐진 표현은 직접목적어인가? 이들이 직접목적어라고 말하기 어렵다. 그 이유는 이들 밑줄 쳐진 표현은 수동태의 주어가 되지 못한다.

(43)
a. *??160 pounds was weighed by John last year.
b. *His father was resembled by John
c. *?A boyfriend who is a pro-choice activist is had by Susan.

☞ 이런 동사들을 척도의 동사(measure verb)라고 부르기도 한다.

(44)
a. This computer weighs 20 kilograms
b. *Twenty kilograms is weighed by this computer
c. Each of these oranges costs two dollars.
d. *Two dollars is/are cost by each of these tangerines
e. That jacket suits you very well.
f. *You are suited by that jacket very well
g. He didn't resemble my father, but I did.
h. *My father wasn't resembled by him.

한편 중간태 동사(Middle verbs)는 통사적 주어가 기능상 직접목적어의 기능/의미를 가지는 경우를 Activo-Passive 라고 부르며, 이런 구문을 허용하는 동사를 보통 중간태 동사라고 부른다. 중간태 구문(Middle Construction) 은 동사와 더불어 동반하는 부사구, 조동사, 또는 강세등이 있음을 주의해야 한다.

(45)
a. This book reads well. (cf. They read this book)
b. This car steers poorly. (cf. He steers this car)
c. The knife cuts well.
d. Greek translates easily.
e. This paper DOESN'T cut.[3]

This book sells well의 의미를 보면 'this book' 은 동사 'sell' 의 목적어이지만, 능동문의 주어의 위치에 있음을 알 수 있다.

3.3. 구성소와 성분통어

지금까지 우리는 영어문장을 구성하는 가장 기본적 단위는 단어라는 것, 이 각각의 단어가 적어도 한 개 이상의 통사범주에 속한다는 것을 알게 되었다. 그런데 이러한 각각의 단어는 실에 구슬을 꿰듯이 앞뒤 순서만으로 구별할 수 있도록 이어져 있는 것이 아니다. 이 절에서는 영어문장은 단어들이 일정한 형상구조와 높낮이가 있는 구성소(constituents, 또는 구성성분)를 이루며 이러한 구성소들이 모여 문장이라는 더 큰 단위를 이룬다는 것을 설명한다.

구성소(constituents)와 직접 구성소(immediate constituents)의 정의는 다음과 같다.

Def. A set of nodes forms a *constituent* iff they are exhaustively dominated by a common node. X is an *immediate constituent* of Y iff X is immediately dominated by Y

3 대문자는 강세 발음을 의미함

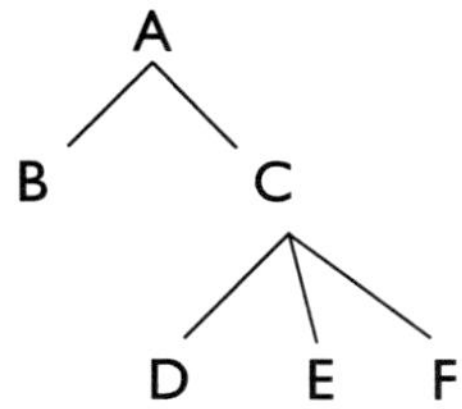

(i) [D,E,F]는 하나의 구성소 [C]를 이룬다. 왜냐하면 이들 세 접점은 단독적으로 하나의 접점 C에 의해서 관할되기 때문이다.

(ii) [B,C]는 A라는 접점에 의해서 단독으로 관할되므로 [A]라는 하나의 구성소를 이룬다.

(iii) [D,E]는 구성소가 되지 못하는데 그것은 [C]가 이들 둘을 단독으로 관할하지 못하고, F라는 접점이 남아있기 때문이다.

(iv) [B, C] 는 A의 직접구성소이다.

위에서 설명한 것을 적용하여 다음의 실제 문장을 살펴보고 이들의 구조적 관계를 확인해 보자. 만일 영어 문장이 다음과 같이 수평구조라면, the와 police가, 또 the와 park가 불가분의 관계에 있다는 것을 설명하기 힘들다.

(46)

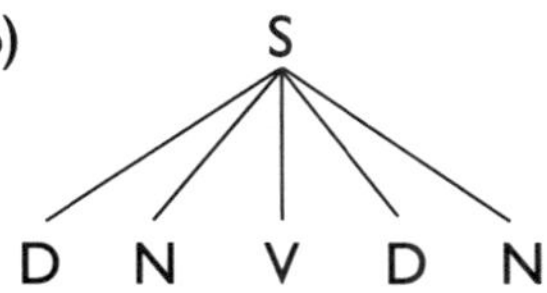

(편평구조 **flat structure**)

(47) The police arrested him at the park

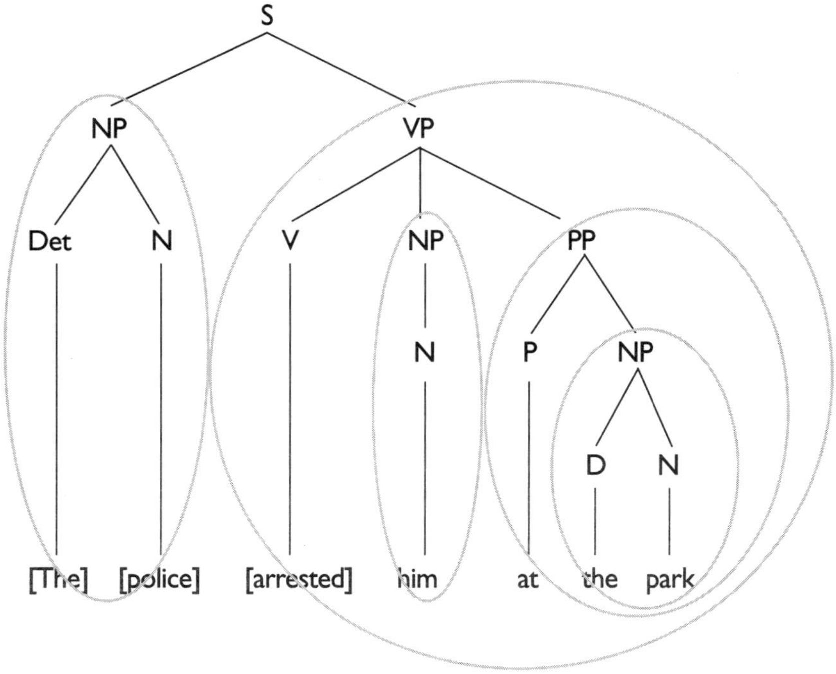

또한, 이와 같은 각각의 접점들의 구조적 관계를 자매 관계(sister relation), 모녀 관계(mother-daughter relation)로 표현한다. 위의 수형도에 의하면, 다음의 관계를 알 수 있다.

① [P, NP]는 PP의 딸 절점
② [V, NP, PP]는 VP의 딸 절점
③ [NP, VP]는 S의 딸 절점

문장을 구성하는 여러 단어들이 그저 실에 꿴 구슬이나 진주 같은 형상구조가 아니고, 층위를 가진 구조물이라는 것은 눈으로 보이지 않는다. 그러나, 이런 높낮이를 가진 구조물, 즉 구성소들로 이루어져 있다는 것은 실제 영어문장을 예로 들어 실증적인 논증을 통해 증명할 수 있다. 그런 이유로 구성소를 확인하는 일은 통사론에서 중요한 과제가 되는 것이다.

또한 이런 구성소들이 어떤 내부 구조를 이루는가는 수형도를 통해서 보다 용이하게 알 수 있기 때문에 통사론 분야에서는 구나 문장의 구조도를 수형도를 통해서 나타내며 성분통어(c-command)의 관계가 유용한 도구가 될 수 있는 것이다.

이제 한 문장의 어떤 요소가 구성소인가 아닌가를 증명하는 방법을 설명해보자. 문장의 내부 구조가 눈으로 보이는 것은 아니지만, 겉으로 나타나는 여러 가지 통사현상이 있는데, 이런 통사현상들이 문장의 내부 구조에 관한 많은 정보를 제공해준다. 예를 들면, 전치(preposing), 후치(postposing), 동등접속(coordination), 교체(substitution), 생략(ellipsis)등의 현상이 있다. 이제 더욱 구체적으로 구성소를 논증하는 몇 가지 방법을 살펴보자.

3.4. 구성소의 논증

위에서 우리는 영어문장의 내부 구조를 규명하는데 필요한 문법기능과 구성소에 관한 논의를 하였다. 이러한 지식을 바탕으로 문장의 내부 구조를 (추정해서) 그려보자. 문장의 내부 구조를 그리는 방식을 수형도(tree diagram), 혹은 구 표지(phrase marker)라고 부른다. 수형도를 그리는 방식은 학자나 시대에 따라 다를 수 있다. 여기서는 특정 요소 XP가 구성소인가 아닌가를 파악하는 것에 초점을 맞춘다.

문장의 구조는 아주 간단한 단어의 구조로부터 구, 그리고 S의 구조 등이 있다. 각종 표현의 내부 구조에 관한 자세한 수형도는 6장 핵계층 이론에서 다루어 질 것이다. 우선 아래의 예문을 살펴보자.

(48)
a. The honeymooners travelled the world from China to Argentina in a month.
b.*The honeymooners travelled ▲ in a month [the world from China to Argentina]

위 예문에서 'the world from China to Argentina' 는 하나의 구성소일까? 만일 이 요소가 후치이동 되었다면, 하나의 구성소를 이룬다고 말할 수 있겠지만, (48b)는 비문법적이다. 즉, (49)에서 'the world from China to Argentina' 는 하나의 구성소가 아니다.

(49)

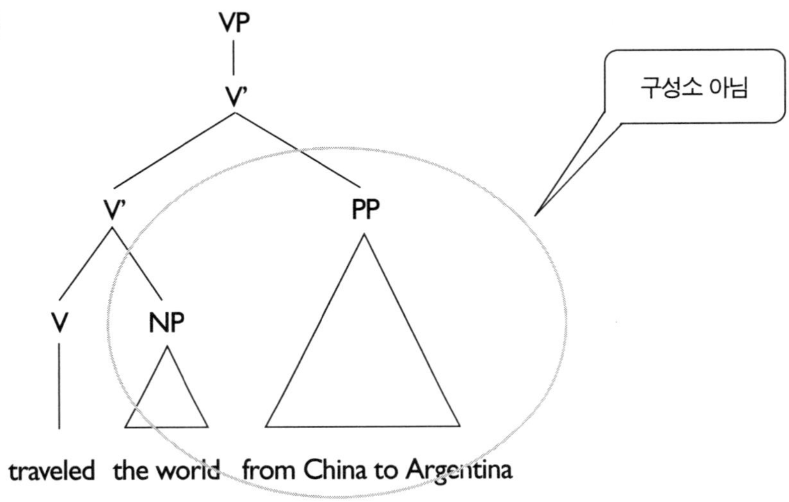

구체적으로 구성소를 논증하는 사례연구를 살펴보자.

사례연구 #1: 다음의 예문들에서, up a hill과 up the number는 모두 구성소인가?

(50)
a. John ran <u>up a huge hill</u>
b. John ran <u>up a huge bill</u>

(50a)에서 up a huge hill은 구성소이다. 왜냐하면, 다음 (51a, 52a)가 보여주듯이, up a huge hill은 전치될 수도 있고, 동등접속 될 수도 있기 때문이다.

(51)
a. Up a hill, John ran
b. *Up a bill John ran

(52)
a. John ran up a huge hill and down the mountain
b. *John ran up a huge bill and down a debt

그러나, (50b)의 up a huge bill은 구성소를 이루지 못한다. 왜냐하면 (51b), (52b)가 보여 주듯이, 전치도 허용되지 않고, 동등접속도 허용되지 않기 때문이다. 이처럼 문장 속의 어떤 요소가 구성소인가 아닌가를 논증하는 데 사용할 수 있는 유용한 통사현상들이 있다.

우선, 특정 구성소만이 전치〈Preposing〉 현상의 대상이 된다. 따라서, 만일 어떤 요소 XY가 전치된다면, 그 요소 XY는 구성소라고 말할 수 있다.

(53) XP 전치 현상으로 구성소 검증(X=N, A, V, P, Adv, etc)
a. John said that the new syntax book was exciting and [very exciting], it was [AP]
b. Give in to blackmail, I never will [VP]
c. The man you said you're in love with, I can't stand [NP]
d. Your brother, Mary gave a book to [NP]
e. To your brother, Mary gave a book [PP]
f. Very shortly, John will be leaving for Boston [AdvP].

(54) 동사구 전치 현상으로 구성소 검증〈VP Preposing〉
a. My students said that John would read the book somewhere, and [read the book] he did [VP] in the garage.
b. My students said that John would read the book in the library, and [read the book in the library] he did [VP].
c. My students said that John would read the book in the library this afternoon, and [read the book in the library this afternoon] he did [VP].

(55) 후치 현상으로 구성소 검증〈Postposing〉
a. David explained [all of the terrible problems that he had encountered] to her

b. David explained [ ] to her [all of the terrible problems that he had encountered]
c. *David explained [all of __] to her [the terrible problems that he had encountered]
d. *David explained [all __] to her [of the terrible problems that he had encountered]
Cf. *David explained her [all of ....]

(56) 의문사 이동 현상으로 구성소 검증〈Wh-movement〉
a. The man with a wig gave a CD to Mary hurriedly.
b. Who gave a CD to Mary hurriedly?
c. How did the man with a wig give a CD to Mary [ ]?
d. To whom did the man with a wig give a book [ ] hurriedly?
e. What did the man with a wig give [ ] to Mary hurriedly?
f. What did the man with a wig do [ ]?

(57) Sentence Fragments로 구성소 검증
A: Who are you ringing up?
B: My nanny
B': *Up my nanny
B": I was ringing up my nanny

(58) 우측가지 상승구문으로 구성소 검증 〈Right Node Raising〉
a. Stacy must, and Jason may, go to the social function.
b. Tamy denied, but Susan admitted, [complicity in the crime]

(59) do-so 대체로 구성소 검증 〈do-so Substitution〉
a. John will study syntax in the library today, and Mary will *do so* too.
b. John will study syntax in the library today, and Mary will *do so* tomorrow.
c. John will study syntax in the library today, and Mary will *do so* in the dormitory tomorrow.
d. *John will study syntax in the library today, and Mary will *do so* semantics in the dormitory tomorrow.
e. John [gave a present to me] yesterday and Mary *did so* the day before yesterday.
f. My father [put some money on the table] yesterday and my mom *did so* today.
g. *My father put some money on the table yesterday and my mom *did so* on the shelf the day before.
h. John [gave Elizabeth a DVD last week], and Bill *did so* too.
i. John [gave Elizabeth a DVD] last week and Bill *did so* this week.
j.*John [gave Elizabeth] a DVD last week and Bill *did so* some flowers.

(60) 동등접속으로 구성소 검증 〈Coordination〉
a. Frank *washed* and *ironed* his shirts yesterday. => (main V)
b. Frank *washed his shirts* and *polished his shoes* yesterday. => (V')
c. Frank washed his shirts *yesterday* and *last week*. => (adjunct NPs)
d. Frank *washed his shirts yesterday* and *polished his shoes last week* =>(V')
e. Obama loudly *announced* and *decried* the election victory.
f. Obama loudly *announced the election victory* and *gave an interview to the press*.
g. Julius *loudly* and *disgustedly* announced the election victory.
h. Julius *loudly announced the election victory* and *disgustedly gave an interview to the press*.
i. *John wrote a letter and to Mary
j. John wrote a letter and a postcard
k. John wrote to Mary and to Fred.
l. *John wrote to Mary and a postcard

(61) 'do so' test로 구성소 검증(Haegeman 1994, pp. 88-89)
a. Miss Marple will <u>*read the letters in the garden shed this afternoon*</u> and Peter will do so too.
b. Miss Marple will <u>*read the letters in the garden shed*</u> this afternoon and Peter will do so tonight.
c. Miss Marple will <u>*read the letters*</u> in the garden shed this afternoon and Peter will do so in the garage tonight.
d. *Miss Marple will <u>*read*</u> the letters in the garden shed this afternoon and Peter will do so the diaries in the garage after dinner.

(62) *though* 이동으로 구성소 검증
a. Though students are fare dodgers, they are not thieves.
a'. [$_{NP}$ Fare dodgers] though students are - ▲, they are not thieves.
b. Though Ken usually is quite happy, today he is sad.
b'. [$_{AP}$ Quite happy] though Ken usually is ▲, today he is sad.
c. Though she works very hard all day long, at night she is lazy.
c'. [$_{AdvP}$ Very hard] though she works ▲ all day long, at night she is lazy.
d. Though she is in debt, she is very generous.
d'. [$_{PP}$ In debt] though she is ▲, she is very generous.
e. Though he ate the Shitaki mushrooms, he hasn't been sick.
e'. [$_{VP}$ Eat the Shitaki mushrooms under investigation] though he did ▲, he hasn't been sick.
f. Though I was sad, I did not cry
f'. [$_{AP}$ Sad] though I was ▲, I did not cry

(63) VP 절점 test로 구성소 검증

a. [Clean his room meticulously] though Ralph will ▲ , he'd rather watch TV
b. *[Clean his room] though Ralph will ▲ meticulously, he'd rather watch TV
c. [Carefully clean his room] though Ralph will ▲ , he's normally untidy and sloppy
d. *[Clean his room] though Ralph will carefully ▲ , he's normally untidy and sloppy

☞ 다음은 동등접속이 일어난 경우의 수형도이다.

(64)

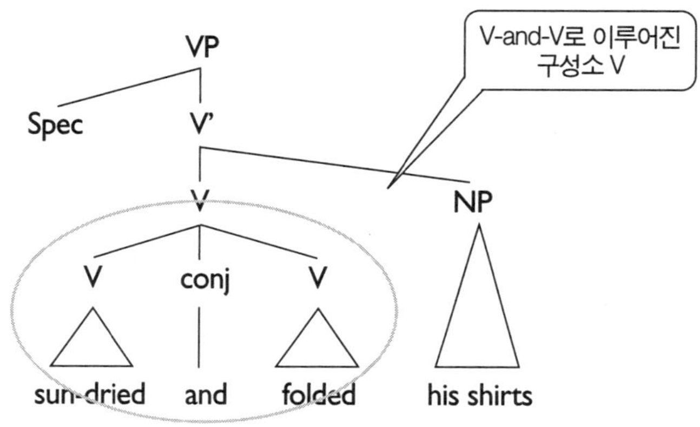

(65)

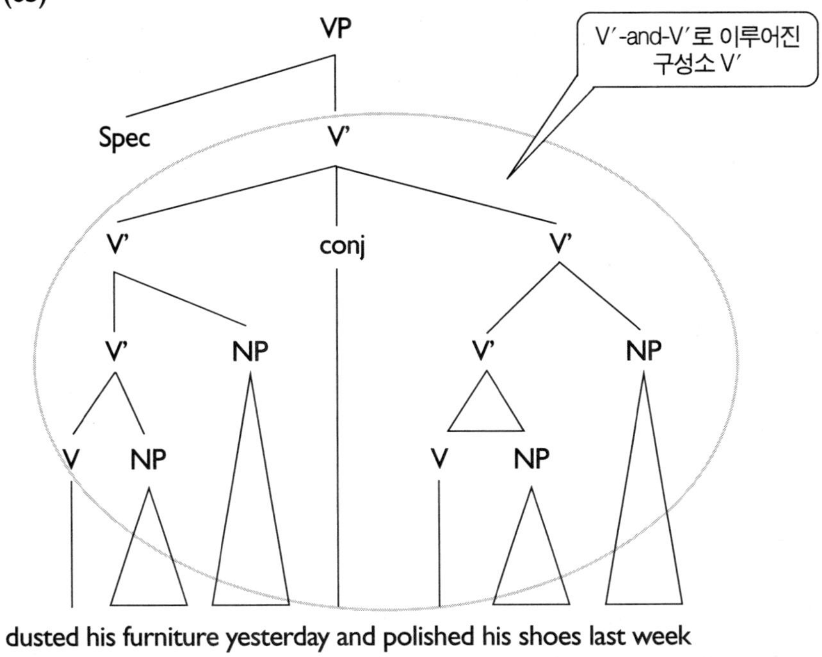

(66) In-depth Data

a. *Frank* and *Jeff* washed the car.
<=Frank washed the car and Jeff washed the car.

b. John and *Mary* danced last night. (ambiguous)
<=John danced last night (alone) and Mary danced last night (with Frank)
<=John and *Mary* danced together last night.

c. John and Mary get up early in the morning.
<=John gets up early in the morning and Mary gets up early in the morning.
(*John and Mary gets up early in the morning.)
<=John and Mary get up together early in the morning.

(67) Right Node Raising(RNR,우측가지상승); 구성소만이 RNR에서 remnant 이동

a. Susan loves, but Bill hates, syntax

b. Michelle is, and therefore her boyfriend is, fond of the iguana. (홍성심, 1999)

c. Frank washed ▲, and Dick ironed ▲, the shirts. (Aarts, 1997)

d. Frank will ▲, but Dick won't ▲, washed the shirts.

e. Frank will ▲ , but Dick won't ▲ , iron the shirts tomorrow.
f. John puts forks ▲ or Mary put chopsticks ▲ , at every place. (Rothstein, 2001, p. 23)

(68)분열문 / 유사분열문(Cleft/Pseudo-Cleft Sentences)을 통한 구성소 논증
구성소만이 분열문이나 유사 분열문의 강조(Focus)의 위치에 나타날 수 있다.
a. Frank dusted his furniture yesterday.
b. It was *Frank* who dusted his furniture yesterday.
c. It was *yesterday* that Frank dusted his furniture.
d. What Frank dusted yesterday was *his furniture*.
e. What Frank did yesterday was *dust his furniture*.
f. What Frank did was *dust his furniture yesterday*.

(69) 삽입어구를 사용한 구성소 논증(Insertion Test for Constituency)
Parenthetical elements = *however, as you know, would you believe, to be honest with you, to tell you the truth, vocative*, etc.

a. Christine, *however*, will take her syntax exam in August.
b. Christine will, *however*, take her syntax exam in August
c. Christine will take her syntax exam in August, *however*.
d. *Christine will take, *however*, her syntax exam in August.

··· 연습문제

1. 다음에서 모든 시제절의 주어(subject)에 해당되는 부분을 찾아 [ ]속에 넣으시오.

(1) Had anyone asked me about my state of mind, I would have sighed and answered, "a dreary boredom, or a spiritual void that sucks you in like a vague but intensely urgent longing"

(2) Most of what has been presented to this jury to stir up feeling in your souls has not the slightest bearing on proving conspiracy in this case.

(3) The pattern 1 lifestyle represents how migrant farm workers of all nationalities lived in the past and how many continue to live.

2. 다음 밑줄 친 표현의 통사 범주와 문법적 기능을 설명하시오.

(1) The word 'archaeology' comes from Greek, meaning "the study of beginnings". More specifically, it is the scientific and academic study and research of the material remains of past human cultures. These <u>remains</u> may date from the earliest of times all the way up to modern history.

(2) At age 19 she <u>landed</u> her first job as a radio reporter in Nashville Tennessee, where she attended college.

(3) Gaudi' s emergence as one of Spain' s preeminent artists at the end of the nineteenth century <u>marked</u> a milestone in the art world.

(4) Yet it was perhaps Gaudi who had the greatest talent for bringing together <u>diverse groups</u>, ones which others viewed as being too diametrically opposed to be capable of coming together and co-existing amicably.

3. 다음 문법적 기능과 통사형태에 관한 문제를 푸시오.

(1) <u>Gleefully</u>, Henry <u>ran</u> out of the house
[gleefully] ; 형태 -> 부사, 기능 -> __________
[ran] ; 형태 -> 동사, 기능 -> __________

(2) We deem <u>her very competent</u>
[her very competent] ; Form -> __________, Function -> Direct Object

(3) They sold the boy faulty computers
[the boy] ; Form -〉 NP, Function -〉 __________

(4) Mary doesn' t know what John meant
[what John meant]; Form -〉 __________, Function -〉 Direct Object

(5) I would hate to see you cry
[to see you cry]; Form -〉 non-finite clause (to-infinitive clause) Function -〉______

(6) The policeman made [me pay the fine] on the spot
[me pay the fine]; Form -〉 _____ infinitive clause) Function -〉 Direct Object

4. 다음 예문을 살펴보고, 왜 흥미로운지 분석하시오.

(a) The CEO worded the contract carefully
(b) *The CEO worded the contract.
(c) How did the CEO word the contract?

5. 다음에서 동등접속이 된 구성소를 꽉 괄호로 묶으시오.

(a) He saw some stray cats and dogs
(b) I met your mother and father
(c) Is your sister in the kitchen or in the bathroom?
(d) He speaks very slowly but very articulately.
(f) I like Hawaii for our family summer vacation, but my wife likes Paris better.
(g) John wrote a letter and a postcard.
(h) My sister-in-law is fond of cats, but afraid of dogs.
(i) Sara Jessica Parker walks and talks like a true New Yorker, although she was born in somewhere in Penn State.
(j) No one can say whether she should marry him or shouldn' t marry him.

6. 다음의 예문을 문법적인 문장으로 고쳐 쓰시오.

(a) *Jennifer has a sense of humor, a lot of charm, and she has an extremely pleasant personality.
=〉
____.

(b)*He was a brilliant strategist, a caring mentor, and modest.
=>

____.

(c) *The president rewarded his employees for their hard work on the final project and going beyond the call of duty.
=>

____.

(d)
=>

____.

7. 다음에서 'so', 'as', 등이 대신하고 있는 구성소가 무엇인지 설명하시오.

(a) John might go home, and *so* might Mary.
(b) John might resign his post, *as* might Mary.
(c) Many people consider the professor [extremely rude], but I' ve never found him *so*.

◈ Puzzles and Trivia

1. List as many English words ending in -GRY as you can.

In common English, there are no other words ending in '-gry' other than 'angry' and 'hungry'

2. 'Hanged' 와 'hung' 의 차이는?

'hanged' 는 교수형에 처해졌다는 뜻일 때만 사용하고, hung은 hang의 과거, 과거분사형으로 "...에 걸리다" 는 뜻으로 사용된다.

Around 500 years ago, people were hanged here.
An artist' s pictures might be hung in the museum.
The curtains were hung, and the people were hanged.

3. 다음의 글을 읽고 ____ 단어의 통사범주와 문법기능을 결정하시오.

"A Test that tells you how long you will live"

A $700 blood test that tells someone' s biological age will go on sale in Britain later this year, the Independent reported Monday. The test will be able to offer the possibility of estimating how long the person has left to live by measuring telomeres on the tip of their chromosomes, the most important and accurate indicators of how rapidly someone is aging. However, critics worry that it can be misused by some companies that try to sell unproven anti-aging remedies. Insurance companies might also take interest in the result of the test to decide what kind of medical coverage they will offer.

However, the test could provide insights into a range of age-related disorders, from cardiovascular disease to Alzheimer' s and cancer. The inventor of the test said that the fact that short telomeres can cause a shorter lifespan is already known. "What' s new about this test is that it is very precise. We can detect a very small differences in telomere length and it is a very simple and fast technique where many samples can be analyzed at the same time. Most importantly, we are able to determine the presence of dangerous telomeres -- those that are very short," said Maria Blasco of the Spanish National Cancer Research Center.

Telomere research is also an exciting area in biomedical science and three scientists who received the Nobel Prize last year are pioneers in the field. "It will be useful for you to know your biological age and maybe to change your lifestyle habits if you find you have short telomeres," said a former post-doctoral student of the Nobel Prize winner Carol Greider of Harvard Medical School.

Chapter 04

하위범주, 의미역, 선택제약 조건

주어진 어휘와, 문장의 골격을 구성하는 규칙만 가지고 영어 모국어화자가 알고 있는 무한 개수의 문장을 설명할 수 없다. 따라서, 이를 보충하기 위한 몇 가지 중요한 개념이 추가적으로 필요한데, 이 개념중의 하나가 하위범주화(Subcategorization)이다.

또한, 문장을 분석하고 구조를 파악하기 위해 꼭 필요한 개념으로 의미와 관련된 논항구조라는 개념이 있다. 따라서 논항구조(argument structure)는 동사 혹은 술어가 가지고 있는 논항의 개수를 체계적으로 제시한다는 점에서 의미의 구조라고 말할 수 있다.

이 장에서는 하위범주화, 논항구조, 의미역, 그리고 선택제약에 관한 논의를 한다. 하나의 명제를 완성하기 위해서 몇 개의 논항이 필요한가? 또한 선택제약 (selectional restriction condition)이란 무엇인가, 의미자질이 선택제약에 어떤 역할을 하는가 하는 문제를 논의하고, 설명한다. 끝으로 선택제약을 고의적으로 위반하여 문학성을 높이거나 상징성을 나타내는 수사적 어법 (figurative language) 역시 이 장에서 다루어 진다.

•• 핵심용어 및 개념

Subcategorization 하위범주화
Thematic roles 의미역
Selectional restriction 선택제약 (조건)
Argument 논항
Argument structure 논항구조
Figurative language 수사(어)법
Metaphor 은유
Tautology 항진명제, 항상 참인 명제
Oxymoron 모순
Personification 의인화
Semantic features 의미자질
Semantic anomaly 의미일탈

Chapter

04 하위범주화, 의미역, 선택제약 조건

4.1. 하위범주화Subcategorization

각각의 단어, 특히 술어가 반드시 일정한 특정 범주를 필요로 한다는 정보가 있는데, 이를 그 술어가 특정 범주를 하위범주로 선택한다고 말한다. 예를 들면 kill이란 동사는 반드시 NP를 하위범주로 택한다. 한편 fond 같은 형용사도 PP(of NP)를 하위범주로 요구한다. put은 NP-PP를 하위범주로 선택하는데, 이런 정보는 이러한 각각의 단어가 고유하게 가지고 있는 어휘적 정보, 하위범주적 정보에서 알 수 있다.

(1)
a. The crocodile *devoured* a zebra.(two-place predicate takes two arguments)
b. Henry *blushed*. (one-place predicate takes one argument)
c. The police *investigated* the criminal laywer.
d. Sara *gave* Pete a parcel. (Three-place predicate)
e. Melany *bet* [Brian] [a pound] [that he would lose the game of squash]

한편, 날씨/기후를 나타내는 동사는 논항이 필요 없는 술어라고 말할 수 있는데, 그런 경우 흔히 it 같은 허사주어가 사용된다.[1]

1 흥미로운 것은 이런 허사주어가 사용된 영어문장을 한국어로 해석하면, 눈이 온다/비가 온다/에서처럼 '눈' '비' 등이 주어가 된다. 즉, 한국어나 일본어는 영어와 달리 허사가 없는 언어이다.

(2) Zero-place argument

a. It *snowed* last night. (zero-place predicate)
b. It has rained all week long.

snow is a 0-place predicate which does not require a referential arguement.
smile is 1-place predicate which takes one argument. (NP)
devour is 2-place predicate which takes two arguments. (NP, NP)
give is 3-place predicate which takes three arguments. (NP, NP, NP)
find can be a 2-place predicate (NP, NP) or 3-place predicate. (NP,NP,NP).

주의 할 점은, 동일한 동사라 하더라도 1항 술어일 수도 있고, 2항 술어일 수도 있으며, 2항 술어가 3항 술어로 사용되기도 한다는 점이다. 이와 관련있는 예문을 보자. (Dixon 2005, pp301-303)

(3)
a. I cut a slice of bread for Mary.
b. I cut Mary a slice of bread.

(4)
a. I brought an avocado *for* Mary.
b. I brought Mary an avocado.

(5)
a. My advisor found a job *for* me.
b. My advisor found me a job.

(6)
a.The film reviewer recommended a good thriller *to* Mary.
b. The film reviewer recommended Mary a good thriller.

(7)
a. My wife knitted a jumper *for* Mary.
b. My wife knitted Mary a jumper.

(8)
a. The teacher threw a piece of chalk *to* the students.
b. The teacher threw the students a piece of chalk.

(9) Subcategorization (하위범주화)의 예

a. <u>destroy</u> (verb)
[_, NP]

b. <u>send</u> (verb)
[_, (NP) NP]
(a) John sent *Mary a sweater.*
(b) Martin didn't come to the party, but he sent *his sister.*

c. <u>blush</u> (verb)
[_, ø]
(a) Mary blushed when she heard the dirty joke.

d. <u>believe</u> (verb)
[_, NP]
that-clause
to-infinitive

(a) I believe *the allegations.*
(b) I believe *that the allegations were true.*
(c) I believe *the allegations to be true.*

e. <u>fact</u> (noun)
[_, CP]
(a) hates the fact *that he is a genius.*
(b) The fact *that John was dismissed from his post* was hard to believe.

f. <u>appreciative</u> (adjective)
[_, of_NP]
(a) She is appreciative of classical music.

g. <u>hit</u> (verb)
[_, NP]
(a) John hit *the girl who snubbed him in public.*
(b) I hit a *difficult point* in my work, and decided it was time for a cup of coffee.

☞ Non-Verbal 술어의 예; Nouns, Adjectives, Prepositions

(10)
a. [NP Paul's *study* of art history]
b. Freddy is [AP *fond* of French wine]
c. (10) The bird is [PP *inside* the cage]

☞ Verb *be* is semantically empty = copula (계사, 연결사)

동사(술어)를 논항구조의 측면과 통사구조의 측면에서 비교해 보면 다음과 같다.

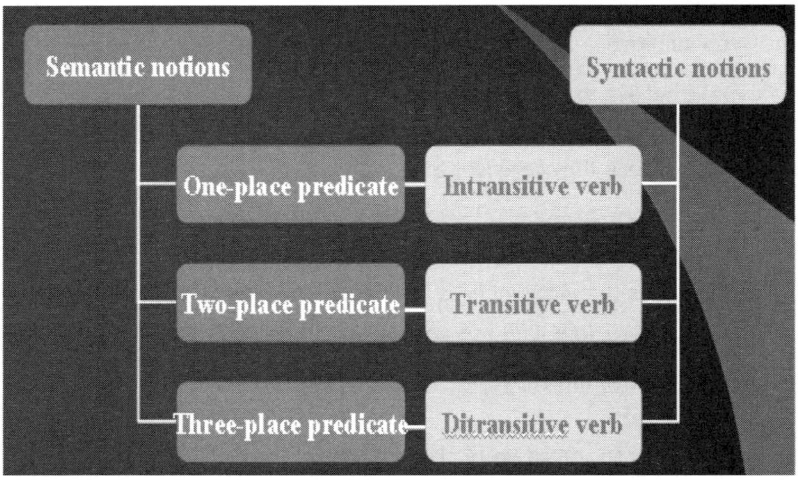

4.2. 의미역Thematic Roles

의미역은, 주로 술어가 가지고 있는 논항의 의미적 역할을 기준으로 분류한 것인데, 중요한 것은 어떤 표현이 문장 속에서 수행하는 문법기능은 달라져도 그 의미역은 바뀌지 않는 경우가 많다는 것이다. 대표적으로 많이 발견되는 의미역은 다음과 같다.

(10) 다양한 의미역

행위역 Agent = The 'doer' or the instigator of the action
John arrived on time.

피동역 Patient = The 'undergoer' of the action or event-change
The man killed *the dog*.

대상역 Theme = The entity that is moved by the action or event
I read *the letter* last night.
The butler put *the letter* on the table.
The letter flew out of the window.

경험역 Experiencer = The living entity that experiences the action or event
John was really annoyed by her tedious story.
Snakes easily scare *people.*
I am afraid of the wasps and centipedes.
John's new book pleased *his mother* a lot.

목표역 Goal = The location in the direction of which something moves
I sent the package *to Mary*.

수혜역 Benefactive = The entity that benefits from the action or event
My roommate answered the phone *for me*.

근원역 Source = The location or entity from which something moves
He flew *from London* to Boston.
Greg was walking from the library when he ran into a Porche.

도구역 Instrument = The medium by which the action or event is carried out
I broke the window *with the brick*.

장소역 Locative = The specification of the place where the action or event is situated
I met him *behind the gazebo*.

경로역 Path = the path taken in moving from one place to another in the course of action
John traveled *over the Himalayan mountains*.
We walked *along the railroad tracks.*
The package came *via London*.

중립역 Neutral (≒Theme), the person or a thing that is simply present at an action

John saw *the vase*, Richard saw *a tree* on the horizon.

화제역 Topic (≒Theme)
She used to weigh almost two hundred pounds.
This computer weighs only 10 pounds.
That book cost him 20 dollars.

범위역(척도역) Range
This sweater costs *a hundred dollars*
She used to weigh almost *two hundred pounds*

원인역 Causer = 어떤 사건이나 event의 원인이 되는 의미역
The warm weather melted my icecream.

소유역 Possessor: the possessor of a thing
He has/owns/possesses a dog (=>The dog belongs to him, The dog is his)
That dog of his is a nuisance (=His dog is a nuisance)
The jewels are in his possession
She has/?owns/?possesses blond hair
The man *with blond hair*

시간역 Temporal; the time-at-which an action occurs
I met him on Tuesday

(12)

a. [His mother] sent [Sean] [a letter]
Agent Goal/Ben. Theme/Patient

b. [Dean] smelled [the freshly baked bread]
Exp. Theme/Patient

c. [John] saw [a UFO] last night
Exp. Theme

d. [We] put [the cheese] [in the fridge]
Agent Theme/Patient Locative

e. Frank threw [himself] [onto the sofa]
Agent Theme/Patient/Goal

f. [George] comes [from Greece]
Topic/Theme Source

g. [The man] annoyed [me] so badly.
Theme Exp.

h. [Vincent] inherited [a million dollar]
Benefactive Theme

i. [My math teacher] explained [the proof] to us.
Agent Theme

j. [The dot] is contained in the square.
Theme

l. [Many Koreans] fear [snakes]
Exp. Theme

m. [David] smelled [the freshly baked bread]
Exp. Theme/Patient

cf. David smells really bad today. He probably forgot to use the deodorant
Theme/Topic

n. The colors seemed delightful to David
Theme Exp.

o. [The woman] weighs almost [two hundred pounds]

p. [It] is usually foggy [in London]

q. The sun emits radiation, but the moon does not.
Source

r. The marriage counselor received a telegram from her ex-client
( ) ( )

s. The president presented the renowned scholar with the award.
( )

t. John traveled over the Himalayan mountains. We walked *along the railroad tracks*
( )

이처럼 문장을 분석함에 있어, 통사범주, 문법기능, 의미역의 관점에서 기술하면 상호 보완적으로 기술 할 수 있다. 끝으로 다음의 예를 살펴보고 밑줄 친 부분의 의미역이 어떻게 되었는지를 생각해 보자.

(13)
a. The boy opened *the door* with the key
b. The key opened *the door*.
c. *The door* opened

문장의 형태나 유형, 구조, 문법기능등이 바뀌어도 의미역은 바뀌지 않는다. 따라서 위 (13)의 문장에서 the door는 3문장 모두에서 대상역 theme, 그리고 the key는 도구역이다. 결론적으로 말하면, 문법적 기능, 통사적 형태, 그리고 의미역의 3가지 각각 다른 관점에서 문장의 구조를 파악하는 것이 필요하다.

4.3. 논항구조

문장을 포함하는 모든 어휘요소의 의미를 파악함에 있어, 의미조차도 다 "구조적" 인 특성과 체계가 있다. 이점에 착안해서, 모든 어휘 요소의 의미를 보다 체계적으로 접근하여 제시하고자 할 때, 우리는 논항구조에 대해서 알아야 한다. 모든 어휘 요소들이 일정한 논항 구조를 가지고 있으며, 이 논항 구조는 기본적으로는 영어의 모국어화자가 개개의 어휘를 배울 때 함께 학습 되어 진다고 말할 수 있겠다. 예를 들어보면, 다음과 같다.

(14)
a. devour (verb)
[1 <NP, Agent>, 2 <NP, Patient>]
b. smile (verb)
[1 <NP, Agent>]
c. investigate (verb)
[1 <NP, Agent>, 2 <NP, Patient>]
d. find1 (verb)
[1 <NP, Agent>, 2 <NP, Benefactive>, 3 <NP, Theme>]

His boss found him a well-paying job at a start-up company in another city.

e. find2 (verb)

[1 <NP, Agent>, 2 <NP, Theme>]

His boss found the document that he has been looking for.

f. bet (verb)

[1<NP, Agent>, 2<NP, Goal>, 3<clause, Proposition>]

[1<NP, Agent>, 2<NP, Goal>, 3<NP, Patient>, 4<clause, Proposition>]

I bet them that we would be the first to be served.

John bet Mary one hundred dollars that his team would win the race.

g. award (verb)

1<NP, Agent>, 2<NP, Benefactive>, 3<NP, Theme>]

The inspector awarded *the restaurant a gold medal.*

(15) Non-argument

a. *It* always rains in London. (weather *it*)

b. *There* were six police officers on the bus. (existential *there*)

cf. I hate the number 31 bus; *it* is always packed. (referential *it*)

cf. I'll put your coffee over *there*. (locative *there*)

It = NP, Subject, ______?_____

In London= PP, Adjunct, Locative

c. *Last night*, the crocodile *greedily* devoured the bagels.

Adjunct Adjunct

(16) Grammatical Functions and Thematic Roles

a. *Dean* smashed *the window.*

Agent Patient/Theme

b. *The window* was smashed by Dean.

Patient/Theme Agent

c. A brick smashed the window.

Instrument Patient/Theme

d. Dean used a brick to smash the window.

Agent Patient/Theme

다음은 문장/단어의 형태나 유형이 달라지면서도 유사한 의미를 가지고 있는 경우를 보여준다.

(17)
a. *<u>My brothers</u>* always quarreled.
    Agent
b. *My brothers* always quarreled with me about the inheritance.
c. *My brothers* were always quarrelsome.
d. *My brothers* were always big quarrelers.

(17a)-(17d)의 문장은 그 형태가 매우 다르고, 술어로 사용된 요소의 통사범주가 다르지만, 주어인 my brothers의 의미역은 변하지 않는다.

4.4. 통사범주, 문법기능, 의미역의 관계

(18)
a. The police arrested <u>John</u> (명사구-직접목적어 -피동역)
b. <u>John</u> was arrested by the police (명사구-주어-피동역)
c. It is foggy in <u>London</u> (명사구 - 부가어 - 처소역)
d. <u>London</u> is foggy (명사구 -주어 - 처소역)
e. I opened the door with <u>the key</u>. (명사구 - 부가어 -도구역)
f. <u>The key</u> would not open the door. (명사구- 주어-도구역)

통사 범주가 달라져서 의미역과 문장 내에서의 문법 기능이 다른 경우도 있다.

(19)
a. I've been <u>water</u>ing the potted plants while my roommate was gone.
b. I would like <u>some water</u>, please. (명사-직접목적어-대상역)

또한, 동일한 문법기능을 수행하고 있지만, 의미역이 다른 경우도 있는데 다음의 경우가 해당된다.

(20)
a. The vase shattered the glass.
b. The vase shattered.

위 두 문장에서 the vase는 '주어'라는 동일한 문법기능을 수행하고 있지만, 그 의미역이 다르다고 할 수 있다. (12a)에서 the vase는 the glass를 깬 도구역이고, (12b)에서 the vase는 그저 대상역(theme)이다. 이상과 같이 위에서 설명한 통사범주-문법기능-의미역을 모두 다 명시해보자.

	Daniel	*smashed*	*the dishes*
Function	subject	predicator	DO
Form	[S/MC [NP N]	[VP V	[NP Det N]]]
Theta Roles	Agent	Predicate	Patient

	Jane	*saw*	*a UFO*	*last night*
Function	Subject	predicator	DO	Adjunct
Form	[S/MC[NP N]	[VP V	[NP Det N]	[NP A N]]
Theta roles	Experiencer		Theme	

동일 예문의 구조를 수형도로 표시해보면 다음과 같다.

(21)

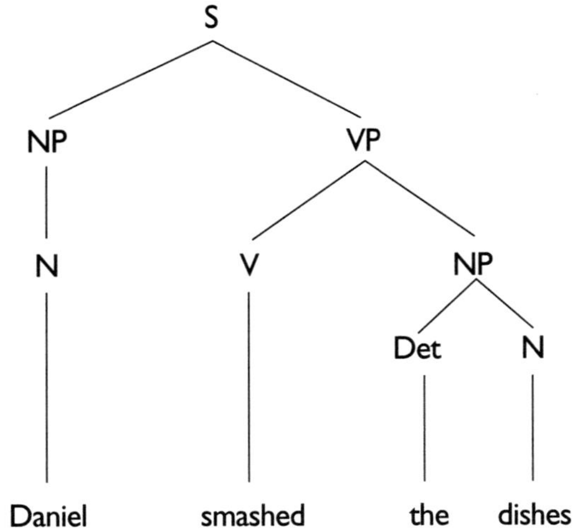

(22)

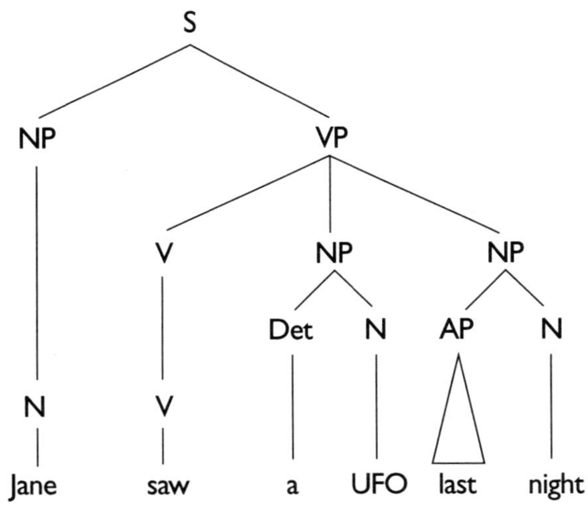

이상과 같이, 문장을 분석하거나, 모국어화자의 문장 구성능력을 규명하고자 할 때, 기능적, 통사형태적, 그리고 의미적 관점에서 종합적으로 접근해야 보다 나은 분석을 할 수 있다. 이 분석의 결과는 영어작문에 크게 도움이 된다.

4.5. 선택제약조건Selectional Restriction

선택제약 조건이란, 어휘항목이 가지고 있는 의미적 자질(semantic features)에 기반을 둔 조건으로, 그 단어가 요구하는 범주의 의미적 적절성을 말한다. 예를 들어, 다음을 살펴보자.

(23)
a. ??*The problem solved the hamburger
b. ??*The stapler took a break
c. ??*Colorless green ideas sleep furiously
d. ??*The rock designed the dress
e. ??* The turnips enjoyed the opera.
f. ??* My boss broke my feeling by publicly commenting on my weight.
g. ??*The rock giggled at my jokes.
h. ??*The rooster laid an egg this morning.

위의 예문들은 문법적/통사적으로는 문제가 없어 보이지만, 모국어 화자의 직관에는 어색한 문장이라고(oddity of meaning) 느낄 것이다. 이는 solve나 take a break 가 [+HUMAN] 또는 [+ANIMATE] 주어를 필요로 하기 때문이다[2]. 이런 제약을 선택제약이라 한다. 문법적으로는 문제가 없지만, 실제로 어색하게 느껴지는 문장은 선택제약조건을 위반하고 쓰여졌기 때문인 경우가 많다.

Selectional Restriction에 관여하는 의미자질을 살펴보면, 명사의 경우 다음의 의미자질의 값이 해당 명사의 의미를 결정짓는다. 다음의 예시를 보자.

2 여기서 [+/-Human] [+/-Animate] [+/-Female]등은 모두 의미자질의 예로 든 것이고, 이밖에 어떤 의미자질을 어떻게 설정하는가 하는 보다 더 구체적인 문제는 의미론의 분야에서 취급된다.

(24)
[+/- Common], [+/- Count], [+/- Concrete],[+/- Animate], [+/- Human], [+/- Collective], [+/- Adult], [+/- Male] etc.

(25)

Man [+Male] [+Adult] Woman [-Male] [+Adult] Child [+/-Male] [-Adult] Boy [+ Male] [-Adult] Girl [-Male] [-Adult] Gradmother [-Male][+Adult] Toddler [+/-Male] [-Adult] Infant [+/-Male] [-Adult] Crowd [+Collective]	[+Animate] [+Human]

다음으로, 인간과 구분되는 동물을 지칭하는 영어단어의 의미자질을 살펴보자.

(26)

Boar [+Male] [+Adult] Sow [-Male] [+Adult] Piglet [+/-Male] [-Adult] Shoat [+Male] [-Adult] Gilt [-Male] [-Adult] Drove [+Collective]	[+Swine]

(27)

Bull [+Male] [+Adult] Cow [-Male] [+Adult] Calf [+/-Male] [-Adult] Bullock [+Male] [-Adult] Heifer [-Male] [-Adult] Herd [+Collective]	[+Bovine]

(28)
Stallion [+Male] [+Adult]
Mare [-Male] [+Adult]
Foal [+/-Male] [-Adult]
Colt [+Male] [-Adult]
Filly [-Male] [-Adult]
Herd [+Collective]
[+Equine]

(29)
Cock [+Male] [+Adult]
Hen [-Male] [+Adult]
Chick [+/-Male] [-Adult]
Flock [+Collective]
[+Chicken]

(22)
Dog [+Male] [+Adult]
Bitch [-Male] [+Adult]
Puppy [+/-Male] [-Adult]
Pack [+Collective]
[+Canine]

(30)
Ram [+Male] [+Adult]
Ewe [-Male] [+Adult]
Lamb [+/-Male] [-Adult]
Flock [+Collective]
[+Sheep]

위의 (26)-(30)까지는 각종 동물이 가진 의미자질을 예시적으로 제시하였다.

한편, 의도적으로 선택제약조건을 위반하고 쓰여진 경우도 있다. 이는 문학작품에서 작가가 의도적으로 은유나 의인법을 동원하여 작품을 썼기 때문이다. 예를 들면, break는 [+Concrete] 자질을 가진 명사구 목적어를 요구하고, regret는 [+Human] 자질을 가진 주어를 요구한다. 따라서, *?The dog regrets not having eaten the fish는 통사적으로 적격한 문장이지만 선택제약조건을 위배한 문장이라고 말할 수 있다.

(31) Selectional Restriction과 관련된 예문

① *murder* requires [+human] subject and [+human] object
a. *?The rock murdered the tree
b. A dagger *killed* Caesar,
c. Madness *killed* Lear.
d. *Madness *murdered* Lear.

② *assassinate* requires [+human] [+famous]
*??The man assassinated an old man in the street

③ *regret* requires [+human] subject
*?The dog regrets not having eaten the fish.

④ *drink* requires [+animate] subject, requires [+liquid] object
*The wind drank the king

⑤ *convince* requires [+animate] object
a. You have convinced my mother
b. You have convinced my cat
c. ??You have convinced my goldfish
d. ?*You have convinced my computer
e. *You have convinced my theory

⑥ *faint* requires [+animate] subject
a. My mother fainted
b. My giraffe fainted
c. *?My computer fainted
d. *My theory fainted.

⑦ *persuade* requires [+human][+animate] object
a. John persuaded his friends to open the door
b. *?John persuaded his computer to turn on for itself

⑧ *frighten* requires [+human] object but [-human] subject is ok.
a. Sincerity may frighten the boy
b. *?The boy may frighten sincerity.
⑨ *try* requires [+animate] subject
a. My cat tried to escape
b. *?The amoeba is trying to reproduce

⑩ *think* requires [+animate] subject
a. My dog thinks you are the master.

b. ?My goldfish thinks you are the master.

(32) More data on Selectional Restriction:
① *terrify anger* requires [+Animnate] object
a.The thunder terrified the dog/the child/*the house.
b. Intruders anger dogs/homeowners/*houses.
② *melt* requires [+Solid] obj or sbject
a.The sun melted the ice/the candy./The ice will melt away.
③ *shatter* requires [+Solid] object
a. The hammer shattered the rock/*the pudding.
b.The rock shattered.
④ *long* requires [+Horizontal]
a. The ribbon/the tape/the rope/the string/ is long
b. *The tree is long
⑤ *Tall* requires [+Vertical]
a. The building/the person/the giraffe is tall
b. *The road is tall
⑥ *marry* requires [+Human]
a. The man married my cousin
b. *The goose married the gander.

4.6. 수사어법과 의미적 일탈

한편, 선택제약 조건의 위배가 모국어화자들에게 "해석 가능"할 경우를 수사적 어법(figurative language)이라고 한다. 다시 말해서, 그 언어가 허용하는 선택제약 조건의 고의적 위배를 통해서 문학적 표현이나 상징성, 느낌 등을 더욱 절실하고 생생하게 나타내는 경우를 수사적 어법이라고 부른다. 그러나, 만일 그 경우가 지나쳐서 모국어 화자가 아무도 해석할 수 없는 문장이 되면, 의미적으로 일탈된 문장이 된다. 다음의 예를 보자.

(33)
a. An intruder attacked me (literal)
b. Envy attacked me (figurative-metaphorical)
c. !The rock attacked me (anomalous)

(26a)는 문자 그대로의 해석을 지닌 문장, (26b)는 수사적 어법으로 'envy' 라는 추상명사가 'attack' 라는 동사와 함께 쓰여서 은유법에 해당되고, (26c)는 선택제약조건의 위배가 지나쳐서 의미적 일탈이 된 문장이다. 또한 수사적 어법에는 여러 가지가 있는데 그 중 몇 가지를 소개하면 다음과 같다.

(34) Several Types of figurative Language
a. 모순어법 Oxymoron (paradox):
delicious torment
sweet sorrow
silent scream
cold comfort
good grief
pleasing pain
"I must be cruel only to be kind" (Shakespeare)

b. 항진명제 Tautology (true by definition):
free gift
Boys will be boys
New innovation
Scrutinize carefully
War is war
Business is business
What will be will be
It isn't over till it's over.

c. 공감각 Synesthesia (combining a word from one sensory domain with a word from another sensory domain):
sweet sound, quite color, soothing color, in blue mood, green with envy, yellow with cowardice, red with anger.

d. 의인법 Personification (using human quality to non-human objects):

The idea grabbed me.
The vending machine ate my money.

e. 은유법 Metaphor (from one conceptual domain to another): typical cases of selectional restriction violation, using the body parts to name the parts of other entities, transference of terms *from the physical domain to the mental domain,*

Stock prices are falling.
He flew into a rage.
The bad news shattered her.
The mouth of a river lies well over 20 miles
The shoulder of a highway
The eye of a snow storm
The leg of a table
The heart of the problem is...

The problem is hard to swallow
I couldn't grasp the point,
Did you get the joke?
The scientists have been wrestling with an idea.

The moonlight sleeps upon the bank
Kevin is married to his work; he is an workaholic
My car drinks gasoline.
"The yellow fog that rubs its back upon the window-panes" (from T.S. Eliot's "The love song of J. Alfred Prufrock")

The argument is shaky
The notion is half-baked
He is the farther of Transformational syntax
The seeds of the idea were planted.

Time is money.
I have invested a lot of time on this project
You're running out of time
He is living on borrowed time.
Put aside some time for me this weekend.
You've wasted my time
Could you please spare me a moment?
Your request cost me a day's delay.

Love is a physical force.
There is no electricity between us.
Their relationship is not healthy.
Love is blind. She drives me crazy.
There is no instant chemistry between them.

f. 직유법 Similes: involving a comparison of two unlike things and usually involve the words like 'like' or 'as'

He eats like a pig, and works like a horse
The woman was as big as a house.
She is as beautiful as a rose

··· 연습문제

1. 다음의 예문을 의미역의 관점에서 분석하시오.

a. <u>*The kitten*</u> was bitten by the vicious dog

b. <u>*The cat*</u> was bitten by the vicious dog

c. We walked <u>*along the railroad tracks*</u>

d. The inspector awarded <u>*the restaurant a gold medal*</u>

e. <u>*The referee*</u> awarded a free kick to the team.

f. The jury awarded <u>*a million dollars*</u> to <u>*the plaintiff*</u>.

g. <u>*Funds*</u> will be granted to qualified researchers.

h. <u>*The man*</u> stole <u>*the money*</u> from <u>*my sister*</u>

2. 다음과 같이 날씨를 나타내는 구문의 'it' 의 통사범주, 문법기능, 의미역을 제시하시오.

(1) It rained
(2) It snowed
(3) This book reads well.
(4) This car steers poorly.
(5) The products sell rapidly.

3. 다음의 영어단어들이 공통적으로 가지고 있는 의미자질을 제시하시오.

(1)gander, stallion, colt, boar, rooster, uncle
=[ ]
(2) limousine, scooter, wheelchair, tricycle, gondola, hot air balloon, helicopter, ferryboat
=[ ]
(3) coat, Bermuda shorts, jeans, tank top, trousers, dress shirt
=[ ]

4. Brinton (2000, p 268)은 다음 예문에 공통적으로 나타난 'the vase' 의 의미역을 각기 다음과 같이 주장하였다. 문장 속에 나타난 'the vase' 의 의미를 생각해 보시오.

(1)Janet broke the vase (Patient)
(2) Janet moved the vase (Theme)
(3) Janet saw the vase (Neutral)
(4) Janet made the vase (Factive)

☞ Fun expressions

(1) "Pardon my French" = excuse me for using vulgar language or swearing!

(2) French Postcards = pornographic pictures

(3) a French letter= a condom

(4) Dutch courage = courage inspired by alcohol

(5) Dutch feast = the host drank more than his/her guests

(6) "Finders keepers (losers weepers)" 주운사람 임자 (잃어버린 사람만 손해)

(7) Beggars can' t be choosers (얻어먹는 사람이 찬밥 더운밥 가릴 수 없다)

Chapter 05

문장의 구조와 유형

이 장에서는 영어문장의 전체적 구조에 관한 설명을 중심으로 하여, 우선 문장의 유형을 진술문, 의문문, 명령문, 감탄문의 4가지로 분류한다. 문장의 분류와 더불어 문장이라는 통사범주에 관한 특성, 회귀성, 내부 계층성등을 논의하기로 한다. 또한, 중의성을 가진 문장의 내부구조를 살펴봄으로써, 의미상의 중의성이 통사적 구조와 어떤 관계에 있는가도 논의하고자 한다.

또한, 문장에서 가장 중요한 요소인 Tense를 핵으로 보아 문장을 TP로, 그리고 TP를 보충어로 선택하는 C가 핵인 CP의 구조에 관해서 알아보기로 한다.

•• 핵심용어 및 개념

Sentence types 문장 유형
Declarative Sentence 진술문
Interrogative Sentence 의문문
Imperative Sentence 명령문
Exclamative Sentence 감탄문
Embedding 내포
TenseP 시제구(=문장)
InflP 굴절구 (=문장)
Complementizer Phrase 보문소구(=S-bar, =CP)
Structural ambiguity 구조적 중의성
Lexical ambiguity 어위적 중의성

Chapter

05 문장의 구조와 유형

5.1. 문장의 회귀성과 내포문

내포(embedding)는 인간언어에서 보편적으로 발견되는 현상으로, 인간언어의 특징을 정의하는데 매우 중요한 판단 기준이 되기도 한다. 즉, 모든 문장들은 내포라는 통사과정을 통해서 순환적으로 무한대의 긴 문장을 생성해 낼 수가 있다. 여러 가지 이유로 실제생활에서는 사용되지 않는다 하더라도, 이론상으로 어떤 언어의 문장의 개수를 정할 수 없는 것과 마찬가지로, 문장의 길이도 정할 수 없다. 문장의 길이가 더욱 길어질 수 있는 것은 인간언어가 회귀성(recursiveness)을 가지고 있기 때문인데, 이 회귀성은 내포라는 특성이 있기 때문에 가능하다고 할 수 있다.

내포가 보장된 규칙은 초기 변형문법에서는 Deep Structure를 생성해내는 구 구조 규칙(Phrase Structure Rules)이 있고, 80년대의 GB-PP이론에서는 핵계층 이론(X-bar Theory)이 있으며, 90년대 들어서는 병합에(Merge) 의해서 내포가 보장된다. 문장의 기본 구조를 생성하는 규칙에 대해서는 다음 장인, 제7장에서 자세히 다루게 되겠지만, 이 장에서는 문장의 종류와 S를 TP(Tense Phrase)로 분석하는 시도, 그리고 이들의 수형도를 살펴보기로 한다.

(1)[1]

S1=[$_{S1}$ John believed the story $_{S1}$]

S2=[$_{S2}$ Fred said that [$_{S1}$ John believed the story $_{S1}$] $_{S2}$]

S3=[$_{S3}$ Mary claimed that [$_{S2}$ Fred said that [$_{S1}$ John believed the story $_{S1}$] $_{S2}$] $_{S3}$]

S4=[$_{S4}$ David wondered if [$_{S3}$ Mary claimed that [$_{S2}$ Fred said that [$_{S1}$ John believed the story $_{S1}$] $_{S2}$] $_{S3}$] $_{S4}$]

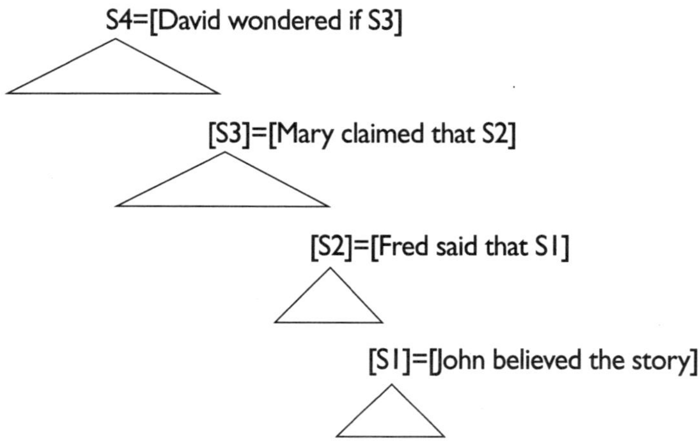

(2)

S1=[$_{S1}$ The book was boring $_{S1}$]

S2=[$_{S2}$ The book that [$_{S1}$ Mary bought yesterday $_{S1}$] was boring $_{S2}$]

S3=[$_{S3}$ The book that [$_{S2}$ Mary bought for her daughter [$_{S1}$ who John kissed $_{S1}$] $_{S2}$] was boring $_{S3}$]

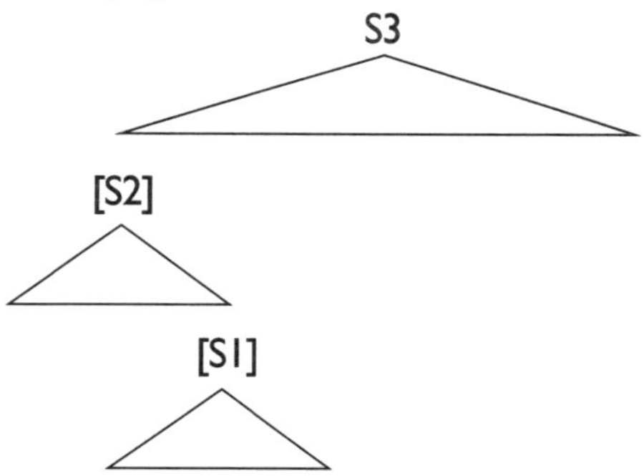

1 끝마치는 괄괄호 에 아래첨차로 S1, S2, S3...을 넣는 것은 보편적인 방식이 아니다. 그러나 여기서는 각 내포문의 영역을 나타내고자 표시하였음을 밝혀두고자 한다.

(3)
[$_{S1}$ I met the man [$_{S2}$ with whom I spoke at the party for the professor [$_{S3}$who kicked my iguana]]]

S1: I met the man
S2: I spoke with the man at the party for the professor
S3: The professor kicked my iguana

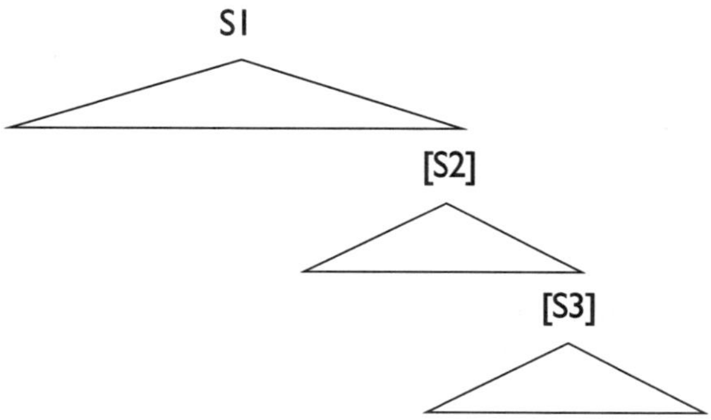

(4)
[$_{S1}$[The man [$_{S2}$ who I wanted to marry$_{S2}$]$_{S1}$] would not believe the story [$_{S3}$that annoyed my mother [$_{S4}$who was an atheist]].

S1: The man would not believe the story
S2: I wanted to marry the man
S3: the story annoyed my mother
S4: My mother was an atheist

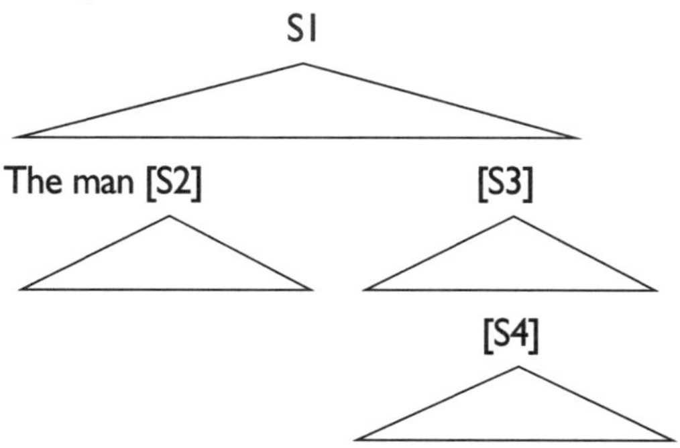

(5)

The fact that you received no messages from Mars doesn't mean that the planet is uninhibited.

S1: [The fact [S2] doesn't mean [S3]]
S2: you received no messages from Mars
S3: the planet is uninhibited.

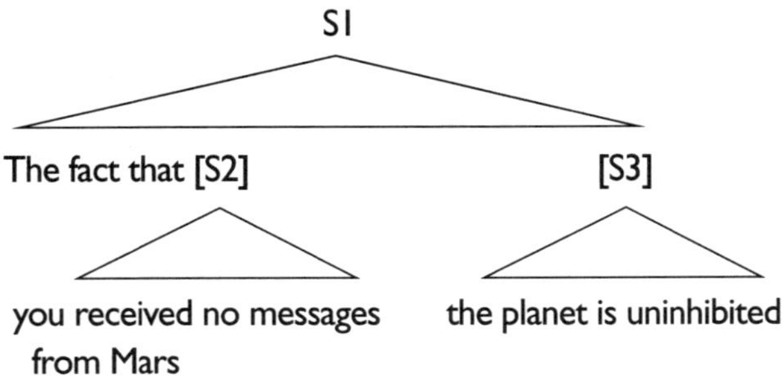

(6)

The professor reminded the students that he was in command at every opportunity.

S1: The professor reminded the students that [S2] at every opportunity
S2: he was in command

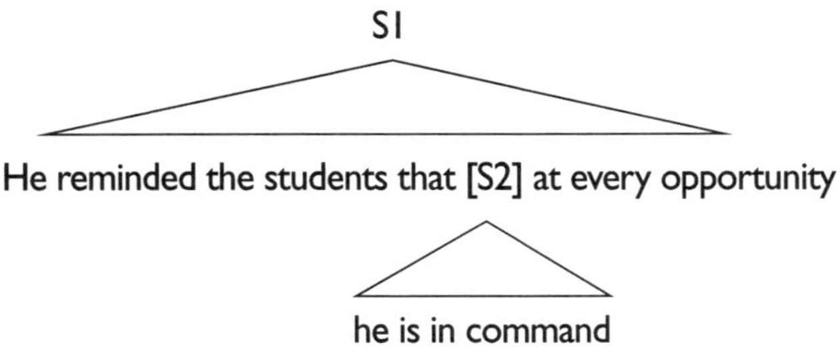

위의 예문들이 보여주는 바와 같이, 영어 문장의 길이는 "이론적"으로는 무한대로 늘어날 수 있다. 다만, "실제"로는 기억력의 한계라던가, 아니면, 주의 집중력이 부족해서, 아니면, 주변의 방해등의 이유로 실생활에서 수 십개의 내포절을 가진

긴 문장들은 사용되지 않는다.

이처럼 모국어 화자의 언어는, “이론적”으로 가능하다는 것과 실제로는 사용한다 또는 하지 않는다는 개념은 서로 다른 개념이며, 이는 이미 제 1장에서 설명한 바 있다. 즉, 모국어 화자가 내재화한 L1의 문법은 Competence(언어지식)이고, 이를 실제 사용/수행하고 말고는 performance(언어수행)로 이원화 되어 있다.

이처럼 그 회귀성을 포착할 수 있는 규칙으로 1950-1970년대까지의 구 구조 규칙(Phrase structure rules, P-S rules)이 있고, 1980-1990년대 초의 핵계층이론(X-bar theory)이 있으며, 90년대 이후의 최소주의 통사론에서는 병합(Merge)으로 문장의 순환성을 포착한다. 이에 대한 자세한 설명은 다음 장인 6장에 제시되어있다.

한편, 문장의 “골격”을 나타내는 방법으로는 곽 괄호로(labelled bracketing) 표시하는 방법과 수형도(tree diagram)로 표시하는 방법이 있다. 문장 가운데서 사용된 각각의 단어가 속한 통사 범주명을 종단 범주(terminal node)로 하고 이로부터 차츰 더 큰 범주로 투사(project)시켜 나아가며 구 범주 (phrasal category)까지 투사되어 간다. 다음의 예를 보자.

(7) 곽 괄호 방식으로 나타낸 문장의 구조

[NP [DET The] [N student]] [PP [P from][NP [N England]]]]

[S[NP[DET The] [AP[A cruel]] [N man]] [VP[V hit] [NP[D the] [N dog]] [PP[P in] [NP[D the] [N street]]]]]

[[NP[DET The] [N weather] [PP[P in][NP Boston]]] [VP is [AP [AP [A hazy]] [C or] [AP [A misty]]]]]

I don't [VP care [Comp if [S [NP my girlfriend][VP is [AP[AP round-faced] [C or] [AP thin-faced]]]]]]

(8) 수형도로 나타낸 문장의 구조[2]

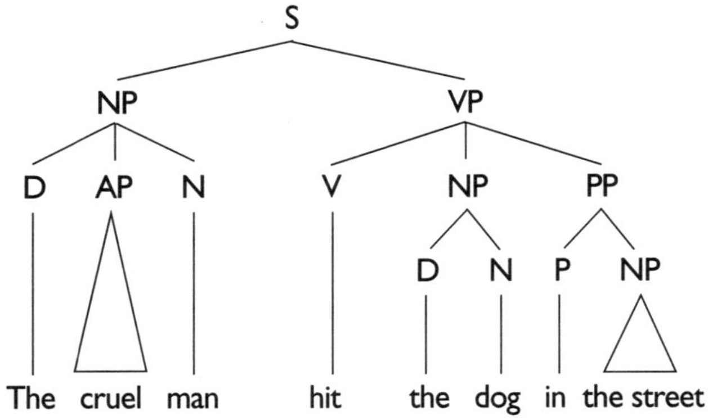

(9)

a. The weather in Boston is [$_{AP}$ [$_{AP}$ hazy] or [$_{AP}$ misty]]

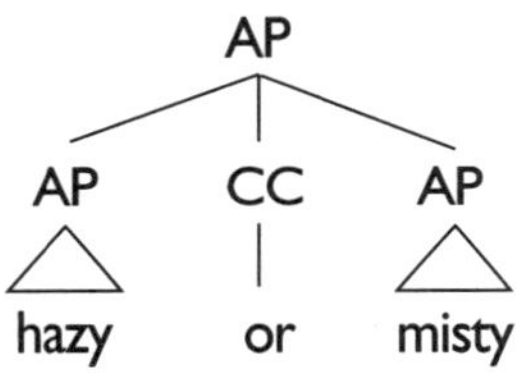

b. I don't care if the baby is round-faced or thin-faced.

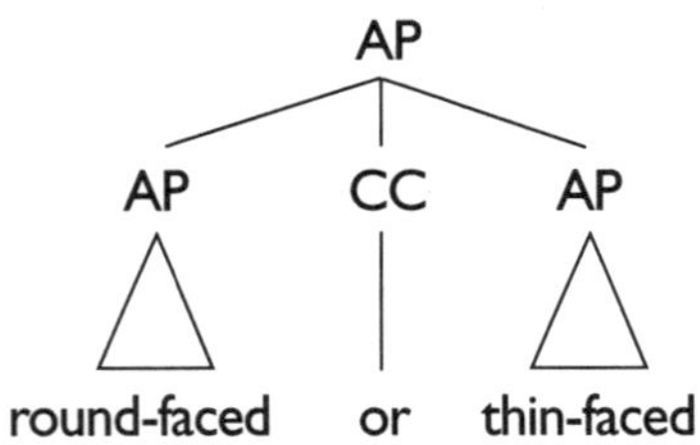

2 이 장의 수형도는 어휘범주와 구 범주만으로 구성되어 있는 수형도로써, 6장의 핵계층 도식을 적용하면, 보다 상세한 수형도로 나타낼 수 있다.

b.[$_S$[$_S$ I won't take his offer] but [$_S$ my colleague might__________]]

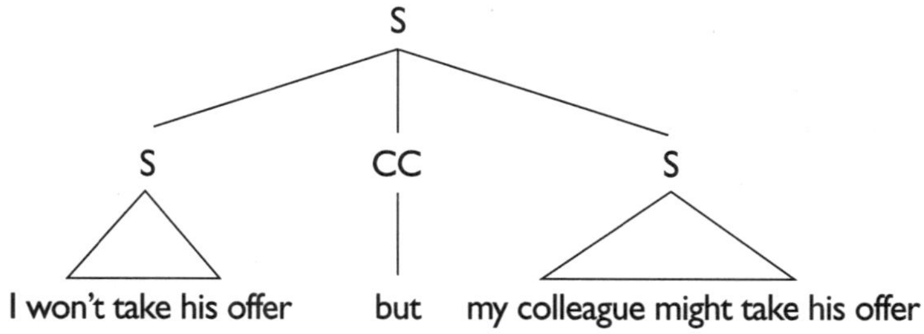

이처럼 언어적 표현의 단위들(단어, 구, 문장등)은 듣기에는 그저 소리의 연속된 흐름이고, 글로 쓰면 단어들이 차례로 나열된 문장으로 보이지만, 그 내부 구조가 형상적이고, 회귀성을 가지고 있다. 이런 내부 구조에 관한 자세한 규칙과 수형도는 6장에서 더욱 일관성 있는 이론과 함께 주어질 것이다.

5.2. 문장의 유형

이 절에서는 문장의 종류에 대해서 알아본다. 영어의 문장을 분류할 때, 여러 가지 접근이 가능하겠지만, 우선 다음의 4가지로 분류하는 것이 보편적이다.

• 진술문(Declarative Sentences for statements)

(10)
a. Noam Chomsky likes books.
b. You haven't closed the door.
c. John believes that Mary is a fool
d. A trampoline is used by acrobats.

• 의문문(Interrogative Sentences)

(i) yes/no question(=polar question)
(ii) wh-question
(iii) alternative question
(iv) rhetorical question
(v) echo question
(vi) tag question

(11)
a. Can John see speak Chinese?
b. Will you dance with me?
c. What did you do last night?
d. How did you open the door?
e. Do you want lasagna or spaghetti?
f. Should I turn left or right?
g. How many times do I have to tell you not to lick your plate?
h. Who cares!
i. You saw WHOM last night?
j. You have ridiculed my mother, haven't you?
k. John had stayed at the hotel for a few days, hadn't he?
l. John has been behaving badly, hasn't he?
m. John has a rich girlfriend, doesn't he?
n. John had his dentist extract his teeth, didn't he?
o. Who did you believe John kissed last night at the party?
p. You saw WHO last night?
q. He did WHAT at the party?
r. Let's play poker, shall we?
l. Is he being extravagant?
m. Was Hamlet being offensive?
n. Was the play unnerving?

• 명령문(Imperative Sentences)

(12)
a. Mind your own business!
b. Somebody, help!
c. Be more careful!

d. Don't be silly!
e. Let us do the job right.
f. Do be happy!

•감탄문 Exclamative Sentences are for showing emotions

(13)
a. What a load of nonsense he talks!
b. How absolutely disgraceful he looks!
c. What a book he bought!
d. What a beautiful blouse you are wearing!

5.3. 문(S)은 Tense Phrase (=TP)[3]

이상에서 우리는 영어 문장의 유형을 살펴, 4가지의 문장 형태로 나눌 수 있다는 것을 알아 보았다. 그러면, 지금까지, 단어와, 구, 그리고 절(혹은 문장)의 순서로 점차 단위가 커지는 것을 살펴보았는데, 각각의 어휘요소는 그 통사범주가 점차 크게 투사되어서 일어나는 일이라는 것을 알게 되었다. 따라서, N은 점차 주변에 다른 요소들이 결합하여 NP가 되고, P는 다른 요소들과 결합하여 PP가 되고, V는 다른 요소들과 결합하여 VP가 된다.

우리는 2장에서 어휘부에 등재되어 있는 모든 단어는 어휘범주로써, 적어도 한 개 이상의 통사범주에 속한다는 것을 알게 되었다. 그리고, 영어의 경우 8 통사범주 체제로 분류되고 있다.

그런데 문장(S)라는 것은 통사 범주일까? 과거 오랫동안 S 라는 절점이 사용되었고, 문장(S)이란 범주가 모국어 화자의 언어지식의 일부/단위인 것은 분명하지만, S가 과연 독립적인 통사범주인가에 대해서는 확실치 않았다.[4]

3 시대적 흐름이나 학자에 따라, 시제를 핵으로 보는 경우 TP로, 굴절을 핵으로 보면 IP라고 쓴다.

4 전혀 알지 못하는 외국어로 쓰여진 문장을 보면 어디서 문장이 시작되는지 어디가 한 문장의 끝인지를 알 수 없지만, 모국어로 쓰여진 문장의 경우는, 띄어쓰기가 안돼어 있더라도, 당연히 어디서 문장이 시작되고 끝이 나는지 안다. 이로써, 우리는 문장이라는 언어단위가 존재하고 있음을 직관적으로 알게 된 것이라고 말할 수 있다.

초기 변형문법에서 S라는 범주이름으로 불리다가, 최근에 들어서, S라는 범주명을 사용하지 않고, 일종의 구 범주로 취급하여 TP(Tense Phrase) 또는 IP(Inflection Phrase)로 취급하게 되었다. 문장을 구 범주의 일종으로 취급하는 것이 여러 가지 장점과 일관성을 가질 수 있게 되어 다음 장 6장에서 핵계층 이론을 다룰 때 자세히 그 구조를 설명하겠지만, 이 절에서 일단 구 범주로서의 문장 TP/IP를 소개하고자 한다.

그 배경은 문장에서 가장 중요한 요소가 시제(tense)라고 생각되기 때문인데, 문장의 형태를 결정짓는데, 시제의 유무가 문장의 형태를 결정짓는, 즉, 시제문-비시제문을 구별 짓게 해준다.

중요한 점은 영어 모문(matrix clause)은 항상 시제문이라는 것, 그리고 내포문은 시제가 있는 경우와 비시제적인 경우가 다 가능하다는 것이다. 영어의 모문에는 항상 시제가 존재한다는 것은 현대 통사이론상 매우 중요한 점인데, 영어에서 시제문의 주어가 명시적으로 나타나야 하는 제약과 관련이 있다.

영어의 모문에서는 항상 시제가 나타나는데, 영어의 시제는 현재시제(present tense, +Present)와 과거시제(Past tense, -Present)만이 실현된다. 이는 Germanic 어족의 특징으로, 영어가 Germanic 어족에 속하기 때문이다. 의미를 기준으로 보자면, 미래의 시제가 없는 것은 아니지만, 동사자체는 미래시제에 따라 굴절하지 않고, 형태적으로 굴절하는 것은, 현재와 과거 두 가지뿐이다. 한편, Romance 언어인 불어, 이태리어, 스페인어, 포르투갈어 등은 동사의 굴절이 과거, 현재, 미래로 다 굴절되지만, 영어나 독일어, 화란어는 현재와 과거로만 굴절한다.[5]

구 범주로서의 문장의 핵 계층적 구조는 다음 6장에서 더 자세히 제시하겠지만, 일단 여기서는 구 범주의 여러 용례들을 보기로 하자.

문장은 시제가 있느냐 없느냐에 따라, 시제문과 비시제문으로 나뉜다. 영어의 모문은 항상 시제문이다. 어떤 경우에는 영형태소를 가지고 있어서 실제적으로 눈에 보이지 않는 경우도 있지만, 그런 경우에도 시제소가 들어있다고 전제할 수 있다.

---

5 Denham & Lobeck (2010). 그나마, 현대 영어는 현대에 들어와서, 굴절소의 굴절이 상당히 간소화되어, 영형태소 (zero morpheme)로 나타나는 경우가 많이 있다.

예: 불어 동사 marcher(=walk)의 현재, 과거, 미래 굴절

Present Tense	Simple Past Tense	Simple Future Tense
Je marche (= *I march*)	Je marchai (= *I marched*)	Je marcherai (= *I will march*)

5.3.1. 시제문 [+Tense] = finite clause[7]

영어에서 모문(혹은 주절은) 항상 시제가 나타난다. 따라서, 다음의 일반화가 가능하겠다. 모문/주절은 항상 시제가 실현되어 있다. 한편, 종속절은 시제가 실현될[+Tense] 수도 있고, 시제가 나타나지 않을 수도[-Tense]도 있다.

다음은 시제가 실현된 각종 종속절을 보여주는 자료이다.

(14)
a. I don't know *if* [he is happy or sad]
b. Martha believed *that* [her husband was not interested in the impeachment]
c. *That* coffee grows in Columbia is well-known to everyone.
d. I know *that* coffee grows in Columbia.
e. He told his mother *that* coffee grows in Columbia
f. His understanding is *that* coffee grows in Columbia
g. John is certain *that* coffee grows in Columbia
i. John's claim *that* coffee grows in Columbia
j. It is well-known *that* coffee grows in Columbia

문장연습 : ______________________________

5.3.2. 비시제문 [-Tense] = non-finite clause

① to-부정사절(to-infinitive clause)

(15)
a. They would hate [Jim to sell his boat]
b. He likes [to be in Italy during the spring break]

7 시제문-비시제문이라는 용어 대신에 홍성심(2006)에서는 정형절/비정형절이라는 용어를 사용했음. 상호교환적으로 사용이 가능 하다.

② 원형부정사절(bare infinitive clause)

(16)
a. She made [Otto *polish* his shoes]
b. Tom saw [her *duck*]
c. A great thing to do is [*dance* the night away]
d. What I'm going to do is (to) [*teach* him a lesson]

pseudo-cleft S (Haegeman '99, p.82)
cf. What I am do*ing* is teach*ing* him a lesson
What the teacher will do is invite the students after lunch

③ -ing 분사 절(-*ing* participle clause)

(17)
a. [Billy discussing politics] is rather absurd
b. [Walking with your lover] in the rain is romantic

④ -ed(과거) 분사절(-*ed* participle clause)

(18)
a. [The music finished] he switched off the radio
b. [Incensed by the comments from the audience], he stormed out of the conference room

⑤ 소절(Small clause = Verbless clause containing implicit verb *be*)

(19)
a. Madonna considers [Sebastian a creep] vs. Madonna considers [Sebastian to be a creep]
b. Benjamin deems [Henry fastidious] vs. Benjamin deems [Henry to be fastidious]
c. I consider [those students ridiculous]

지금까지 논의한 바를 간단히 도식화 해보면 다음과 같다.

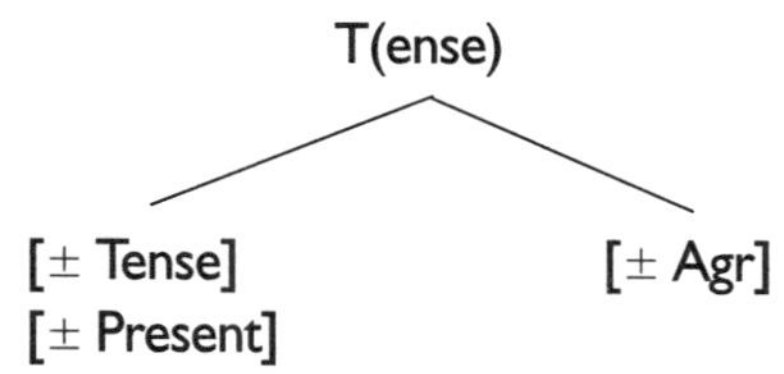

◆ English has the following combinations of Features

(1) [+ Tense, +Present] [+Agr]; *John cooks his own meal during the summer.*

(2) [+ Tense, -Present][+Agr]; *John cooked his own meal during the summer.*

(3) [-Tense, -Agr]; *She wanted* [*her brother to bake a cake*]

(20) Examples with Specified T-Node (simple S)

a. Carrie would read the magazine at noon.

b. She wanted her brother to bake a cake.

c. My mother will bake a cake.

d. My father will not bake a cake.

e. The orphan will have to bake a cake for himself.

f. The maid could not have baked the cake.

(21) P-Markers of (20a)[8]

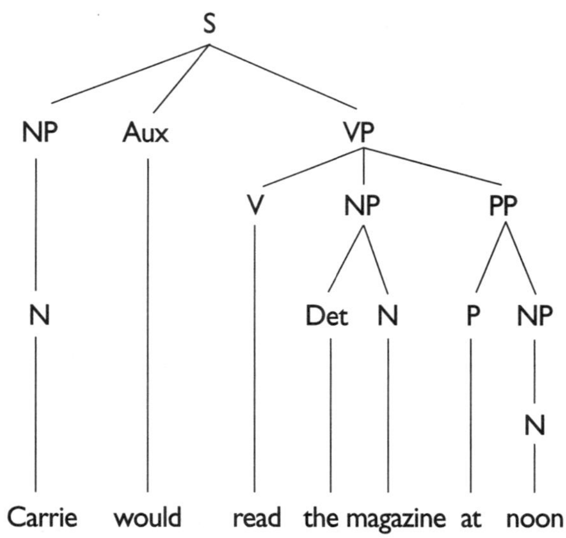

5.4. S보다 큰 범주 S-bar, CP

우리는 위에서 영어의 문장도 시제-굴절 형태소들의 다발로 이루어져 있음을 설명하였다. 그런데 S보다 더 큰 범주는 없는가? 이런 의문에 대한 대답이 아래에 있다. 우선 다음의 예문을 살펴보자.

"Coffee grows well in Columbia"

[$_S$ Coffee grows well in Columbia]

위 예문은 다음의 여러 문장 형태 속에도 나타난다. 위에 제시된 예문을 문장 (S, TP)라고 한다면, that-S는 무엇이라고 할까? 전통적으로, 문장(S, TP)을 포함하는 보다 더 큰 단위를 S-bar라고 불렀다. 다음의 여러 예문들은 S-bar를 포함하고 있다. (Brinton 2000, p. 216)

(22)
a. I know [that [$_S$ coffee grows well in Columbia]]
b. [That [$_S$ coffee grows well in Columbia]] is well-known to everyone
c. The shop manager told the customer [that[$_S$ coffee grows well in Columbia]]
d. His understanding is [that [$_S$ coffee grows well in Columbia]].
e. He is certain [that [$_S$ coffee grows well in Columbia]]
f. His claim [that [$_S$ coffee grows well in Columbia]] seems groundless
g. It is obvious [that[$_S$ coffee grows well in Columbia]]

위 (22)의 예문을 살펴보면 진술문 "Coffee grows well in Columbia"가 내포된 경우들이다.

한편 상위절의 동사의 성격상 의문문이 내포되어야 하는 경우도 있는데, 예를 들면 다음과 같다.

8 이 수형도 역시 핵계층 도식이 적용되지 않은 구-구조규칙 적용이 결과물처럼 그려져 있다. 상세한 수형도는 6장 참조

(23)
John wonders [if [s Mary stayed up late last night]
I am wondering [if[s you could help me with the project]]
He was wondering [if [s he should go to Canada or not]]
cf. He was wondering [whether[to go to Canada or not]]

위에서 if-S의 통사범주는 무엇인가?

우리는 2장에서 Whether는 의문부사지만, 'if' 와 유사하게 사용된다는 것을 보았다.

(24)
[For[s you to study syntax]] would be a big mistake
I intended [for [s Jennifer to be present]]
We are hoping [for [s the students to sign up for the syntax class]]
[For [s Korean tourists to obtain the US visas]] seems quite easy nowadays.

위에서 for-S는 무엇인가?

(22)-(23)-(24)에 나타난 that, if, for는 모두 보문소(C)로서, C는 다음에 내포되는 요소의 시제 유무 (+/-Tense), (+/-Q) 등에 결정적인 영향을 미친다. 따라서 우리는 S-bar라고 불렀던 문법단위는 이제 CP라고 부를 것이다. 이에 대한 구조는 6장에 상세하게 소개된다.

C라고 부르는 이 요소는 Complementizer를 줄여서 붙인 이름이다. 영어의 Complementizer(보문소)는 통사범주로 보자면, conjunction (접속사) 중에서도 특히 subordination 종속 접속사에 속하는데, 종속 접속사중에서 특별히 다음의 세 가지를 보문소라고 하고, 문법적 기능범주의 한 가지이다.[9]

Def: A word that introduces a subordinate clause that functions as a complement to a verb. In English, there are 3 complementizers; *that, if, for*

9 종속 접속사 중에서 'that' if', 'for' 를 제외한 나머지 종속접속사들을 Adjunctizer라고 부르기도 한다. (Aarts, 2008)

(25)
(a) I believe *that* John acted foolishly that night.
(b) I am not sure *if/whether* I'll have time for that.
(c) The directors have not decided *whether* they will recommend a dividend or reinvest the profits.
(d) *Whether/*If* I'll have time I am not sure at the moment.
(e) There was a big argument about *whether/*if* we should move to a new house.
(f) I haven't settled the question of *whether/*if* I'll go back home.
(g) *For* John to win the lottery seems impossible.

따라서, for는 비시제 진술절을 도입하는 C, that은 시제진술절을 도입하는 C, 그리고 if는 시제의문절을 도입하는 C이다. 그리고 2장에서 소개한 바와 같이 whether는 if와 유사하긴 하나 2장에서 설명했던 바와 같이 그 차이점이 더 많아 더 이상 C로 간주하지 않고, where/when/how 같은 의문부사로 취급한다.

(26) *That* vs. *For: declarative complementizers.*
a. *That they will be riding over a bumpy road* makes John very nervous.
b. *That John likes syntax* seems strange.
c. *For John to like syntax* seems odd.
d. The man *that you should* see is Mr. Johnson.
e. The man *for you to* see is Mr. Johnson.
f. I am anxious *that John should finish by Friday.*
g. I am anxious *for John to finish by Friday.*

(27) *If; interrogative complementizer*
a. I don't know *whether/if* I should agree.
b. I don't know *whether to* agree.
c. *I don't know *if to* agree.
d. *Whether* I could study abroad depends on the financial support from my parents.
e. **If* I could study abroad depends on the financial support from my parents.

우리는 여기에서, 의문내포절을 도입하는 if는 C로, whether는 의문부사(interrogative adverb)로 차별화한다. 상세한 예문은 2장 49쪽 참조할 것.

5.5. 구조와 중의성

우리는 지금까지 2장의 어휘범주, 3장의 문법기능, 4장의 의미역과 하위범주화를 알아 보았다. 5장에서 다루고 있는 것은 8개의 어휘범주와 무관해 보이는 문(Sentence, S, 혹은 IP)이라든지, 문장의 유형이라든지, 문장보다 더 큰 범주가 있는가 하는 것이다.

그런데, 다른 많은 자연언어에서와 마찬가지로, 영어에서도 중의성을 가진 문장을 발견할 수 있다. 이 절에서는 영어의 중의성과 그 구조적 관계를 알아보고, 중의성의 원인은 표면적으로 동일해 보인다 하더라도, 내부구조가 상이하기 때문에 생겨나는 것이 중의성이라는 점을 설명하고자 한다.

흔히 중의성을 설명할 때 어휘적 중의성과 구조적 중의성으로 그 종류를 나눈다. 어휘적 중의성(lexical ambiguity)은 해당 어휘가 여러 의미를 가지고 있으므로 해서 생겨나는 중의성을 일컫는데, 다음의 예가 있다. (홍성심외 2006)

(28)
a. John met her near *the bank*
b. She can't *bear* children
c. The young men carried the [biər] to the funeral (beer or bier)
d. The hunters saw a [gərilə] in the woods (= gorilla or guerrilla)

동음 이의어(Homophones)들은 발음을 들었을 때 구별할 수 없을 것이고 어떤 경우는 철자까지 같아서 어휘적 중의성을 일으킬 수도 있다. 한편 어휘적 중의성과 달리 통사적 중의성이 발견되는 예들도 많이 있는데, 다음의 몇 가지 예를 들어보자.

(29)
a. John said when we met he could help me with the syntax paper.
i. *Helping* and *meeting* coincide
ii. *Saying* and *meeting* coincide

b. The lawyer looked at the judge with suspicious eyes.

i. The judge has the suspicious-looking eyes
ii. The lawyer looked at the judge suspiciously.

(30) Time flies like an arrow:[10]

a. Time flies in the same way as an arrow does (=Time goes by quickly)
b. (You should) Time the flying insects like (you would) time an arrow (=You should measure the speed of the flying insects as you would measure the speed of a flying arrow
c. (You should) measure the speed of the flying insects as the arrow would measure the speed of the flying insects

(31)

a. Louise saw the girl with the binoculars.
i. Louise used the binoculars to see the girl
ii. Louise saw the girl who possessed the binoculars

b. The government expelled the military officers from Thailand
   i. The officers are Thai
   ii. The government expelled them out of Thailand

c. The chickens were too hot to eat
   i. It is too hot for the chicken to eat anything
   ii. It is too hot for anyone to eat chicken

d. The chicken was ready to eat
   i. I've cooked the chicken long enough so that it is tender and eatable now.
   ii. ______________________________.

e. Visiting relatives can be quite boring.
   i. It is quite boring to visit relatives
   ii. The relatives who are visiting us are boring people.

f. John decided that he would move after Thanksgiving
   i. ______________________________
   ii. ______________________________

10 Wikipedia가 제시한 의미 2가지가 더 있는데, "Time flies" 라는 벌레가 있다면 이 벌레들이 한 개의 화살을 좋아한다는 의미와 "Time-flies 라는 벌레들이 각각 (다른) 화살을 좋아한다" 는 의미가 있을 수 있다.

Check-point :

Q1: When did John decide that he would move?
A1: Last week.
Q2: When would John move?
A2: After Thanksgiving
Q3: Why does this ambiguity exist at all?
A3: Because this sentence has two distinct tree-diagrams

특히 위 예문(31f)의 수형도는 다음과 같이 두 가지로 가능하다. 즉 구조적으로 두 가지 수형도가 가능하기 때문에 두 가지 의미가 있는 것이다.

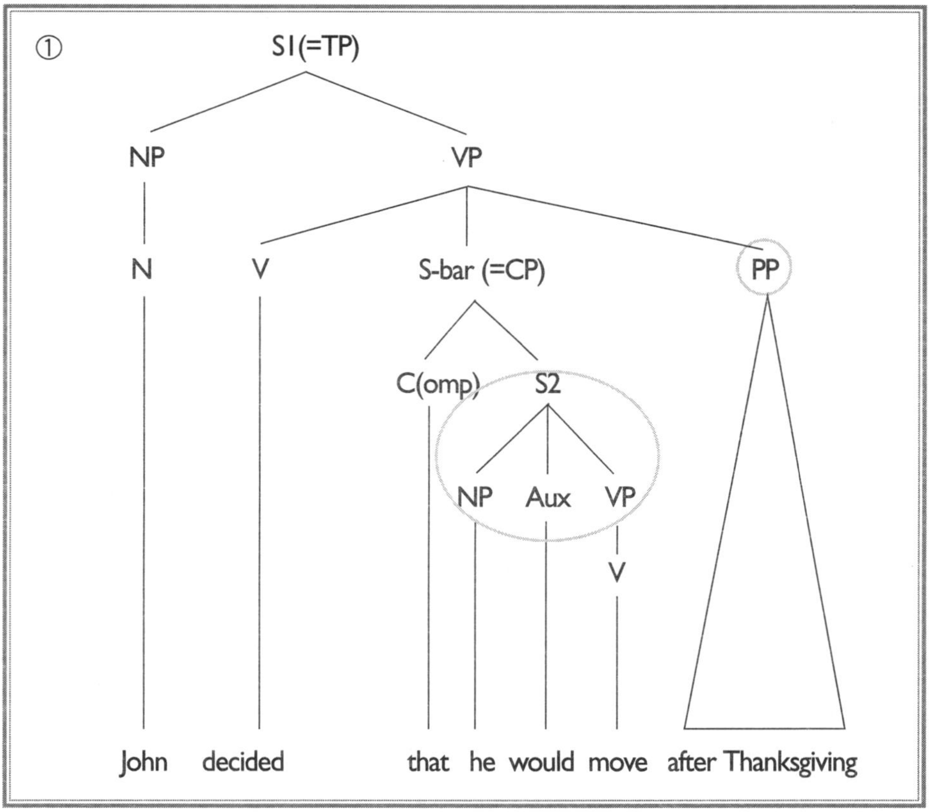

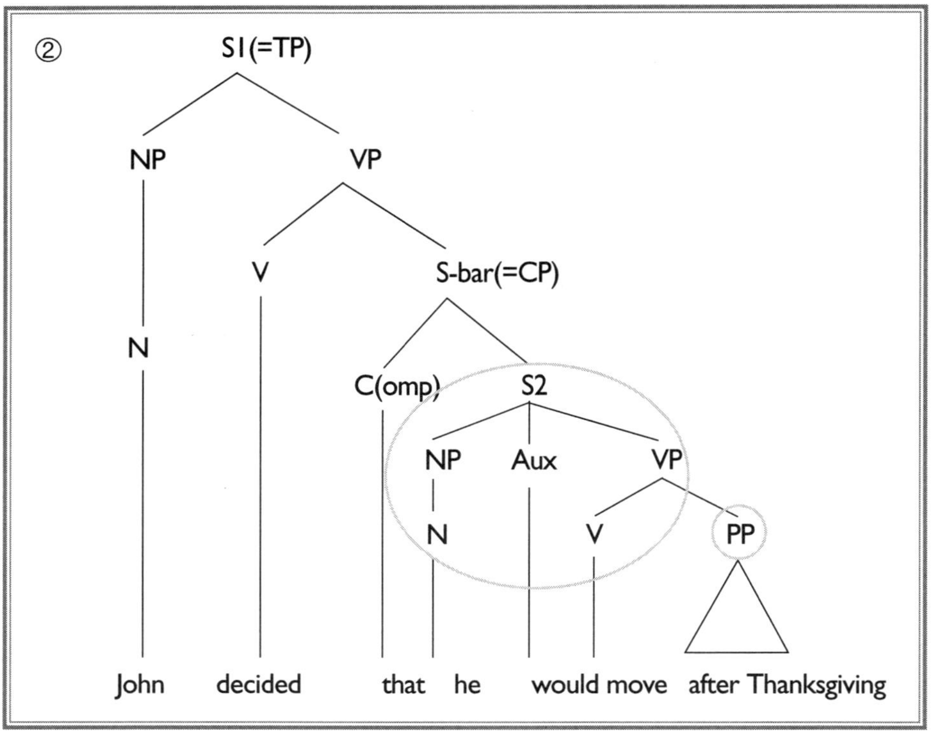
②
S1(=TP)
NP
VP
V
S-bar(=CP)
N
C(omp)
S2
NP
Aux
VP
N
V
PP
John
decided
that
he
would move
after Thanksgiving

5.6. 수형도 그리기

핵계층 기반 상세 수형도는 다음 장에서 소개 되겠지만, 일단 영어 문장의 수형도(tree diagram)란 것을 보여주기 위해, 아래의 두 수형도를 비교해서 살펴보자.

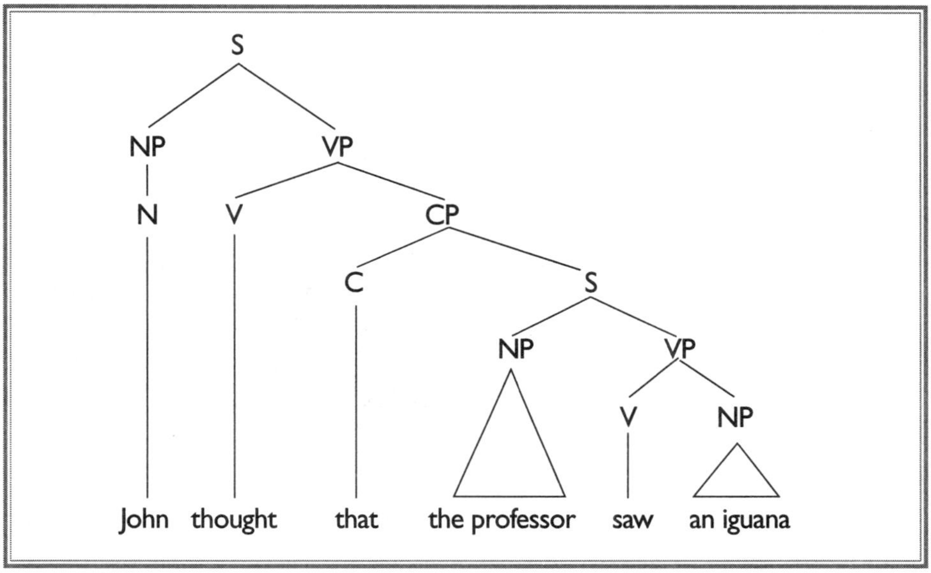

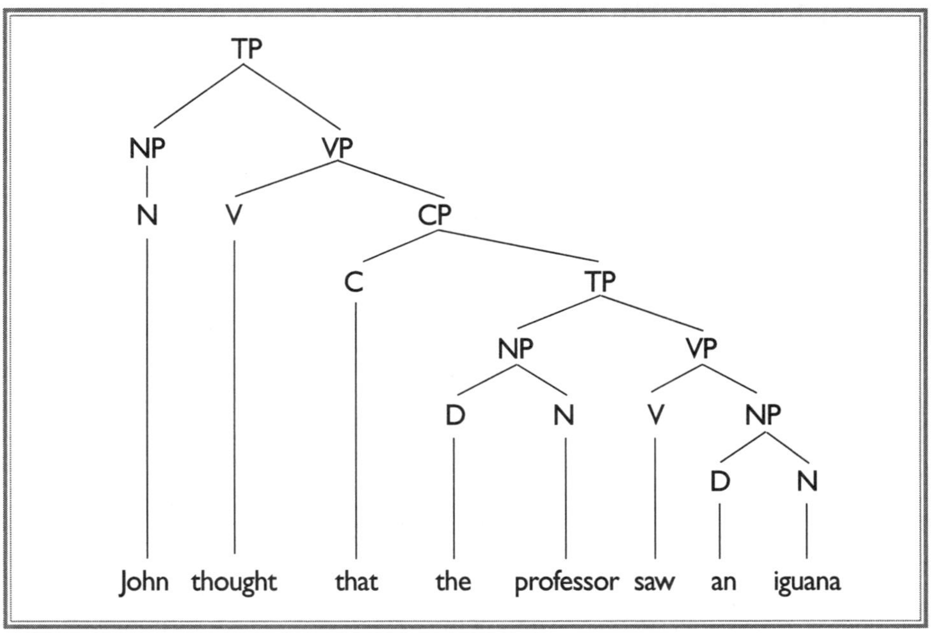

⋯ 연습문제

1. 다음에 주어진 표현/문장의 수형도를 그리시오

I saw him near the bank.

2. 중의성의 문제는 영어에만 발견되는 현상이 아니다. 어떤 언어에서나 중의성을 발견할 수 있는데, 신문기사에서 따온 다음의 우리말 예문은 중의성을 가지고 있다. 이 예문들의 중의적 의미를 논의하시오.

> 특히 지난 2005년 6월 청와대에서 열린 한일 정상회담에서는 고이즈미 총리가 연설 중 손 시인의 단가인 '절실한 소원이/ 나에게 하나 있지/ 다툼 없는 나라와 나라가 되라는' (切?ㅣな望みが一つ吾れにあり諍いのなき??と??なれ)을 읊고 그의 평화정신을 이야기하기도 했다. 손 시인은 1998년 일왕이 주재하는 신년어전가회(新年御前歌會)에 외국인으론 처음으로 참석해 <u>한복을 입고</u> 일왕 부부가 낭송하는 시를 듣기도 했다.
>
> 위에서 한복을 입은 사람은 누구인가?

3. 중의성이 있는 예문의 의미와 구조를 설명하시오.

> a. stray cats and dogs
> b. old Buddhist's temple
> c. Visiting relatives can be boring
> d. Eating men can be cruel
> e. For Sale: an antique desk suitable for ladies with thick legs and large drawers
> f. We will oil your sewing machine and adjust tension in your home for 10 dollars)
> i. (oil your sewing machine) and (adjust tension in ….. for 10 dollars)
> ii (oil your sewing machine and adjust tension in….. for 10 dollars)
> g. The smart phone will make you smart

10. I will give you a ring
11. I saw her duck
12. 누구나 때가 있는 법이지
13. American History teacher
i. [[[American] [History]] [teacher]]
ii. [[American] [[History] [teacher]]]
14. a red oak table
15. a foreign student organization
16. the second language teacher

4. 다음의 중의성을 설명하고 어떤 종류의 중의성인지 구조를 괄호로 표시하시오.

a. Tom saw the girl with the binoculars.
(i).
(ii)
b. We decided on the boat.
(i)
(ii)
c. The professor's appointment was shocking.
(i)
(ii)
d. That sheepdog was too hairy to eat.
(i)
(ii)
e. Could this be the invisible man's hair tonic?
(i)
(ii)
f. The governor of Minnesota used to be a dirty street fighter.
(i)
(ii)
g. John loves Mary more than Susan.
(i)
(ii)
h. You know that John and Mary are married.
(i)
(ii)

i. Everyone thinks that he is intelligent.
(i)
(ii)
j. The man remembered the snake on the boulder.
(i)
(ii)
k. I discovered an old English poem.
(i)
(ii)

l. 어제 오후 5시경 경부고속도로 상행선 서울지점 124 Km 지점에서 짐을 가득 실은 1톤 트럭이 중앙선을 넘어 마주 오던 흰색 쏘나타와 정면으로 충돌하는 사고가 났습니다. (KBS 저녁 9시 뉴스에서, 2000년) 1톤 트럭이 중앙선을 넘은 것인가 흰색 소나타가 중앙선을 넘은 것인가?
(i) 중앙선을 넘은 차는 "짐을 가득 실은 1톤 트럭" 인가? ( )
(ii) 중앙선을 넘은 차는 "흰색 쏘나타" 인가? ( )

m. 산에 갔던 영희와 철수가 심하게 싸웠다.
(i) 영희와 철수 둘 다 산에 갔나? ( )
(ii) 영희만 산에 갔나? ( )

Chapter 06

문장구성의 기본규칙

이 장에서는 어휘부로부터의 선택되어져 나온 단어들이 어떤 규칙에 입각해서 기본 문장으로 구성되는가에 대한 장이다. 어휘부로부터의 단어들은 무작위적, 무규칙적으로 연결되어 있지는 않다. 무한개수의 영어 문장은 과연 어떤 규칙에 의해서 생겨나는 것인가? 이 장에서는 두 가지의 문 구성기본 규칙을 설명하고자 한다. 문 구성의 기본규칙은 시대와 설명방식에 따라 달라졌으며, 초기 변형생성문법의 시기였던 대략 1950-70년대 말까지는 구 구조규칙(phrase structure rules)으로 문구성이 이루어졌다고 설명되었었다. 구 구조 규칙은 그 후, 1980-2000년초까지 핵 계층 이론(X-bar theory)으로 대체되었다. 모국어 화자가 무한개수의 문장을 생성해 낼 수 있는 기본 규칙은 핵계층도식에 의해서라고 주장된 것이다. 보다 최근에 이르러 최소주의통사론(Minimalist Syntax) 등장 이후에는 문구성의 기본 규칙은 병합(Merge)이라는 보다 더 간소화된 방식이 채택된다. 그러나 이 장에서는 구 구조규칙과 핵 계층이론을 집중적으로 조명하겠다.

•• 핵심용어 및 개념

Rewriting rules 다시쓰기 규칙
P-marker 구 구조표지 (수형도)
Phrase structure rules 구 구조규칙
X-bar theory 핵계층 이론
Specifier 지정어
Complement 보충어
Head 핵
Adjunct 부가어
Merge 병합
Binary branching 이분지
Complement clause 보충절 (내용절)
Adjunct clause 부가절
DP 가설
Genitives 속격, 소유격
Possessive Phrase 소유구
Intermediate projection 중간투사
Minimalist syntax 최소주의 통사론

Chapter

06 문장구성의 기본 규칙

6.1. 구 구조규칙Phrase Structure Rules

초기 변형생성문법의 시대에 주장 되어졌던 문 구성규칙은 구 구조규칙이다. 문장의 기본 골격을 만드는 규칙이던 구 구조 규칙의 예를 들어보자. 영어 모국어 화자가 발화하는 각종 문장은 어떤 규칙을 모국어 화자가 내재화 함으로서 가능한 것일까? 모국어 화자는 무엇을 알고 있기에, 무한 개수의 영어문장을 발화하거나, 이해하거나, 문장으로 쓰거나 혹은 비문법적인 문장과 문법적인 문장을 구별할 수 있는 것일까? 이에 대한 대답으로, 초기 변형 문법시대에는 영어의 모국어화자는 다음과 같은 규칙(구 구조를 생성/생산하는 규칙)을 내재화 한 것이 틀림없다고 추정적인 제안을 하였다.

(I) 구 구조규칙의 예시 1
S → NP (Aux) VP
NP → (Det) (AP) N (PP)
VP → V (NP) (S)
PP → P NP
AP → A (AP)
...
Aux → will, shall, may, can... etc
V → kissed, liked, put, ...etc.
N → dog, student, book, John, professor, stick, car, garage , man ...etc
Det -> the, a, this, some, ...etc

A -> tall, intelligent, young, American, etc.
P -> in, to, with, at, etc

위의 구 구조 규칙은 예시에 불과하며, 영어모국어화자가 사용하는 많은 문장들을 보니, 위와 같은 구 구조규칙을 모국어화자가 내재화한 것이 틀림없다고 생각하게 된 것들이다. 위의 구 구조 규칙에 의해서 만들어질 수 있는 문장은 수도 없이 많을 수 있지만, 몇 개 예를 들면 다음과 같다.

(2)
a. John will kiss the dog.
b. The tall professor liked the book.
c. The dog kissed the professor.
d. The student with a stick kissed John

하지만, 위에서 예시로서 제시한 구 구조 규칙에 따르면, 다음의 예문은 생성될 수 없다.

(3)
a. Can John put the car in the garage?
b. What did the professor do?
c. John will not kiss the girl.

첫 예문은 우선 조동사 'can' 이 주어 앞에 오는 구 구조규칙이 없어서 생성불가능 할 것이고, 둘째 예문은 wh-word가 구 구조규칙에 도입되어 있지 않으며, 셋째 예문은 부정어귀가 도입되어 있지 않아 생성이 불가능하다. 따라서 위에 예시로 준 구 구조 규칙은 영어 문장 전체를 S 라는 집합으로 생각하면 일부만을 설명할 수 있을 것이다. 물론 구 구조규칙만으로 모국어화자의 언어능력을 (통사적능력)을 다 설명하려 한 것은 아니다. 당연히 변형규칙이라는 여러 가지 장치가 있었다.

그럼에도 불구하고 무한 개수의 영어문장을 발화, 사용, 이해 할 수 있도록 가능하게 해주는 모국어 화자의 통사적 능력을 포착하는데, 구 구조 규칙이라는 지식이 작용하리라는 가설을 이해 한다면, 충분할 것이다.

위에서 제시한 구 구조 규칙의 일부를 구체적으로 적용해 보자. 괄호는 임의적이라는 의미이므로, 적용할 수도 있고 안 할 수도 있다. 따라서, 다음의 구 구조 규칙을 선택해서 적용하면 'John will kiss the dog' 가 도출된다.

(4) 구 구조규칙의 예시 2
S → NP Aux VP
NP → Det N
VP → V NP
...
Aux → will
V → kiss
N → dog, student
Det → the

(5) 위 구 구조 규칙적용 후 생겨난 문장의 수형도

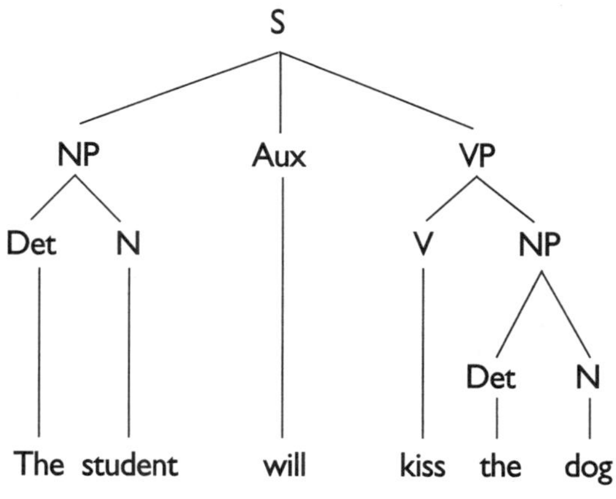

이번에는 좀더 다른 문장의 기저구조 생성을 알아보자. 어떤 구 구조규칙이 적용될까?

(6) 구 구조규칙의 예시 3
S → NP Aux VP
NP → Det N
VP → V NP PP
PP → P NP
...
Aux → may
V → put
N → cat, cage, man
Det → the
P → in

==>*The veterinarian may put the cat in the cage.*

(7) 위 구 구조 규칙적용 후 생겨난 문장의 수형도

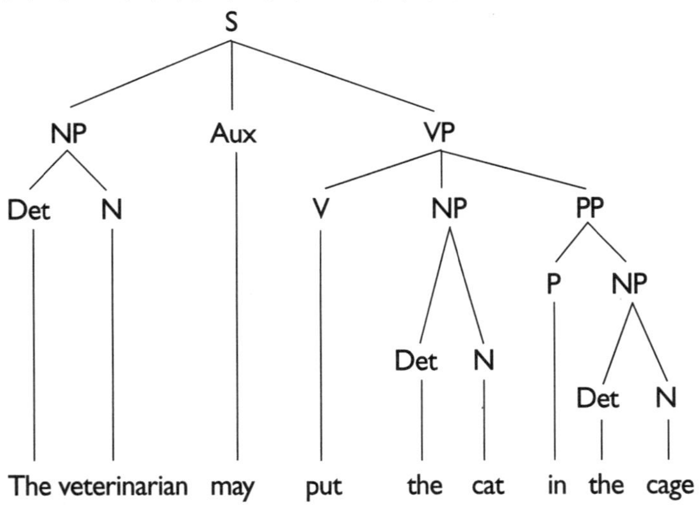

그런데 구 구조규칙으로 영어문장의 기본 "골격"을 설명하는 데는 어떤 문제점이 있을까. 이에 대한 답으로 대략적으로 다음의 세 가지를 들 수 있다.

① 중간투사범주의 존재

위의 구 구조 규칙을 살펴보면 알 수 있듯이, 구 구조규칙에는, 두 종류의 통사범주만이 등장한다는 점을 유념해야 한다. 어휘 범주(N, V, A ,P, Adv, Det, etc)와 구범주(NP, VP, AP, PP, AdvP)의 두 가지 뿐이고, 만일 중간 투사범주라는 다른 종류의 통사범주가 존재한다면, 구 구조규칙은 충분하지 않다. 이 장의 다음 절에서는 중간투사(intermediate projection) 범주의 존재를 설명하게 되며, 이런 중간투사범주가 있다고 생각되어 80년대 이후, 변형생성문법에서는 구 구조규칙을 문 생성 기본 규칙으로 보지 않게 되었다.

② 비경제성-잉여성의 문제

또한 구 구조 규칙은 "경제적"이지 못한데, 그 이유는 모든 어휘는 각각의 통사범주성이 통사자질의 일부로써 포함되어 있다. 예를 들면 동사의 경우, 4장에서 논의된 하위범주화(subcategorization)와 개념적 중복성이 있다. 하위범주화에 따르면, 타동사는 반드시 그 보충어(목적어)를 동반해야 하는데, 구 구조규칙중 VP-〉 V (NP) (PP)등처럼 동일한 정보가 다시 구 구조규칙에서도 주어지기 때문이다.

③ 이분지(Binary branching) 원칙의 문제

문장이 구조상, 구 구조규칙은 하나의 절점이 여러 딸 절점을 허용한다. 그러나, 최근 들어 많은 자연과학-기술의 현상들이 아날로그식에서 디지털화 하면서 (digitized), 문장의 구조도 이분지 (Binarity)를 전제로 하게 되었다. 이분지 원칙에 대한 경험적 자료(Hornstein , Nunes, Grohmann 2005, pp. 179-182)를 살펴보자.

(8)
a. John met *this student of physics* with long hair, and Bill met that *one* with short hair.
b. John met *this student of physics with long hair*, and Bill met that *one*.

만일 위에서 'one' 이라는 단어로 대체된 요소가 구성소라면, (8a)에서 'one' 이 대체한 것은 'this student of physics' 일 것이다. 그리고, (8b)에서 'one' 이 대체한 것은 'this student of physics with long hair' 가 된다. 그렇다면, 그 구조는 (9b)가 아니라 (9a)와 같아야 (8a)와 (8b)가 모두 정문이라는 사실을 설명할 수 있을 것이다.

(9)

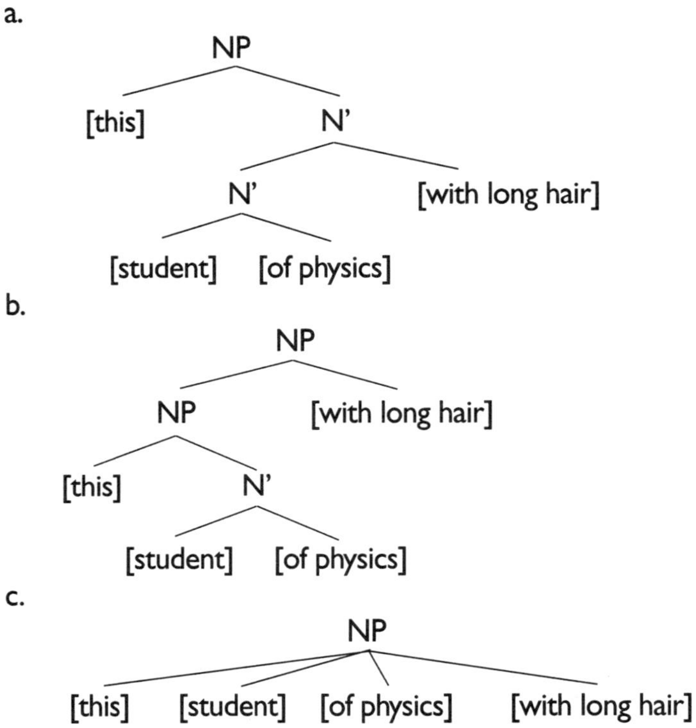

따라서, 'student of physics' 나 'student of physics with long hair' 는 모두 명사적 성격을 가진 범주라고 말할 수 있고, 이 명사적 성격을 가진 구성소는 N_1' , N_2' 가 될 것이다. 즉 N-bar라는 중간 부사 범주를 허용해야만 (8a)나 (8b) 같은 문장들이 정문임을 설명할 수 있다는 말이다.

또한, 구 구조규칙으로 이중목적어 구문의 수형도를 그려본다면, (10a)가 될 것이다.

(10)
a. John gave Bill a book
b.
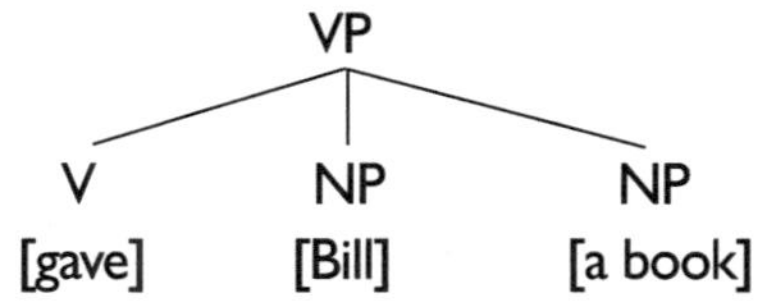

위의 (10) 같은 수형도에 의하면 'Bill' 과 'a book' 이 VP 안에 있는 자매관계로 나타나 있지만 사실 간접목적어와 직접목적어는 VP 아래서 자매가 아니다.

(11)
a. Mary showed [the boys] [each other]
a'. *Mary showed [each other] [the boys]
b. John showed [Mary] [herself] in the mirror
b'. *John showed [herself] [Mary] in the mirror
c. John gave [nobody] [anything]
c'. *John gave [anyone] [nothing].

(12)
a.
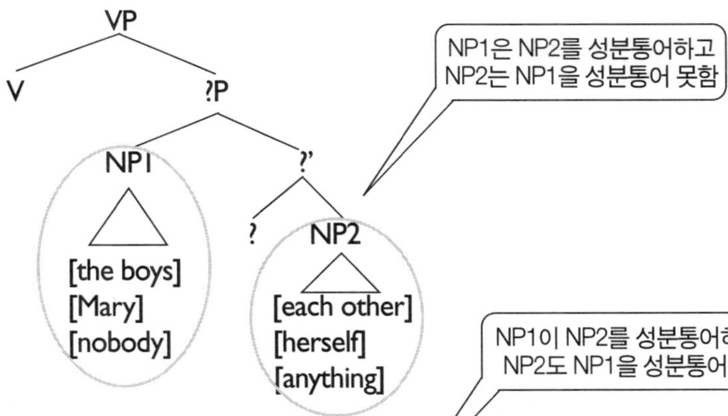

b.
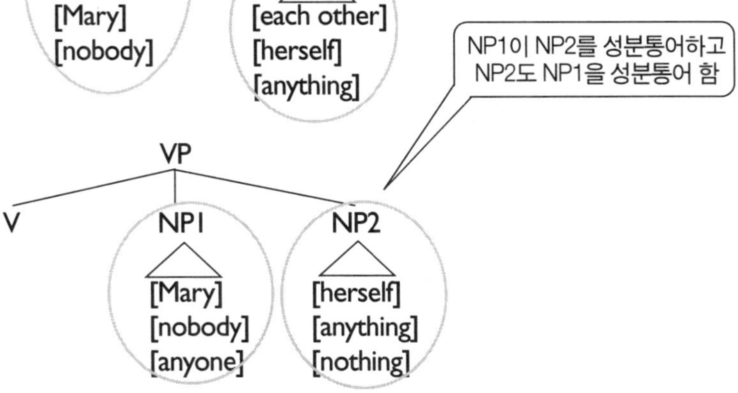

(12a)에 따르면, [the boys]라는 구성소는 [each other]라는 구성소를 성분통어 하면서 계층성이나 높낮이가 있는 형상적 구조이다. 따라서, [the boys]라는 요소는 [each other]라는 요소의 선행사가 될 수 있지만 그 반대의 경우, [each other]는 [the boys]의 앞에 선행하지 못하며 비문이 되는 것이다.

(11c)와 (11c')가 보여주는 문법성의 차이는 소위 말하는 부정극어인 'anyone'이 부정극어를 인허해주는 부정요소 ('No/Not' 등의 요소)에 의해서 성분통어되어야 정문인데, (11c')의 경우는 그렇지 못하기 때문에 비문이라는 설명을 할 수 있다. 결국, 구 구조규칙은 이런 문법성의 차이를 설명할 수 없다.

그 밖에 여러 가지 문제가 있겠지만, 근래에 들어서는 구 구조규칙을 문 구성기본 규칙이라고 간주하지 않고, 새로운 문 구성기본규칙이 제안되고 수용되었다. 이것이 바로 핵 계층 이론(X-bar syntax)이다. 즉, 영어를 포함한 어떤 언어라도, 모국어 화자가 구사할 수 있고, 이해할 수 있는 모든 문장의 기본 틀(골격)은 핵 계층 도식을 적용한 결과라고 말하게 된 것이다.

6.2. 핵 계층 이론X-bar Theory

영어의 모국어 화자가 사용하는 문장들은 기본적으로 그들의 두뇌 인식부분의 기억장치에 저장된 어휘부로부터 선택 되어져 나온 단어들이 결합된 것이다. 그러나 그 결합의 규칙은 임의적인 것이 아니라, 일정한 규칙이나 도식에 따라 영어 문장들로 구성된다고 말 할 수 있는데, 일정한 결합규칙은 초기 변형문법이론일 때는 구 구조규칙(Phrase-structure rules)이라는 규칙에 의해서 생겨나는 것으로 판단 되었었다.

그러나 앞서 논의한 바와 같이, 구 구조 규칙의 문제점을 극복하기 위해, 80년대 이후 핵 계층 이론이 받아들여졌다. 이 절에서는 핵 계층 이론을 소개한다.

6.2.1. 핵계층에 나타나는 요소: 핵, 보충어, 부가어, 지정어

핵계층 이론은 "문장이란 기본적으로 n-갯수의 XP(구범주)들로 이루어진다"는 생각이 그 핵심이다. 여기서 XP란 X가 N이면 명사구(NP) X가 V면 동사구(VP), X가 P면 전치사구(PP)… 등으로 '문장' 이란 것도 결국 시제구(TP, Tense Phrase) 라고 취급하는 것이다.

또한, 구 구조규칙과 달리, 핵계층 이론에 의한 문장구조는 다음의 세가지 종류의 범주들로 이루어져있다

X^o: 어휘범주 Word-level category(Lexical Projection; V, N, A, P, Adv, 등)
X' : 중간투사범주(Intermediate Projection: V' , N' , A' , P' , Adv' 등)
XP: 구 범주 Phrasal Category(Maximal Projection:VP, NP, PP, AP, AdvP 등)

XP는 다음의 요소를 포함할 수 있다.

(1) 핵(Head): XP의 가장 핵심적 요소로서 X^0에 해당
(2) 보충어(Complement); 구조적 위치로 말하자면, 핵 (X^0)과 자매 관계
(3) 부가어(Adjunct);구조적 위치로 말하자면 핵과 '이모' 관계. X-bar범주의 자매
(4) 지정어(Specifier);핵의 범주성을 완성시켜 최대투사범주(XP)를 형성

어휘범주는 핵이 중심이어서 핵은 반드시 있어야 하고, 나머지 보충어, 부가어, 지정어는 임의적이다. 다시 말하면, 말을 하려는 화자는 어휘부에서 선택한 어휘들을 (이미 내재화한 머리 속의) 핵계층 도식에 맞추어 여러 개의 XP를 가진 문장으로 형성한다. 물론 이 진행과정은 모국어이니만큼 눈 깜짝 할 사이에, 심지어는 생각조차 하지 않고 말하는 것처럼 느껴질 정도로 -아주 짧은 순간의 일이다.

부가어는 연속적으로 여러 개의 부가어가 가능하고, 핵과 보충어는 자매관계니 만큼 매우 긴밀한 관계를 가진다. 따라서 다른 어휘요소, 예를 들면 부사구나 삽입어구(Parenthetical elements) 같은 요소가 핵과 보충어 사이에 올 수 없다.

〈표 : 핵계층 도식〉

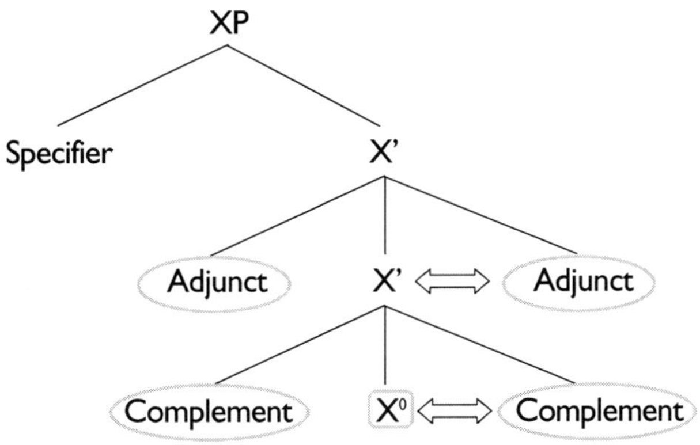

핵과 부가어/보충어의 선형적 순서는 종종 자연언어들마다 차이가 있으며, 영어의 경우 대부분 핵이 보충어 앞에 선행하는 핵-우선 언어이고, 한국어나 일본어는 핵이 보충어를 뒤따르는 언어이다. 언어 유형학적으로 보면 핵-우선(Head-first) 언어는 핵말언어(Head-final)와 비교해서 몇 가지 특징적인 현상/일반화를 찾을 수 있다.

6.2.1.1. 핵(Head)

핵은 구 범주 XP의 X^0 에 해당되는 범주로, 가장 중요한 요소가 핵이다. 사전(Lexicon)에 명시된 어휘범주 X^0 가 핵이 되는데, NP의 핵은 N^0, VP의 핵은 V^0, PP의 핵은 P^0같고, A^0, Adv^0 등의 범주가 이에 속한다. 어휘범주는 반드시 핵이 있다.

Head의 예:
John 이라는 명사구의 핵 John
the library라는 명사구의 핵 library
in the library라는 전치사구의 핵 in
blushed 라는 동사구의 핵 blushed (She blushed)
an English teacher(영국인 선생님) 이라는 명사구의 핵 teacher
an English teacher (영어 선생님) 이라는 명사구의 핵 teacher
…

6.2.1.2. 보충어(Complement)

보충어는 핵의 하위범주화에 의해서 요구되는 요소로서, 핵과 보충어의 관계는 매우 밀접하고 핵의 의미를 완성시키는데 필요한 요소이다. 핵과 자매관계를 가진다. 물론 핵의 하위범주화에의해서 요구되지 않으면, 나타나지 않을 수 있는 임의적인 요소이다.

보충어의 예:

▶ N^0의 보충어

> 1. PP가 N^0의 보충어
> (a) His insistence [$_{PP}$ on the arrangement] was turned down
> cf. He insists on the arrangement
> (b) Their specialization [$_{PP}$ in wines]
> cf. They specialize in wines.
> His appreciation of the sculpture
> He appreciated the sculpture
> He was appreciative of the sculpture

다음은 핵이 명사인 명사구의 보충어가 절인 경우들이다. 명사가 핵이 된 명사구와 완전한 문장 형태를 비교해 보면 보충어는 완전한 문장 형태의 동사 뒤에 오는 목적어와 유사하다고 말할 수 있다.

> 2. Clause가 N^0의 보충어:
> (a) Their realization [that the country was in danger] is questionable
> cf. They realized that the country was in danger
> (b) Her consideration [$_{CL}$ whether the expense was worth it] was important
> cf. She considered whether the expense was worth it
> (c) Her requirement [$_{CL}$ for all candidates to comply with the rules]
> cf. She requires all the candidates to comply with the rules

3.NP가 N^0의 보충어:
(a) a literature professor
cf. The professor teaches literature
(b) a history teacher= a teacher who teaches History

▶V^0의 보충어

1. NP가 V^0의 보충어:
(a) She [$_V$ placed [$_{NP}$ an advertisement]]
(b) The old man disowned his son.

2. Clause가 V^0의 보충어:
(a) They [$_V$ know [$_{CL}$ that the sun will shine tomorrow]]
(b) I believe that the man would not be so cooperative.

3.PP가 V^0의보충어:
(a) They [$_V$ looked [$_{PP}$ at the picture]]
(b) I care about the issue.

▶ A^0의 보충어

1.PP가 A^0의 보충어
(a) I was [$_A$ dependent [$_{PP}$ on your decision]]
(b) The lab technician was [$_A$ pleased [$_{PP}$ with the result]]

2. Clause가 V^0의 보충어:
(a) I am [eager [$_{CL(TO\text{-}INF)}$ to work with you]
(b) He's engaged [$_{CL(\text{-}ING)}$ teaching the students]
(c) She is unsure [$_{CL(WH)}$ what we should do next]

▶P^0의 보충어

1. NP가 P^0의 보충어:
(a) The cat was hiding behind [NP the dresser]
(b) The problem was under [NP the investigation]

2. PP가 P^0의 보충어:
(a) He fell out [PP of love]
(b) The witness was from [PP behind the bookcase]
(c) Jonathan came down [PP by the sea]

3. Clause가 P^0의 보충어:
(a) My approach differs from yours in [CP that I am more aggressive]
(b) Such technology is said to have synergetic effects in [CP that it allows the utilization of organic waste for fuel]

6.2.1.3. **부가어**(adjunct)[1]

여러 개가 반복적으로 나타날 수 있는 범주로 임의적으로 존재하는 범주이다. X'의 자매절점이면서 X'의 딸 절점이 되는 범주이다.

1. AP가 N^0의 부가어인 경우 : [The [[AP warm][N' [N summer]]]]
2. Clause가 N^0의 부가어인경우 : My cousin, [who lives in Los Angeles], is an RN

(8)
a. [The suggestion [that you made]] was hard to believe.
b. [The information [that the company supplied]] turns out to be useless.

1. AdvP가 V^0의 부가어
The man quickly absconded
The undergraduate students study syntax hard

1 주의할 점은 부가어의 구조에서 핵계층이론의 발전에 따라 변화가 있다는 점이다.

2. Clause가 V^0의 부가어

He didn't phone because he was not that into you

My family takes two weeks off in the summer.

3. PP가 A^0의 부가어

Michael Jackson was known to be abusive to the extreme.

We were unconsolably disappointed.

AdvP가 P의 부가어

I was totally over the moon

다음의 예문들은 B. Aarts (2008)에서 논의된 예문들이다.

(13)

a. [NP the *warm* summer] (AP)

b. [NP the *woman* busdriver] (NP)

c. [NP the tiles *on the floor*](PP)

d. [NP my youngest sister, *who lives in Italy*] (Clause)

e. [NP the information *that you supplied*](Clause)

f. The fugitive [VP *quickly* absconded] (AdvP)

g. She [VP read the prospectus *eagerly*](AdvP)

h. We [VP came here *in the summer*](PP)

i. She [VP phoned *because she needs to talk to you*](Clause)

j. He was [AP abusive *to the extreme*] (PP)

k. We were [AP *inconsolably* disappointed] (AdvP)

l. She was [PP in doubt *entirely*](AdvP)

6.2.1.4. 지정어(Specifier)

영어의 경우 지정어는 항상 투사를 완성하면서 해당 구 범주의 왼쪽에 나타난다. GB/PP 문법틀에서는 문장의 주어를 따로 정의하지 않아도, S (또는 TP/IP)의 지정어 위치에 있는 범주가 주어라는 문법기능을 수행한다. X' 의 자매 절점이면서 XP의 딸 절점에 나타나는 범주이다.

1. NP의 지정어: <u>Determiner</u>:
[*the* examination] was extremely hard.
[*our* car] has a rusty body, but it runs well
[*many* students] feel that syntax is interesting
[*Which* house] did the millionaire buy?

<u>2. VP의 지정어인 Neg:</u>
He does [$_{VP}$ *not* like planes]
She [*never* eats meat]

<u>3. AP의 지정어인 AdvP:</u>
[*How* interesting]
They are [*so* eager to please]
[*too* bad]
[*rather* disgusting]
[*quite* handsome]
[*as* rich as the Queen]

<u>PP의 지정어인 AdvP:</u>
The supermarket is [*right* up your street]
My office is [*quite* in disarray]
The office is [*just* to your left]
He walked in [*straight* through the door]

이상 우리는 각 범주의 지정어를 살펴보았다.

6.2.2. XP의 내부구조

이 절에서는 바로 앞에서 설명한 핵계층 이론을 이용해서 각종 구(XP)의 내부구조를 알아보기로 한다. 우선 해당되는 예문은 다음과 같다. 다음은 핵계층 도식에 맞추어 각각의 XP를 보여주는 예이다.

(14) 〈NP의 예시〉

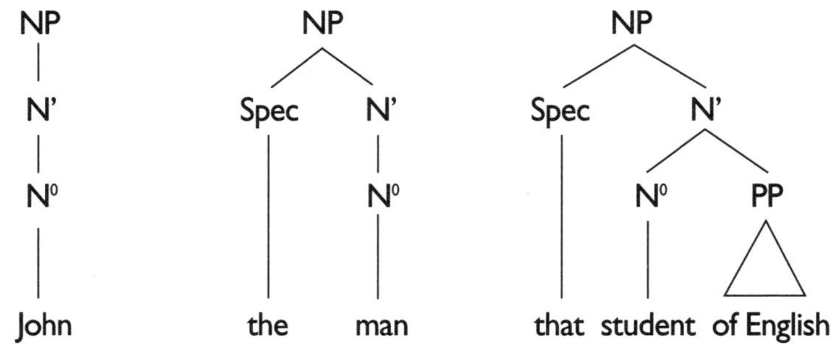

(핵만있는 명사구) (핵+지정어있는 명사구) (핵+보충어+지정어명사구)

(15) VP의 예시

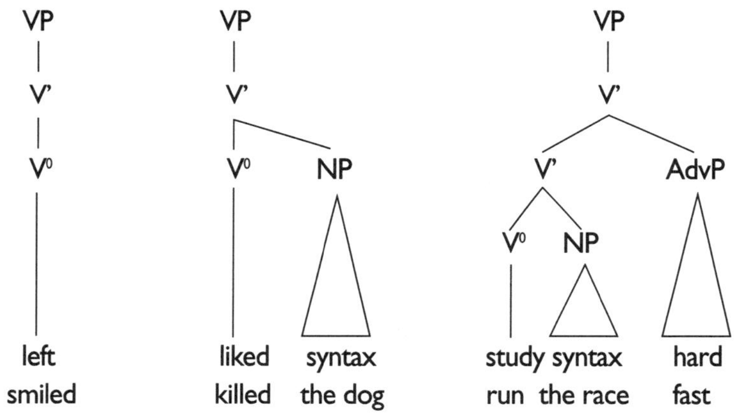

(핵만있는 동사구) (핵+보충어있는동사구) (핵+보충어+부가어 동사구)

(16) AP의 예시

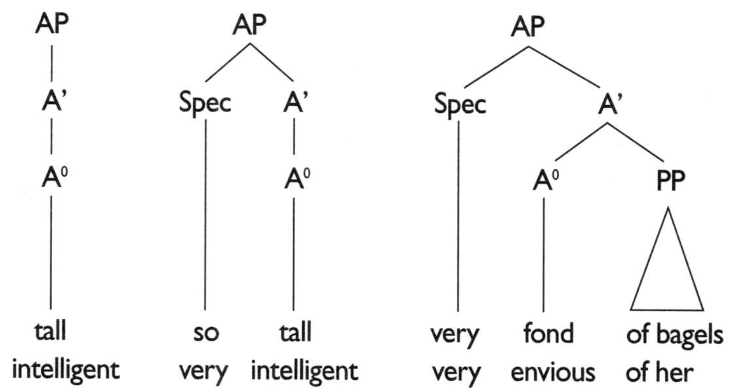

(핵만 있는 AP) (핵+지정어 AP) (핵+ 보충어+지정어 AP)

(17) 〈PP의 예시〉

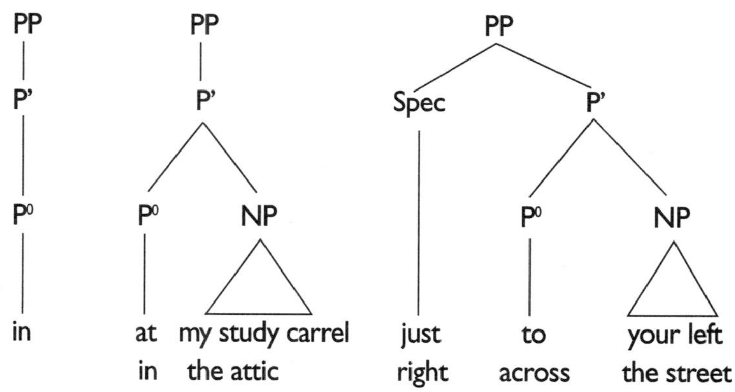

(핵만 있는 PP)[2] (핵+보충어 PP) (핵+지정어 +보충어 PP)

2 이런 경우처럼 '전치사'가 홀로 사용되는 경우를 전통문법(학교문법)에서는 부사라고 분류하기도 한다. 왜냐하면 전치사는 그 목적어가 되는 보충어가 있는경우만을 전치사로 분류의 기준으로 삼기 때문이다. Come in, He ran down, It is coming right up.The river ran down. 본서에서는 전치사라도 intransitive preposition이 있어서, 보충어 없이 사용되는 전치사의 존재도 허용해야 한다는 입장이지만, 이에 관한 자세한 논의는 이 책에서는 하지 않겠다. 참조 David Lee (1999)

(18)
a. The defendants claimed that they did [$_{VP}$ not *destroy* the garden]
b. The live-in housemaid [$_{VP}$ *read* her diary in the garage]
c. The financial analyst offered [$_{NP}$ an *analysis* of the proposal]
d. Jake is [$_{AP}$ so *proud* of his academic achievements]
e. I am [$_{AP}$ very *nervous* about the mid-term exam]
f. The opposition leaders are [$_{PP}$ quite *in* disagreement]
g. There are many syntax students [$_{PP}$ *in* the department]
h. The stalker walked [$_{AdvP}$ very *slowly*]
i. Lincoln studied [$_{AdvP}$ really *hard*] for his ambition
j. My husband cycles [$_{AdvP}$ much *faster* than me]

◈ P-markers based on X-bar Schema

(19) 핵계층 도식에 의한 구(XP) 구조의 수형도

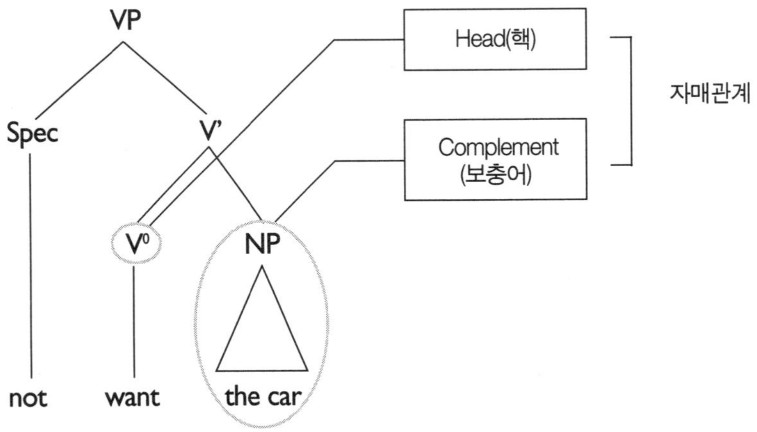

(20)

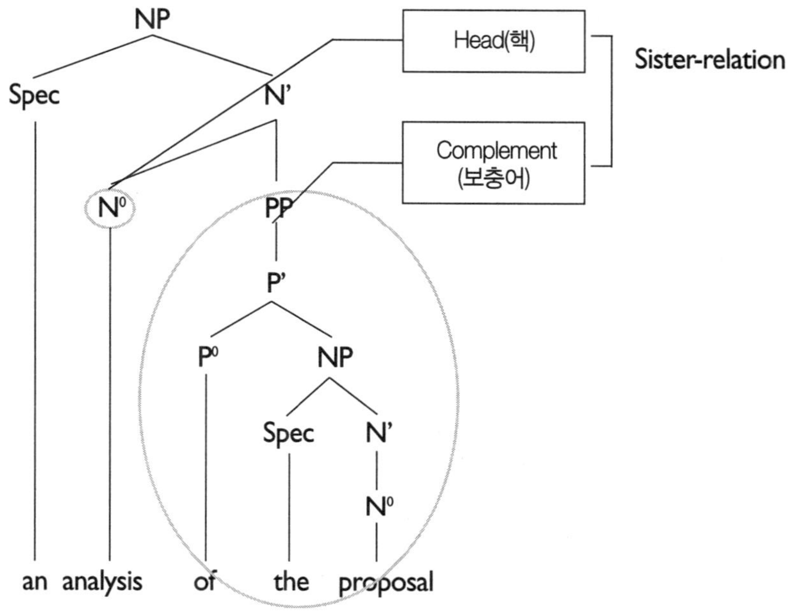
NP
Spec
N'
N0
PP
P'
P0
NP
Spec
N'
N0
Head(핵)
Complement
(보충어)
Sister-relation
an analysis of the proposal

(21)

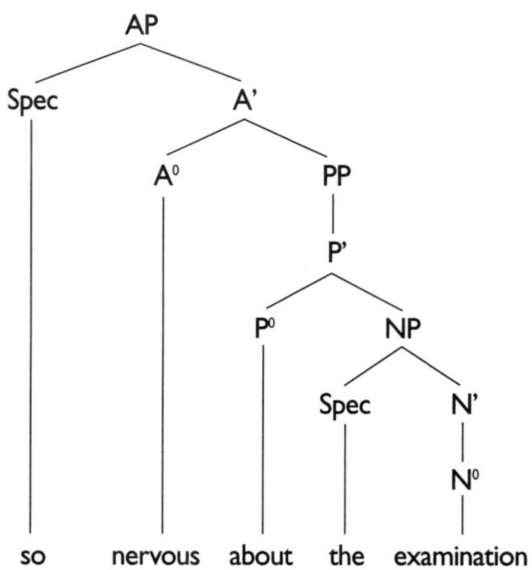
AP
Spec
A'
A0
PP
P'
P0
NP
Spec
N'
N0
so nervous about the examination

(22)

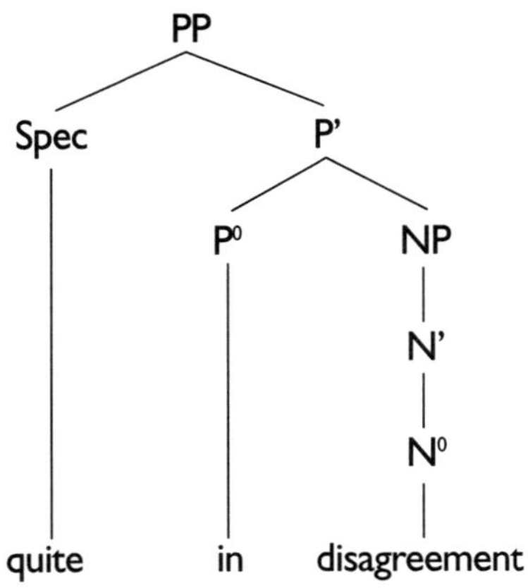
PP
Spec
P'
P0
NP
N'
N0
quite
in
disagreement

(23)

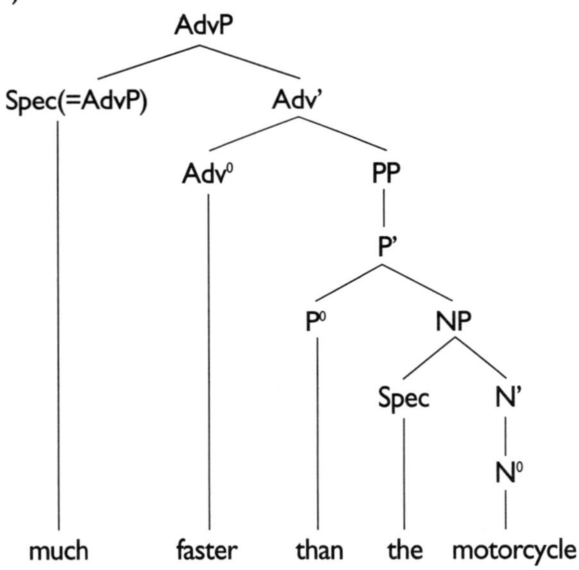
AdvP
Spec(=AdvP)
Adv'
Adv0
PP
P'
P0
NP
Spec
N'
N0
much
faster
than
the
motorcycle

(24) [NP the destruction of the stupa]

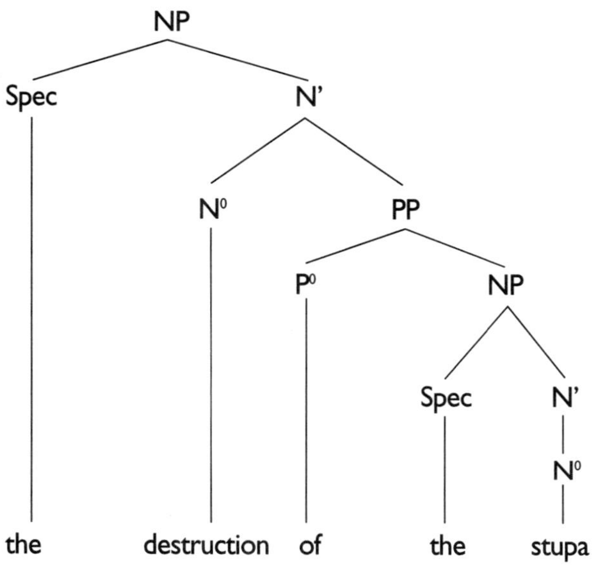

(25) We are [NP citizens of the world]

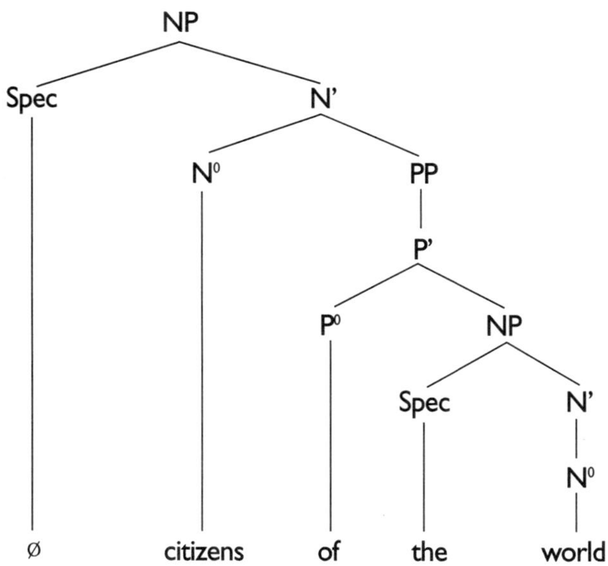

(26) The arrogant man walked [$_{PP}$ straight through the door] without knocking at the door

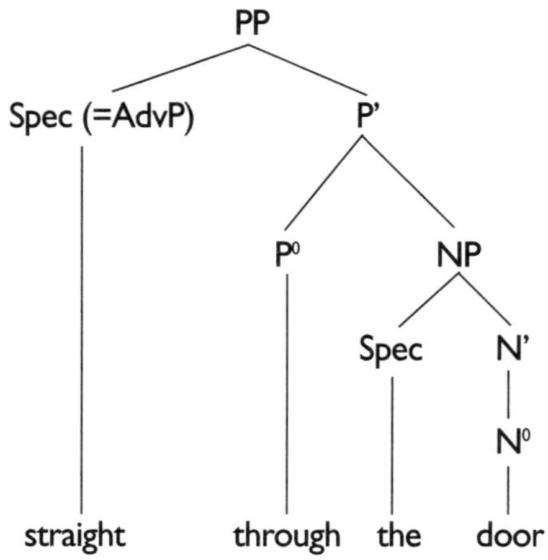

☞ 부가어와 보충어의 방향성

지정어의 위치를 제외하고, 부가어나 보충어는 선호되는 선형적 순서가 있긴 하지만, -영어의 경우 핵-우선 언어, 한국어는 핵-나중 언어- 핵을 중심으로 왼쪽이나 오른쪽에 다 나타날 수도 있다.[3] 다음의 예를 보자.

---

3 영어는 전치사가, 한국어는 후치사가 있고, 영어는 보문소 C가 문장(TP)앞에, 한국어는 C 가 문장 뒤에 붙는 등 핵-우선 언어와 핵-나중 언어의 유형적 특징이 있다.
(i) [pp at [the library]] vs. [$_{PP}$ [도서관]-에서]
(ii) Mary believed [that [$_{TP}$ John was very smart]] vs. Mary-nun [[$_{TP}$ John-i toktokhata]-ko] mit-ess-ta

(27)

a. a student of Pharmacy

b. a Pharmacy student

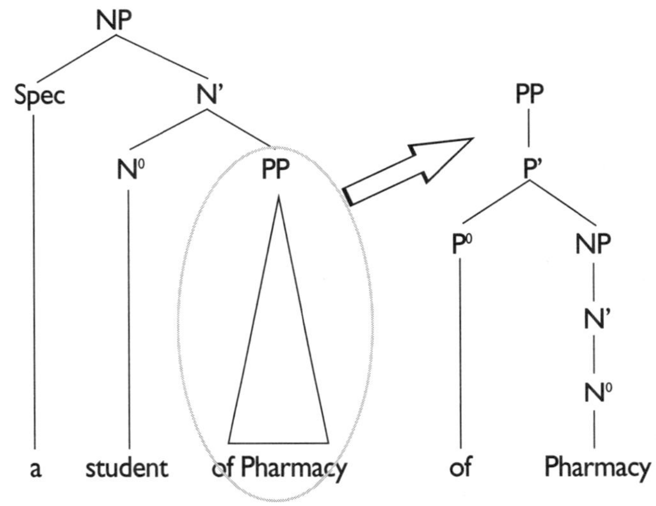

(28)

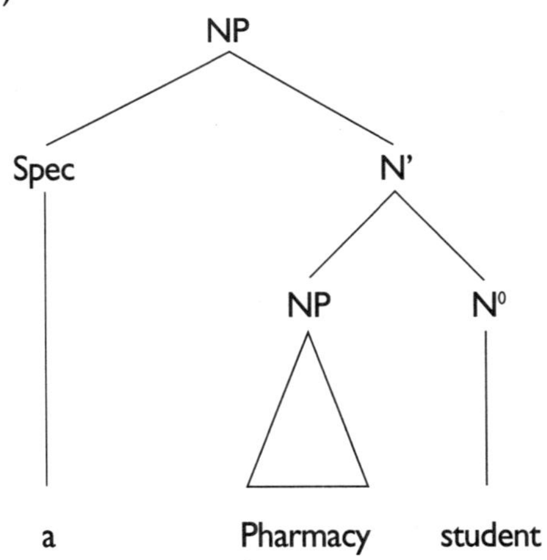

(29)

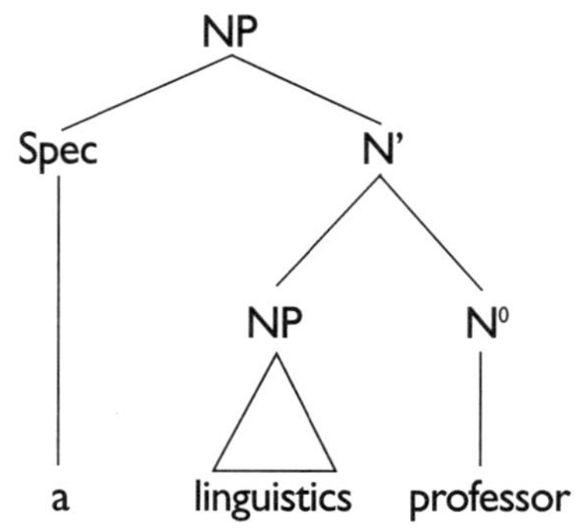

(30) Chomsky proposed [NP an interesting analysis of the sentence with tree diagrams]

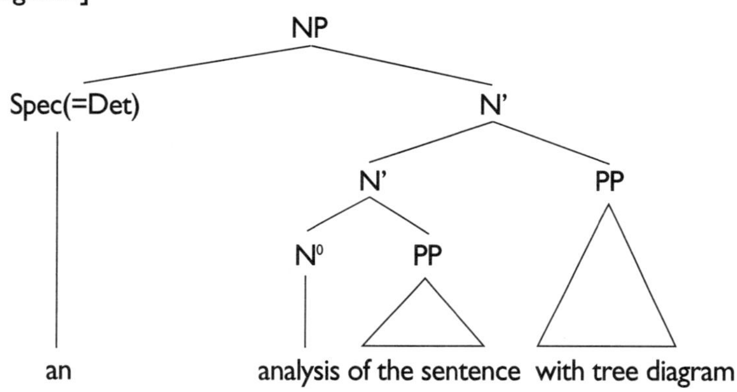

(31) John was [AP so terribly fond of bagels]

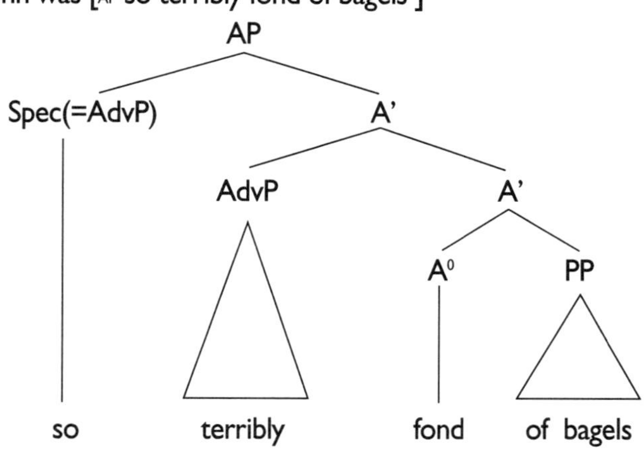

(32) The congressmen were [$_{PP}$ quite unhesitatingly in agreement with each other]

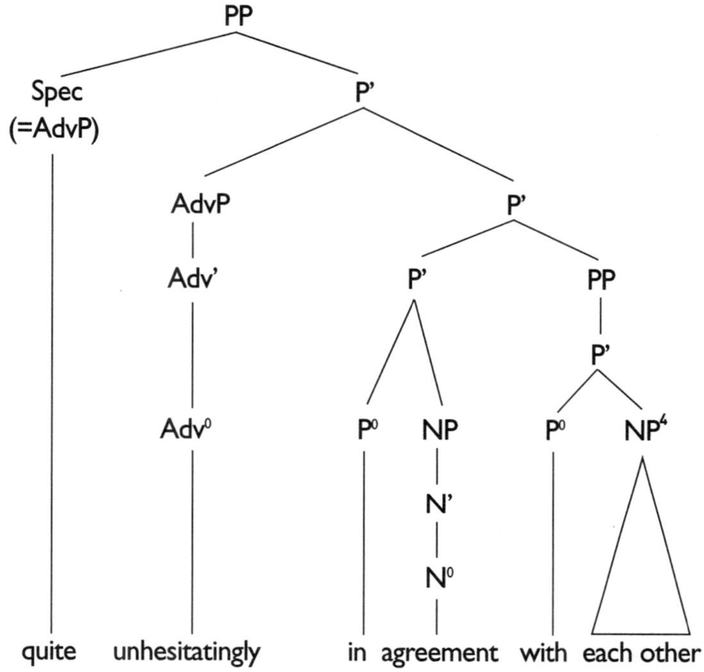

(33) The political commentator proposed [$_{NP}$ a silly preposterous analysis of the crisis]

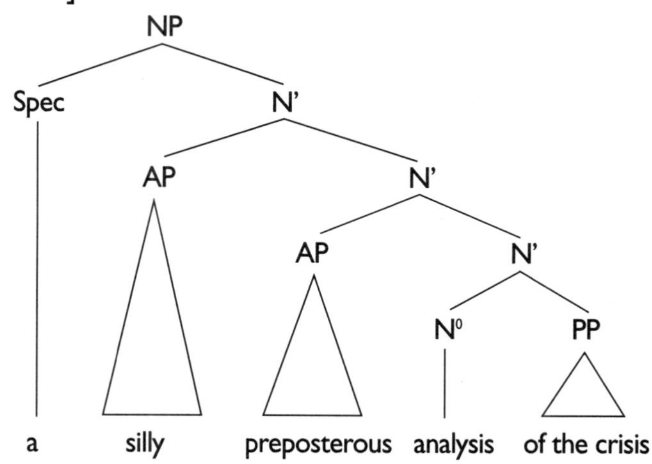

---

4 each other의 내부 수형도는 학자들마다 의견이 달라 일관된 내부구조를 그리기 어렵지만, 일단 'each other'를 상호대명사(reciprocal pronoun)의 범주로 2장에서 분류하였으므로, NP로 설정하겠다.

(34) [NP an [N' [NP American history] [N professor]]]
'A professor who specializes in American history'

(35) [NP an [N' [AP American] [N'[NP history] [Nprofessor]]]]
'A professor from America who teaches history'

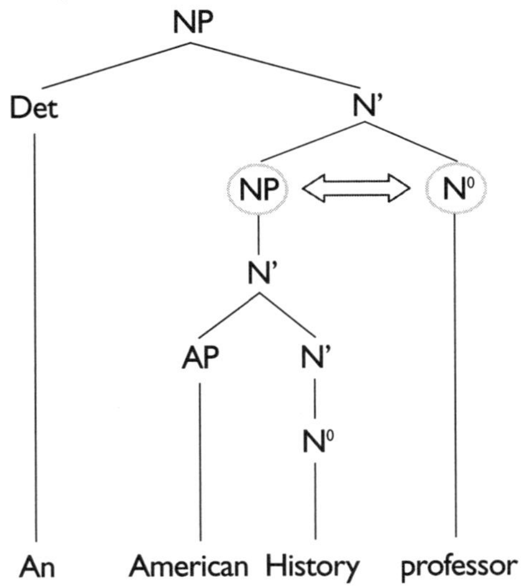

(=a professor who teaches American History, not Korean History)

(36)

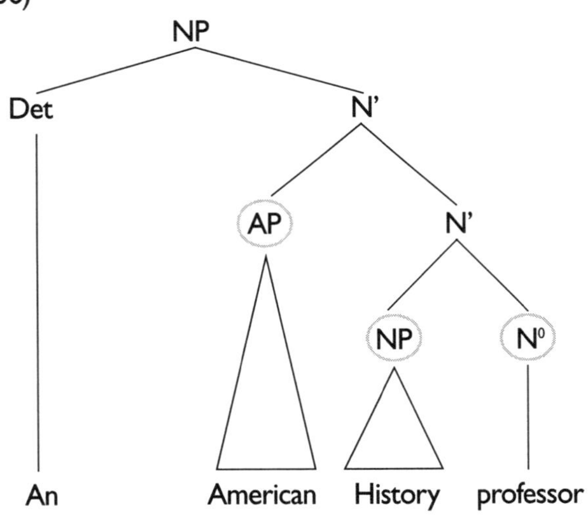

A professor who teaches History and s/he is from America

위의 An American History professor는 그 의미가 중의적인데, 그 이유는 위에서 제시한 두 가지 수형도가 다 가능하기 때문이라고 할 수 있다. 구조와 의미가 1:1의 관계를 가진다는 전제하에서 가능한 설명인 셈이다.

이와 유사하게, An English teacher 역시 그 의미가 중의적인데, a teacher who is from England와 a teacher who teaches English의 의미가 있다. 이런 중의성 역시 이 명사구의 내부구조가 다르기 때문이다.

(37)

a. 'An English teacher'

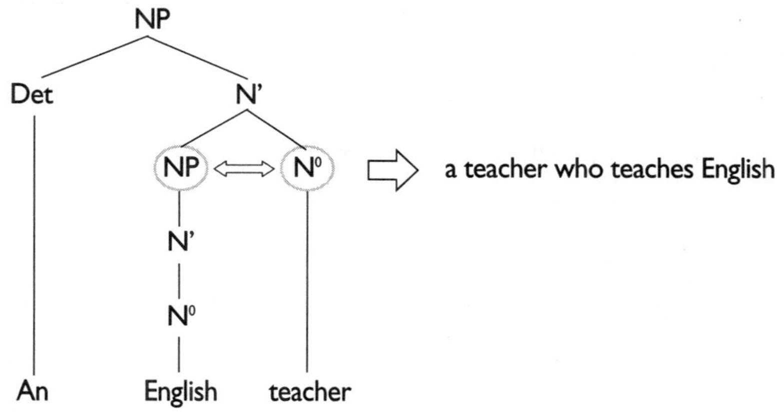

b. an English teacher

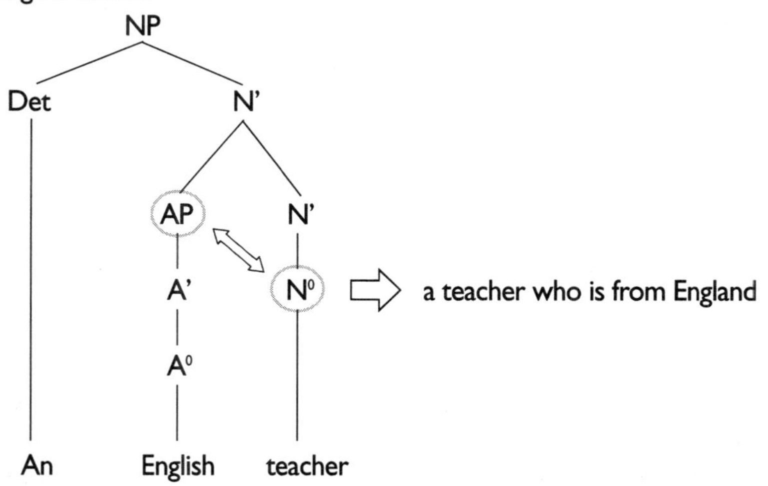

이러한 구조적 차이가 의미상의 차이를 일으킨다는 주장을 뒷받침 할 수 있는 증거가 있다. 그것은 a Korean English teacher가 가능하고, 심지어 an English English teacher도 가능하다는 점이다.[5] An English English teacher의 의미는 '영국출신의 영어선생님' 이라는 의미가 되기 때문에, John is an American English teacher와 대조적으로 사용될 수 있다. 그밖에 음성적으로도 '영어 선생님' 의 의미를 가지는 경우는 English에 주 강세가, '영국인 선생님' 의 의미를 가지는 경우에는 teacher에 주 강세가 있다.

이상의 논의에서 알 수 있듯이, 구조와 의미는 불과분의 관계에 있으며, 문장의 내부구조를 파악하는 것이 통사론의 주요한 과제중의 하나이므로, 차츰 더 많은 문장의 내부구조를 규명하기로 한다.

위에서 우리는 영어의 여러 가지 구와 표현을 핵계층 도식에 맞추어 내부 구조를 살펴보았다. 다음에서는 구보다 더 큰 표현단위인 절이나 문장의 내부구조를 핵계층도식에 비추어 살펴보기로 한다.

우리는 제 5장에서 문장(S)에서 가장 중요한 요소는 시제/굴절소(Tense/ Inflection)이라는 설명을 한 바 있다. 즉, 시제절인지, 비시제 절인지등 문장의 전체적 형태에 영향을 미치고 그 의미에까지 영향을 미치는 요소로서 시제소/굴절소가 있다. 따라서, 이들 시제(T)/굴절소(I)가 핵이 되어 최대투사된 것이 문장이고, C가 최대투사된 단위가 S-bar요소이다. 이런 입장은 핵계층도식과 일관성을 잃지 않으며, 설득력이 있다. S나 S-bar를 핵계층 도식에 따라 그 내부 구조를 그려본 수형도는 아래와 같다.

5 이런 경우 동일한 단어가 반복되는 것을 피하기 위해, 'a British English teacher' 가 대신 사용되기도 하는데, 이 경우 [a [[British English] teacher]] (=someone who teaches British English, not American English)와 [a [British [English teacher]]] (=someone who teaches English who is from Britain, UK)

(39) [$_{TP}$ She traveled to New York]

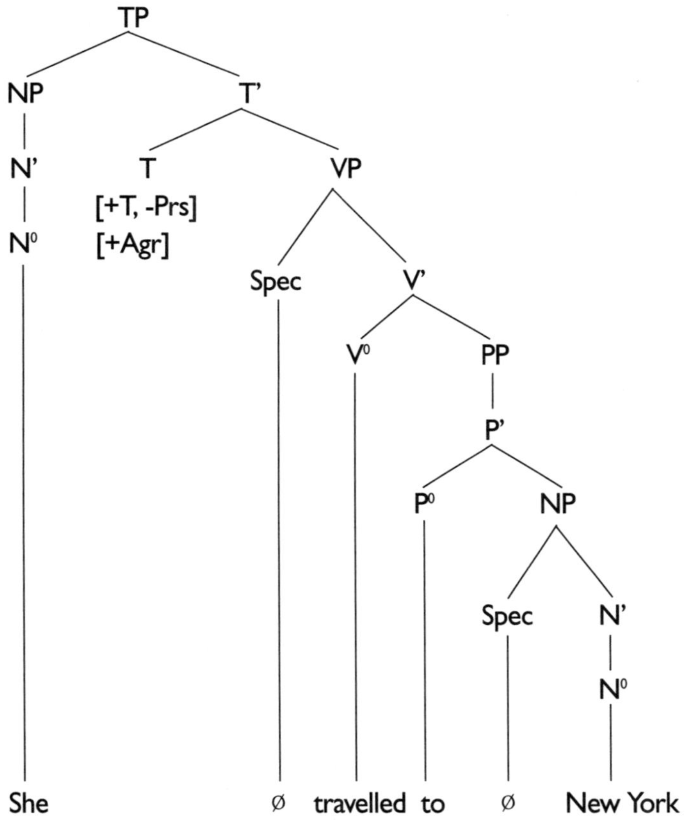

(40) The marshall thinks that Mary should pay the fine

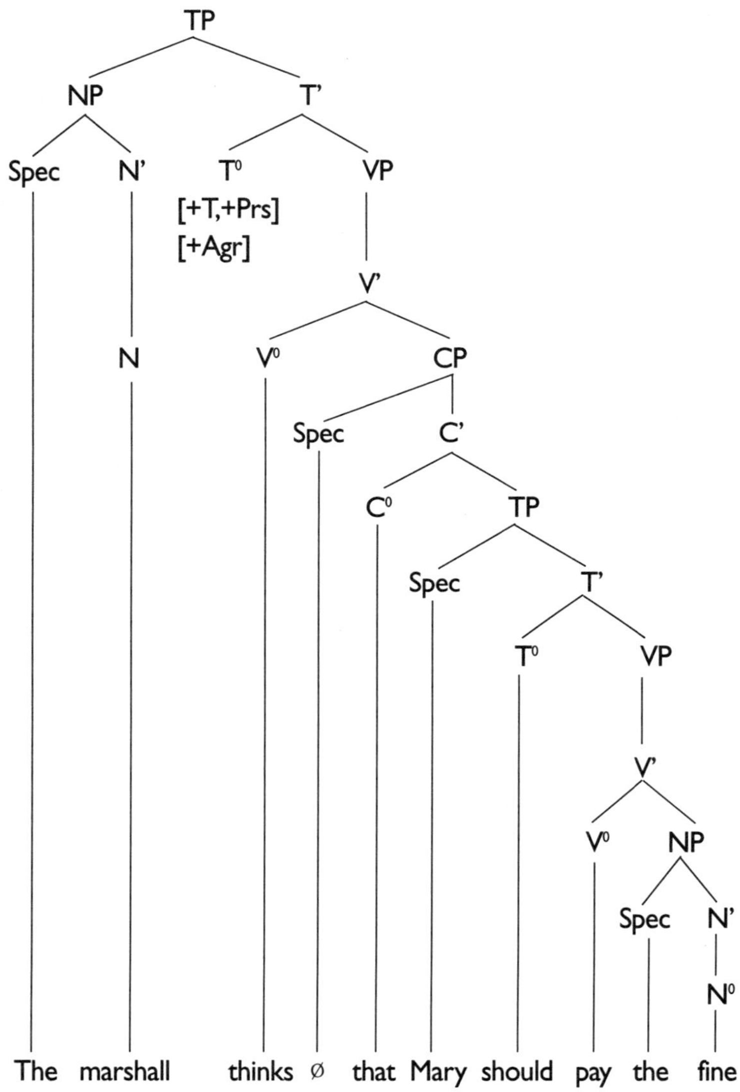

(41) The student will believe the claim that chomsky is a genius.

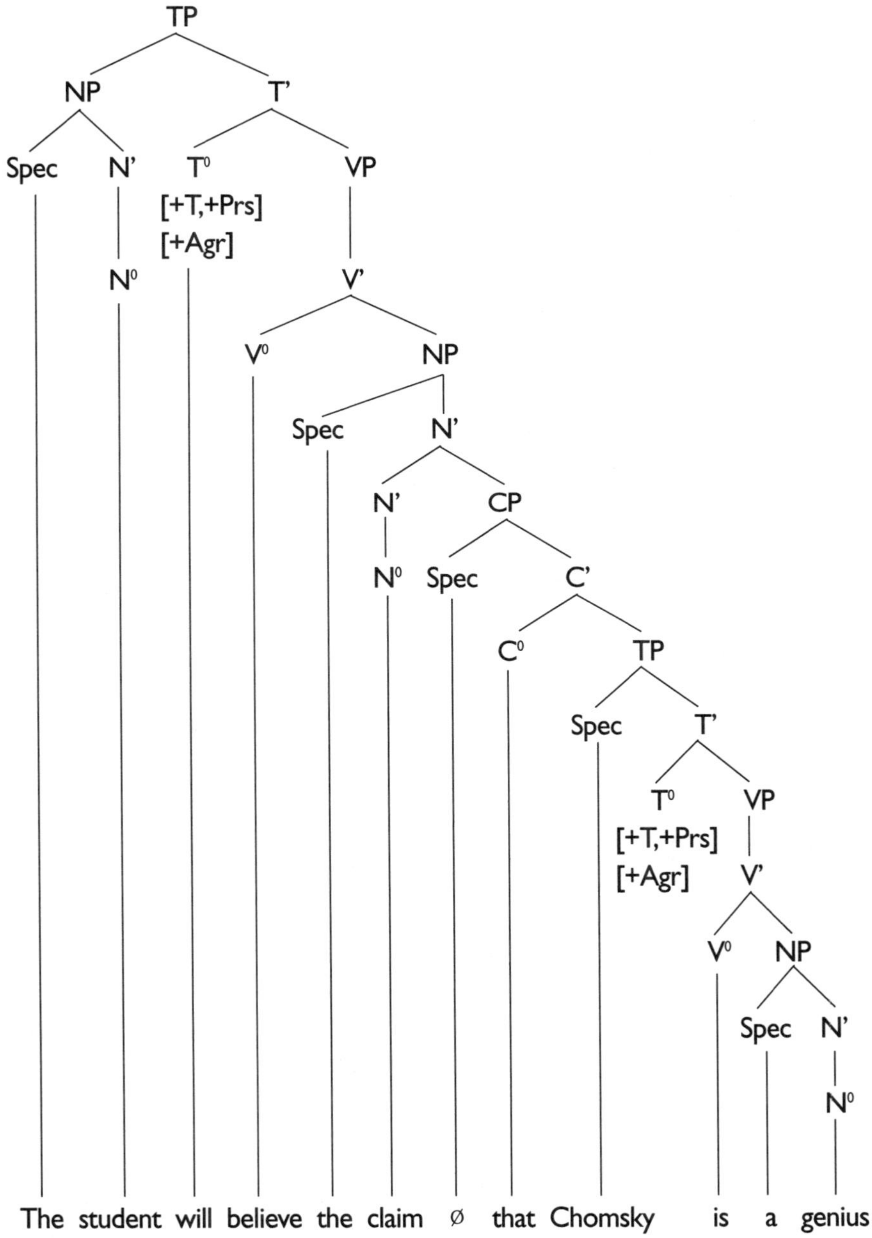

(42) I want to bake a chocolate mousse cake just for you.

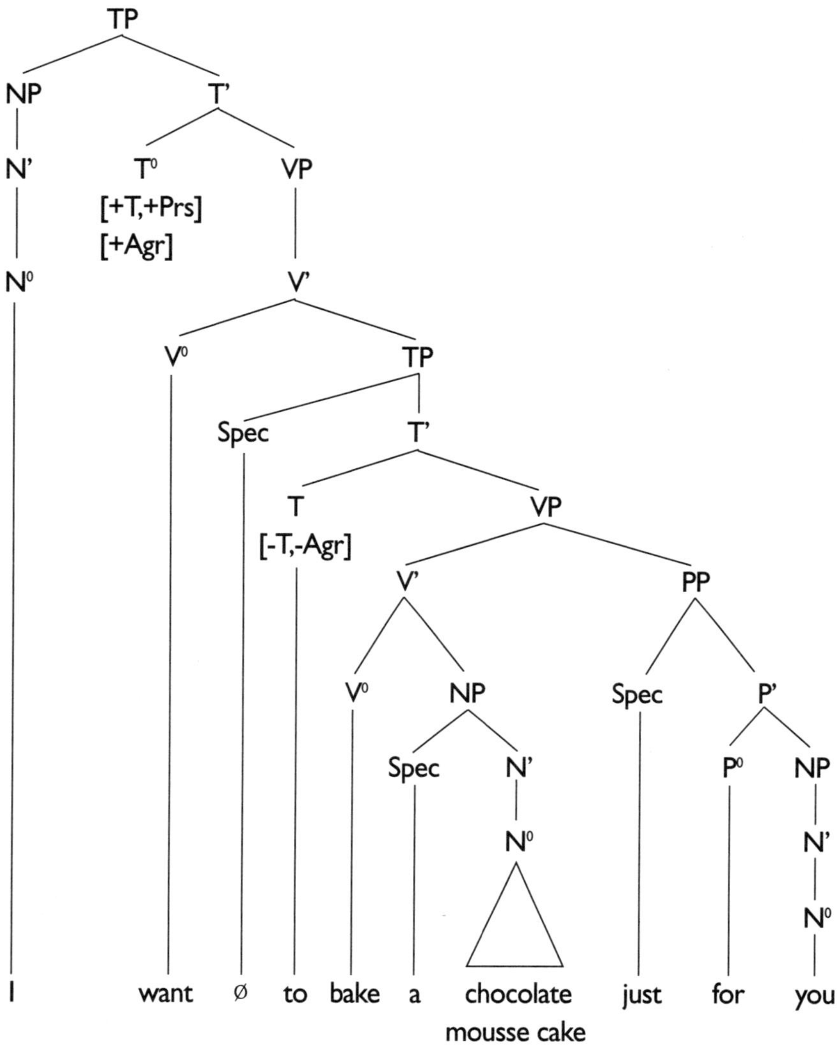

(43) I wanted your caterer to bake a cake for my party.

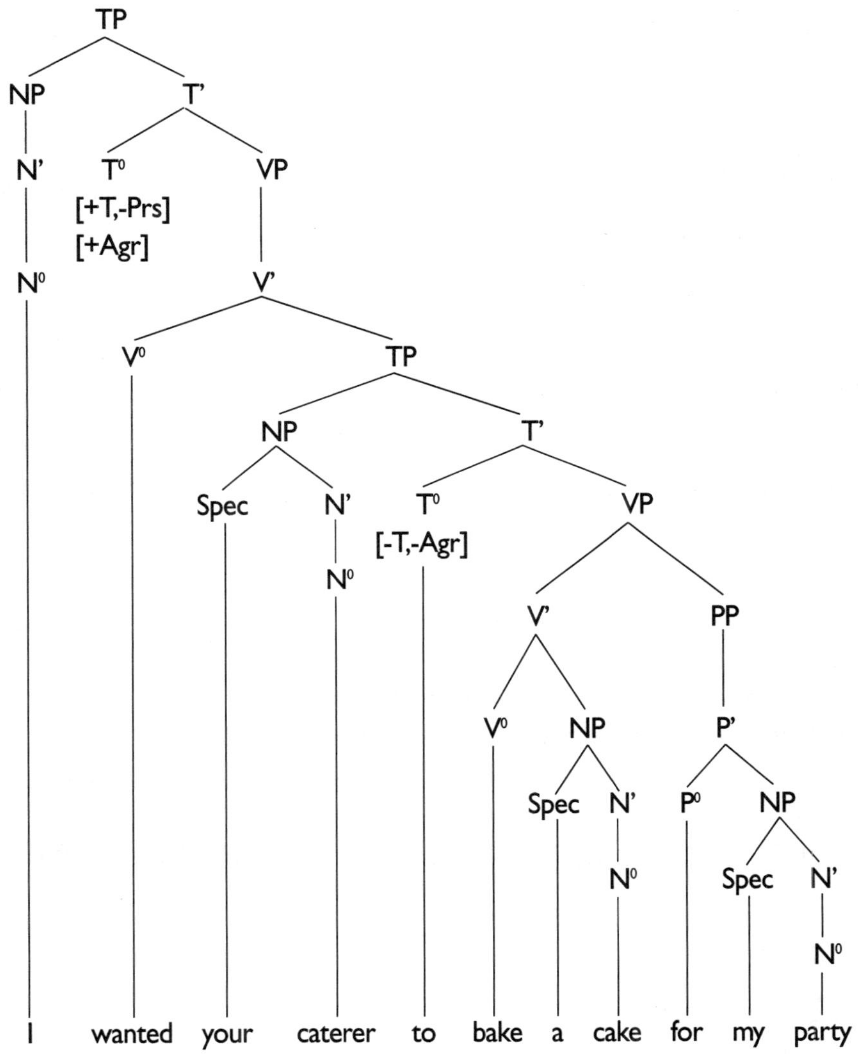

6.2.3. 조동사/ 'to' 와 문장의 핵

핵계층 이론은 모든 표현이 핵범주가 투사되어 최대투사범주가 되는 XP로 이루어진다고 하였지만, 문장(Sentence)이나 절(Clause)은 무엇이 투사되어 생겨난 표현단위인가? 만일 이 의문점을 규명하지 않으면, 일관성이 없는 이론이 될 것이다. 핵계층 이론안에서는 문장이나 절도 다른 구 범주(XP)와 마찬가지로 일종의 XP이며, 이때의 핵은 어휘범주일 때와는 약간 다른 범주가 된다.

우리는 이 절에서 조동사(modal auxiliary)와 원형부정사 'to' 가 IP의 핵의 위치, 즉 I^0 의 위치에서 기저 생성된다고 설명하였다. 그런데 그 점을 논증할 수 있을까? 왜 will, can, shall, may, must등의 조동사나 원형부정사의 'to' 가 I^0 에서 기저생성되는 것일까? 왜 will, can, shall, may, must 등의 조동사들을 I^0 에 위치시키는가? 그 이유는 이러한 조동사들이 나타나는 문장은 어김없이 이러한 조동사에 시제가 실현되기 때문이다.

(44)
a. John could bake a birthday cake for his fiancee
b. *John could baked a birthday cake for his fiancee

그렇다면 왜 'to' 와 서법조동사를 수형도상 동일한 위치에 놓을까? 이에 대한 논증은 다음과 같다.

<u>논증 #1</u>: tense realization

'To' 가 있는 문장은 시제가 없다. 즉, 그 뒤에 따르는 동사는 항상 시제 없는 원형이 사용된다. 따라서, 앞 장에서 우리가 설명한 바와 같이, 문장의 핵이 굴절소라고 한다면, 'to' 와 'will, can, shall, may, must' 등의 조동사는 동일한 위치에 있으며, 'to' 는 비시제문의 핵, 조동사가 나타나는 경우의 문장은 이러한 조동사에 그 핵인 시제가 실현된다.

논증 #2: 분포적 사실

이러한 조동사들과 'to' 는 서로 상보분포적이어서, 이런 종류의 조동사가 나타나면, 'to' 나 나타날 수 없고, modal auxiliary가 'to' 와 함께 나타날 수 없다.

(45)
*He will to sleep.

논증 #3: 의미적 기반

다음의 예문을 살펴보자. (46a)와 (46b)는 의미가 같고, (46c)와 (46d)도 그 의미가 같다고 말할 수 있다. 따라서, 우리는 'should' 와 'to' 가 수형도의 동일한 위치, 즉 T^0의 위치에 놓여지는 요소들이라고 생각할 수 있겠다.

(46)
a. The president isn't sure whether he *should* approve the project.
b. The president isn't sure whether *to* approve the project.
c. It is vital that John *should* show an interest
d. It is vital for John *to* show an interest.

논증 #4: VP-ellipsis

우리는 동사구 생략(VP-ellipsis)이 일어날 때, 조동사는 동사구와 함께 생략되지 못한다는 것을 알고 있다. 즉, 조동사들이 뒤에 남아 있어 동사구만 생략되어 조동사가 남아 있게 된 문장은 문법적이고, 조동사도 함께 생략된 것들은 비문이다.

(47)
a. I don't really want to go to the dentist's, but I should
b. They don't think John should win the race, but I do.
c. *They don't think John should win the lottery, but I.
d. John can't speak Tagalog, but his informant certainly can.
e. *John can't speak Tagalog, but his informant certainly.

한편, 다음의 예를 살펴보자. 'to' 가 있고 없음이 눈에 띄는 유일한 차이점인데, 'to' 가 있으면 문법적이고, 'to' 가 없으면 비문이다. 따라서, 우리는 이런 동사구 생략구문에서 'to' 가 있는 문장이 문법적이라는 말은 조동사의 위치에 'to' 가 있어서, 동사동사구생 일어날 때, 'to' 는 다른 동사구와 함께 생략되지 않고 다른 조동사처럼 뒤에 남겨져 있어야 한다는 것을 보여준다.

(48)
a. *I know I should go to the dentist's, but I just don't want
b. I know I should go to the dentist's, but I just don't want *to*.

논증#5: VP Preposing

(49)
a. John never wanted to eat the mushrooms.
b. [Eat the mushrooms] John never wanted to.
c. *[To eat the mushrooms] John never wanted.
d. Though he tried to major in English syntax, he's never good at it.
e. Major in English syntax though he tried to, he's never good at it.
f. *To major in English syntax though he tried, he's never good at it.

따라서, 'to' 는 마치 서법 조동사처럼 동사구 전치현상이 일어날 때, 뒤에 남겨져 있어야 한다는 것을 알 수 있다. 이런 분포상의 특징에 근거하여, 부정사의 'to' 는 핵계층 도식에서 I^0에 위치한다고 말할 수 있겠다.

기타 'to' 에 관한 흥미로운 사실은 고대 영어에선 'to' 가 원래 전치사이기만 했다는 점과 문법화과정을 거쳐서 원형부정사의 'to' 가 중세영어(약 1500년 이후) 이후에 출현하게 되었다는 점이다.

'to' 에 관한 보충자료로 다음을 살펴보자.

I've never known [Tom criticize anyone]
You mustn't let [the pressure get to you]
A newspaper reporter saw [the Senator leave the sleazy bar]
The teacher made [him dance all night]

Shakespeare 시대의 영어자료는 흥미롭게도 'to' 가 나타나 있다.

I saw [her coral lips <u>to</u> move] (*The Taming of the Shrewd*)
My Lord, your son made [me <u>to</u> think of this] (*All's well that ends well*)
What would you have [me <u>to</u> do]? (*All's well that ends well*)

In Passives, 'to' reappears.

Tom has never been known [to criticize anyone].
The Senator was seen [to leave the sleazy bar].
He was made [to dance all night].

6.2.4. 보충절과 부가절

우리는 이 장에서 핵계층 이론을 배우고, 핵계층 이론에 따른 문장의 내부 구조를 규명하고 있다. 이 핵계층 이론에 의하면, 핵과 자매관계에 있는 보충어와 핵의 모절점과 자매관계(핵과 '이모' 관계)에 있는 부가어는 엄연히 다르다는 점을 이해하는 것이 중요하다.

학교문법에서 흔히 동격절(혹은 내용절)이라고 부르는 절이 있다. 이들 동격절은 관계절과 몇 가지 관점에서 다른데, 핵계층 이론에 의하면 이들은 핵계층 도식상 보충어와 부가어의 위치를 차지하고 있기 때문이라는 설명이 가능해진다. 왜 이들이 다른 특징과 분포를 보이는가를 핵계층 이론이 잘 설명하고 있다는 말이다.

☞ 내용절(Content Clause) vs. 관계절(Relative Clause)

(50)

a. [[The claim [that she is a criminal]] is wrong]
b. [[The claim [that she made]] is wrong]

c. [[The fact [that John is a genius]] is unbelievable]
d. [[The fact [that John told us]] is unbelievable]

e. [[The suggestion [that he might fail]] is disturbing]
f. [[The suggestion [that he made]] is disturbing]

g. [[The conclusion that the researcher has arrived] seems unsubstantiated.
h. [[The conclusion that the researcher must have arrived on time] seems unsubstantiated.

i. A report that he stole was ultimately sent to the police
j. The ugly fact that he was holding a gun indicated his guilt.
k. The message that he would be late for the meeting arrived by special delivery
l. The message that he had sent several days ago arrived by special delivery

위의 자료를 관찰해 보더라도, 보충절과 부가절은 그 분포가 다르다. 보충절은 be와 연결되면 완전한 S(TP), 부가어의 기능을 가진 관계절은 be와 연결되어도 완전한 문장이 아니다. 다음의 예문을 보면 알 수 있다.

*The claim is that she is a criminal vs. *The claim is that she made*

또한, 보충절과 부가절(이 경우, 관계절)의 수형도는 다음과 같이 그 구조가 서로 다르다고 할 수 있다.

(51)

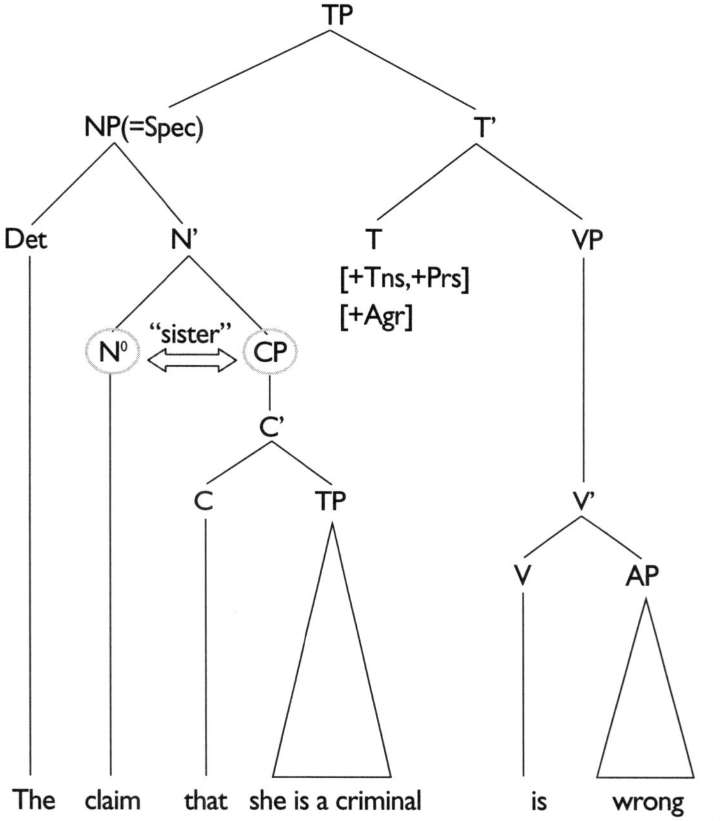
TP
NP(=Spec)
T'
Det
N'
T
[+Tns,+Prs]
[+Agr]
VP
N0
"sister"
CP
C'
C
TP
V'
V
AP
The
claim
that
she is a criminal
is
wrong

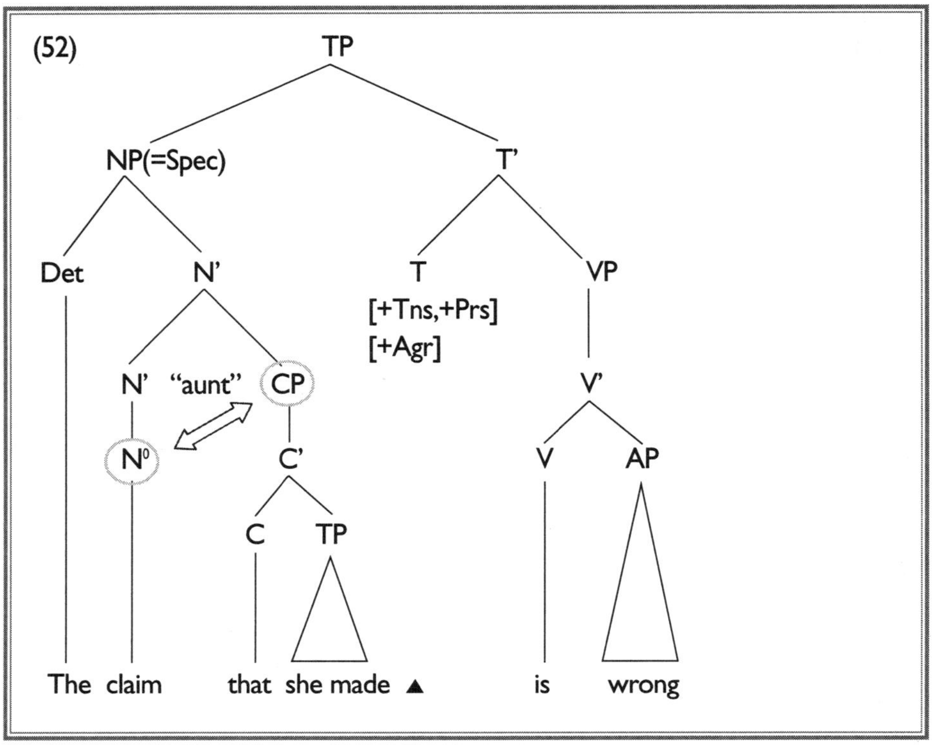

6.3. DP 가설

우리는 앞에서 핵 계층이론을 받아들인 영어 구 구조를 알아 보았다. 이 구 구조들은 어휘범주를 핵으로 해서, 그 핵이 핵 본연의 특성과 자질을 지닌 채 투사되어 생겨난 중간 투사범주로 확대된다. 그리고 이 중간투사(X-bar) 범주들이 지정어와 결합하면, 더 이상 투사될 수 없는 최대투사(XP) 범주에 이르게 된다. 또한 문장(S)와 문장보다 더 큰 보문소까지를 포함하는 S-bar도 TP와 CP로 간주함으로써, 핵 계층이론은 보다 일관성이 있고, 설명력이 있는 이론이라는 것을 우리는 알게 되었다.

한편, 2장에서 논의한 바와 같이 어휘부의 어휘들을 8개의 범주명으로 분류하였으며, 감탄사를 제외한 나머지 7개의 범주는 모두 어휘범주로서 핵 계층이론에 부합되는 XP를 생성할 수 있을 것으로 기대한다. 그럼에도 불구하고, 한정사는 예외적으로 지정어의 위치에 있으며, 이 지정어는 최대투사범주가 아니고 어휘범주였다.

다시 말하면, 핵 계층 도식상에서 보충어(complement)나 부가어(Adjunct)는 모두 XP로써 제 위치를 차지하지만, 지정어(specifier)의 경우는 왜 어휘범주(X0) 일까라는 의문점이 생기게 된다. 또한, 보문소(Complementizer)는 보문소구 (Complementizer Phrase, CP)로 투사되는 등, 핵 계층 도식이 상당히 일관성이 있게 문장/구 구조를 설명할 수 있는데 반해, 지정어의 가장 대표적인 범주인 한정사는 "나 홀로" 어휘범주인 채, 더 이상 투사되지 않는다는 일관성 결여의 문제를 안고 있었다.

지금까지의 문제점을 요약정리해 보면 다음과 같다.

첫째, 핵계층 도식에서 왜 지정어(Specifier)만 어휘범주 한정사(D)가 출현하는가?
둘째, N, V, A, P, Adv, C이 모두 NP, VP, AP, PP, AdvP, CP으로 최대투사되는데 왜 D는 DP로 투사되지 않는가?
셋째, 영어의 동명사구는 명사구 (NP)라고 해야 할 여러가지 이유가 있는데, 명사구라면 N이 핵이어야 할 것으로 예측하지만, 실제로 동명사구의 핵은 V일 수밖에 없는 범주라는 문제는 어떻게 해결해야 하는가?
넷째, 문장(S)과 명사구(NP)는 여러 가지 측면에서 서로 유사한 통사적 유형을 보인다. S를 TP라고 한다면 NP도 이와 유사한 도식에 맞추어 설명할 수 있어야 하지 않는가?

첫째와 둘째의 문제는 핵계층 이론상의 일관성 결여의 문제이며, 셋째와 넷째의 문제는 경험적 문제에 해당된다. 이 절에서는 셋째와 넷째의 문제에 관련된 여러 영어 동명사구를 살펴보면서, DP 가설을 설명하고자 한다. 따라서, 지금까지의 NP는 DP(혹은 DetP)라고 명명하게 된다. 우선 D의 통사의미적 특징은 무엇인가?

첫째, D는 C와 T처럼 기능범주이다.
둘째, D와 N은 마치 주어-동사의 일치 문제처럼 수(number)에 있어서 일치 관계를 가진다.

(53)
a. This student vs. *this students
b. These students vs. *these student

③ D는 근접성(proximity), 친근성(familiarity), 그리고 양화(quantification)관계를 보여주지만, 뒤 따르는 명사구에 의미역은 할당하지 않는다.

따라서, those letter는 다음의 구 구조를 가지고 있다.

(54)

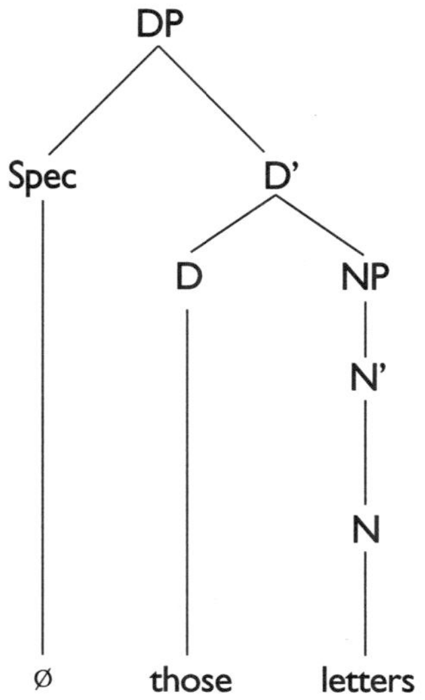

(55)

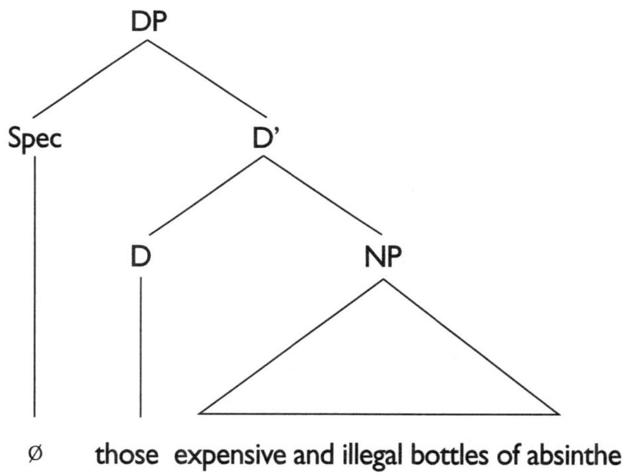

또한 영어는 한정사 없는 복수 명사(bare NP)가 출현할 수 있다.[6]

---

6 예를 들면 불어는 한정사 없는 복수 명사구를 허용하지 않는다.
*J' ai ecrit lettres
I-have written letters
J' ai ecrit des lettres
I-have written some letters

(56)

a. I wrote letters

b. We ate Jellyfish

c. I wrote a/the/ letters

d. * I wrote ø letter

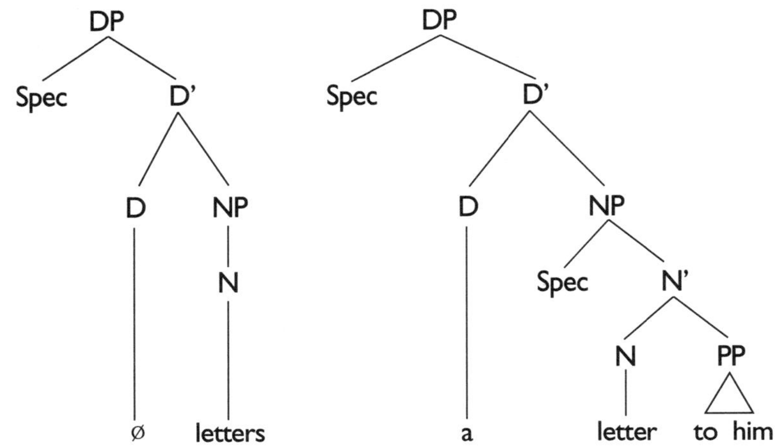

만일 이렇게 'a student' 가 이제 DP 가설을 받아 들이면, NP가 아니고 DP가 된다. DP가설의 장점을 다음의 세가지로 요약해 볼 수 있다.

첫째, 아래 (57)같이 동격의 구로 연결된 구를 잘 설명할 수 있다.

(57)

a. [We linguists] love to argue

b. [You friends of the king] are all the same

(58)

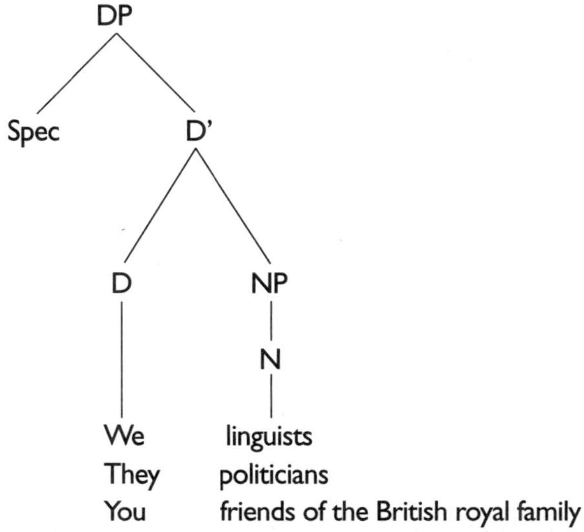

둘째, 영어의 동명사구는 핵계층 이론에 문제를 일으키는데, DP가설을 수용하면 잘 설명할 수 있다.

(59)
a. [John's purchasing a Ferrari] was a shock to me
b. [Mary's translating the Veda into English] took her a lifetime
c. [Studying Chomskyan syntax] is a lot of fun.

(59)를 보면 곽 괄호속의 요소들이 NP의 역할을 하고 있으며, 동명사구라고 불려온 요소들이다. 이들의 구 구조는 어떤 형상일까? 만일 DP 가설을 수용하지 않고, 지금까지의 핵 계층도식에 맞추어 그려보면 다음과 같다.

(60) DP가설 수용하지 않고 그린 수형도

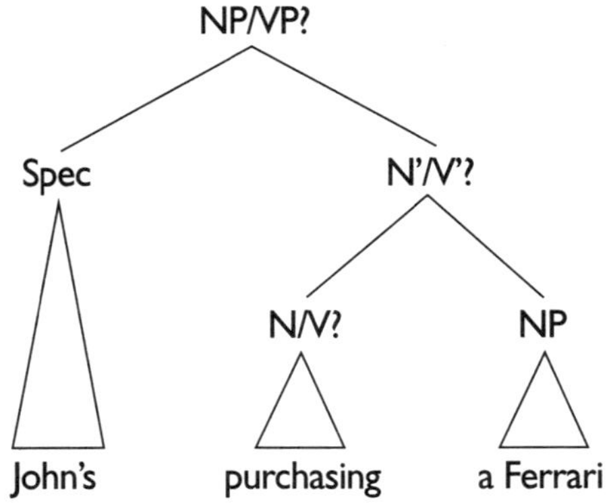

위 수형도 (60)의 문제는 무엇인가? (59a)에서 'John' s purchasing a Ferrari' 는 주어의 역할을 하는 명사구이다. 그런데, 이 명사구의 핵은 purchasing이라는 V이다. 핵계층이론에 의하면 명사구의 핵은 명사여야 하지만, purchasing은 바로 뒤에 NP를 보충어로 가진 동사이다. 명사구의 핵이 동사가 되는 모순이 생기는 것이다.참고로 자체 주어가 없는 전형적인 동명사 구문 (60c)의 수형도는 아래에 제시되어 있다.

(61)

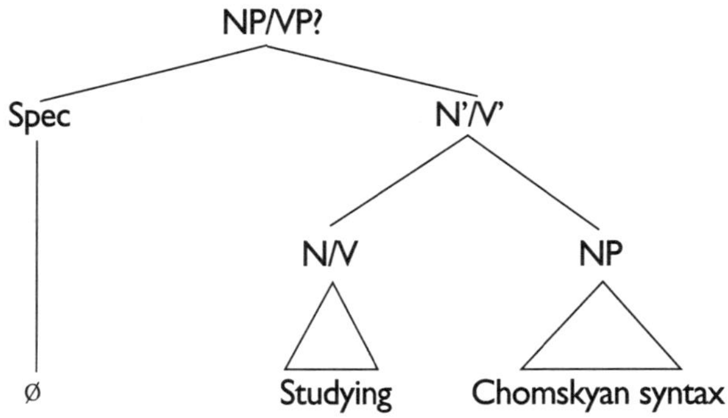

(61)같은 명사구가 나타난 예문으로 'Studying Chamskyan syntax is challenging' 이 있다. 한 가지 중요한 점은 술어 'Studying' 의 주체가 누구인가 하는 문제인데

이는 PRO라고 불리는 암묵적인 논항이다.

따라서, 만일 DP 가설을 수용해서 동명사구의 구조를 제시한다면, (62)이 될 것이며, DP 가설을 수용하면 핵계층 이론이 가지고 있던 문제가 일부 해소된다.

(62) DP가설을 수용하여 그린 동명사구 수형도

a.

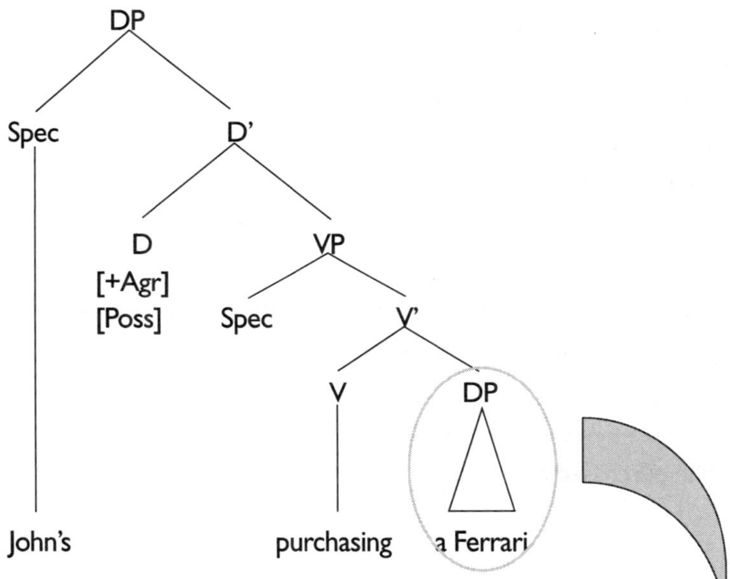

b.

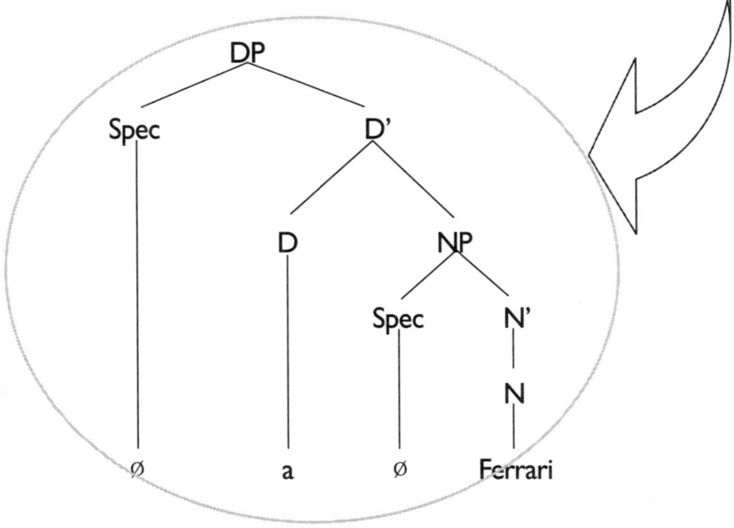

DP 가설을 수용해서 그린 (62)는 조금 복잡하긴 하지만 또 한가지 장점이 있다. 그것은 DP가 IP와 상당한 유사성이 있다는 점을 포착할 수 있다는 것이다. 다음을 고려해 보자.

(63)
a. [John' purchasing a Ferrari] shocked everyone in the department
a'. John purchased a Ferrari
b. [Mary's translating the Veda into English] took her a lifetime
b'. Mary translated the Veda into English
c. [The therapist's analysis of the CEO] seems ridiculous.
c'. The therapist analyzed the CEO

위에서 (a), (b), (c)는 각각 (a'), (b'), (c')과 유사성이 있다. John은 주어고, purchasing은 술어며, a Ferrari는 직접목적어에 해당된다.

(64) IP: John purchased a Ferrari

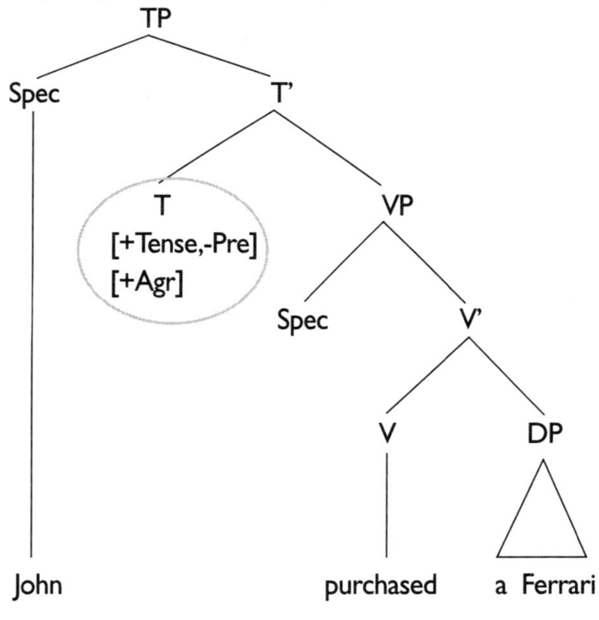

(65) DP: John's purchasing a Ferrari

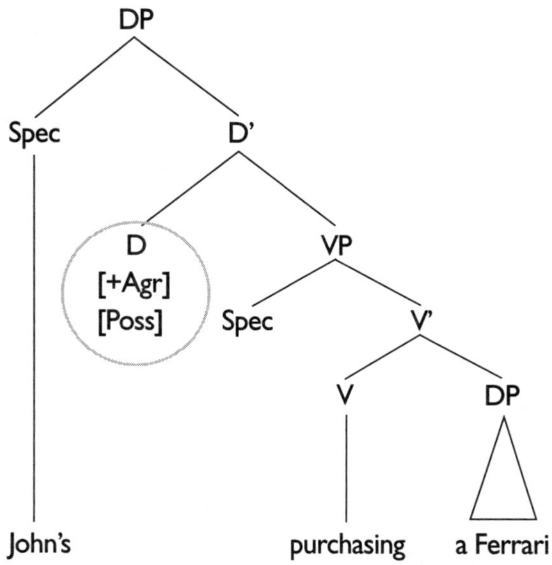

위 수형도 (64)와 (65)는 완전히 그 형상구조가 동일하다. 따라서 동명사구와 시제절 (TP)이 가지고 있는 동일한 의미구조를 잘 설명할 수 있다.

▪▪▪ 연습문제

1. 다음에 주어진 구 구조 규칙에 맞는 영어문장인지 판단하고, 그 수형도를 그리시오. (어휘부는 사전이나 본인이 알고 있는 단어를 사용하시오)

S' -〉(Comp) S
S -〉 NP (AUX) VP
VP -〉 V $\left\{ \begin{array}{l} \text{NP (PP)} \\ \text{S'} \end{array} \right\}$
NP -〉 Det N
PP -〉 P NP

a. John thinks that the witness saw the criminal with the gun
b. That the police arrested the man shocked everyone
c. I believe the professor would teach the students in the conference room
d. They believed that the student claimed that Mary should have studied syntax at Harvard.

2. 다음 예문의 수형도를 핵계층 도식에 맞추어 그리시오.

a. The idea that John should be promoted annoyed Susan.
b. John is very fond of French wine.
c. This is the very book that I wanted for a long time.
d. The book about plastic surgery is on the market.
e. The suggestion that he might fail is disturbing
f. The suggestion that he made is disturbing

3. 다음에 다양한 문장의 형태들이 주어져 있다. 이들 문장의 수형도를 핵계층 도식에 맞추어 그리시오.

a. Coffee grows well in Columbia
b. I know that coffee grows well in Columbia
d. That coffee grows well in Columbia is well-known to everyone

d. The shop manager told the customer that coffee grows well in Columbia
e. His understanding is that coffee grows well in Columbia.
f. He is certain that coffee grows well in Columbia
g. His claim that coffee grows well in Columbia seems groundless
h. It is obvious that coffee grows well in Columbia

4. 다음 주어진 글을 읽고, [an English teacher]가 가지는 두 가지 의미를 핵계층이론과 연관지어 설명하고 수형도를 그리시오.

Dr. Taylor is American, but he is very English; he drinks Early Grey hot every morning, and plays Polo on weekends. He is an English teacher.

Mrs. Davis is from England, and she teaches History at Seoul International School. She is an English teacher, isn' t she?

5. 다음의 수형도를 핵계층 도식과 DP가설에 맞추어 가능한 한 자세히 그리시오.

a. The queen of England' s tiara
b. the editor of the New Yorker magazine' s car
c. His every wish (was granted)

6. 다음의 자료를 보고 수형도를 그려보시오.

a. the man's idea
b. one of our oldest friend' s idea
c. *The Paul' s idea
d. [Evan' s every idea] was completely wrong
e. [The emperor' s every wish] was realized

Chapter 07

변형문 형성규칙 I(핵이동)

이 장에서는 문장과 문장의 관계를 설명해주는 주어-조동사 도치, 접사이동규칙, 동사이동이라는 세 가지 변형규칙을 제시한다. 문 형성의 규칙은 크게 둘로 나뉘는데, 하나는 핵이동이라는 X^0범주의 이동과 구범주에 해당되는 XP범주의 이동이다. 이 장에서는 핵 이동에 대해서 설명하는데, 첫째는 접사 이동, 둘째 조동사 인상, 그리고 셋째로 주어-조동사 도치 현상에 대해서 설명한다.

•• 핵심용어 및 개념

Affix 접사
Affix Hopping 접사 이동
Head movement 핵 이동
Verb Raising , Auxiliary Verb Raising 조동사 인상
Subject-Auxiliary Inversion (SAI) 주어-조동사 도치
X^0 movement 핵범주 이동

Chapter

07 변형문의 형성규칙 I(핵 이동)

7.1. 접사이동과 do-지원

영어의 동사군은 상당히 흥미로운 일관성을 보인다. 학교 문법에서는 흔히 시제를 설명할 때, 과거(past)-현재(present)-미래(future)로 나누지만, 현대 통사이론에서는 영어의 시제를 과거와 현재, 두 가지로 나누는데, 그 근거는 동사에 형태적으로 굴절이 나타나는 경우만을 시제로 본 것이다. 예를 들면, 영어가 아닌 Gaelic 같은 언어는 과거와 미래시제만이 동사의 굴절로 표시되고, Irish 같은 언어는 과거-현재-미래시제가 다 형태적으로 동사에 굴절되어 나타난다. 이에 비해 영어는 동사 자체가 굴절하는 경우는 과거-현재 뿐이고 미래의 의미나 개념은 will이나 be going to 등의 다른 요소를 도입함으로서 표현할 수 있다. 그런 의미에서 영어의 시제는 과거와 현재(또는, 과거/비과거)로만 나누는 것이다. 이 점은 Germanic 언어군에 속하는 언어들의 특징이다(Denham & Lobeck, 2010).[1]

영어의 동사가 여러 개 있을 때 일정한 순서로 나타나는데, 일단 이를 도식화 해 보면 아래와 같다.

〈표〉

	서법 -	부정 -	완료상 -	진행상 -	수동태 -	본동사
VP = Tense	(Modal)	(Neg)	(Perfect)	(Progressive)	(Passive)	Main Verb
Pst/Prs	will	not	have+en	be+ing	be+en	Verb

1 128쪽 참조할 것.

위의 도식에서 쉽게 알 수 있듯이, 타원으로 표시된 모든 요소들은 구속형태소들이다. 인간의 언어에는 어떤 구속형태소도 홀로 독립하여 시용될 수 없다는 언어보편적인 원리(Stranded Affix Filter)가 있으므로, 이들에게 접사이동 규칙이(Affix Hopping) 적용된다. 접사이동 규칙이 morphosyntactic(형태 통사적) 규칙인지 아니면 음성부에서 일어나는 PF 규칙인지에 대해서 여러 가지 의견이 있으며, 최근에는 많은 학자들이 이 Affix Hopping 규칙이 음성부에서 일어나는 규칙이라고 주장하고 있다. 위의 도식에 입각하여 영어의 해당 예문을 살펴보자.

(1)
a. The company *would not have been being taxed* three times this year.
b. His speech *might not have been being understood* as much.
c. She *should have done* her homework assignment.
d. *Should* you *have studied* English Syntax harder?
e. Is your boss *being* nasty today?
f. *Must* you *have done* that?
g. The man that I met last night *could have been being arrested* at the party because he was stoned.

이상과 같이 본동사의 경우 T-절점에 들어있던 각종 시제소가 뒤따르는 동사에 하강하여 동사의 굴절이 실현된다.

우리는 여기서 접사이동이라는 규칙을 설명하겠지만, 보다 최근의 최소주의 통사이론에서는 접사가 이동해서 동사굴절이 완성된다고 보는 것이 아니라, 이미 완전히 굴절된 어휘가 문장도출에 관여(진입)하는 것이라고 본다. 즉 만일 문장 가운데 'destroyed' 가 쓰였다면, 'destroy + -ed' 라는 접사이동의 방식과 처음부터 'destroyed' 가 사용되는 방식이 있는데 최소주의 통사이론은 후자를 수용한다는 말이다.

위의 표에서, 시제소와 본동사만이 반드시 출현하는 요소이고 나머지 요소들은 선택 사양인데, 선택이 되면 접사에 해당되는 요소들은 뒤 따르는 요소(host)에 부착되어 굴절이 실현된다.

7.2. Have/Be동사 이동Verb Movement/Verb Raising[2]

우리는 지금까지 접사이동에 대해서 알아보았다. 이제부터 have/be 동사가 조동사로서 나타나는 예문을 살펴보고 이들 문장의 수형도를 통해 그 구조를 알아보기로 한다.

일반 어휘 본동사와 달리 조동사류인 'have' 와 모든 'be' 동사는 동사이동을 하게 된다. 우선 해당 예문을 살펴보자.

(2)
a. He *has* broken the mirror.
b. I *was* dreaming.
c. He *has not* broken the mirror.
d. I *am probably not* dreaming.
e. He *has probably not* broken the vase.
f. I *should have* studied syntax.

(학자에 따라서는 VP/V'/V 대신에 *PerfP/Perf'/Perf, ProgP/Prog'/Prog*를 사용하기도 한다. *Radford* 1988, 1997)

왜 어휘동사는 T-절점에 있던 접사가 하강하는데 비해, 'have' 와 'be' 는 T-절점으로 인상해서 굴절이 실현되는가? 아니면 이런 동사이동을 논증할 수 있는가? 이러한 의문에 대한 논증을 다음에 제시한다. 우선, 접사가 하강하는지, 조동사 'have' 와 'be' 동사가 T-절점으로 인상하는지는 겉으로는 알 수 없다. 그러나, 다음의 논증방법에 의거해서 우리는 'have' - 'be' 가 인상한다는 점을 알 수 있다.

2 이 이동은 핵 이동이라고 하고, V^0의 위치에 있던 'have' 가 다시 핵인 T^0의 위치로 이동하기 때문에 V^0 - T^0 이동이라고도 한다. 핵은 핵으로만, 구범주는 구범주의 위치로만 이동한다는 가설은 구 구조보존의 가설로 J. Emonds (1976)에 제시하였으며 최근 Hornstein (2009)에서도 다시 논의 되고 있다.

☞ 조동사 인상 (Auxiliary Verb Raising) 논증하기

<u>논증 #1</u>: 부정문을 근거로

부정부사 'not' 을 동사구 VP의 지정어 위치에 오는 요소라고 생각해 보자.[3] 그렇다면 다음의 부정문은 다음의 구조를 가진다.

(3)
a. John [$_I$ may] [$_{VP}$ not [HAVE finished]]
a'.=> He may not have finished

b. He [$_I$ may] [$_{VP}$ not[BE working as much as he should]]
b'.=> He may not be working as much as he should

c. John [$_{I^0}$ [not [HAVE finished]] => John has not finished.
c'. [I^0.... [not [HAVE +EN ... [BE + ING ... [study hard]]]]]

부정문이 아닌 긍정문의 경우는 'have' 가 VP의 핵의 위치에 있는지 아니면 T-절점으로 조동사 이동했는지 알 수 없다. 그러나 부정문의 경우는 'not' 이 존재하고, 'have' 가 'not' 의 앞에 위치하는 것이 눈에 보이게 된다. 따라서 우리는 부정문의 경우를 예로 들어서 'have' 가 T-절점의 위치로 인상된다는 주장을 할 수 있다.

만일 'have' 가 이동하지 않는다면, 최후의 수단으로서 do-지원이 적용되어서 (4) 같은 비문이 생겨날 수 있다. 따라서, 영어의 모국어 화자가 (4)같은 문장을 발화하지 않고, 비문이라고 생각하는 점을 설명하려면, 'have' 가 T-절점으로 이동해간다고 주장해야만 한다.

(4) *John did not have been studying hard.

3 실제로 보다 최근의 입장은 VP와 TP사이에 다른 최대투사범주인 NegP가 있다는 것이 일반적으로 수용되는 입장이다. 그것은 부정어 요소인 'not' 이 일반적으로는 항상 조동사 다음에 위치하기 때문이다.

논증 #2: modal auxiliary의 출현을 근거로

'have' 가 조동사 인상한다는 것을 증명할 수 있는 또한 가지 사실이 있다. 그것은 'will' 'shall' 'can' 'may' 'must' 같은 조동사가 있는 예문에서는 'have' 가 항상 원형인 채 출현한다는 점이다. 왜 서법 조동사(modal auxiliary verbs)가 있는 예문의 경우는 'have' 가 조동사 이동(VR)하지 않는가? 이 문제에 대한 대답은 결국, T-절점이 서법조동사로 채워져 있기 때문에 'have' 가 조동사 이동해 들어갈 자리가 없기 때문이라고 설명할 수 있다. 이 점이 바로 'have' 가 T-절점으로 이동하는 경우를 논증해 준다고 말할 수 있다.

(5)
a. You will *have* to be on a low-sodium diet; Your blood pressure is way too high.
b. The man could *have* been more forceful; I hate a man who is wishy-washy.
c. The students must *have* joined the conference.

논증 #3: 'have' contraction을 근거로 (Radford 1988 pp.406-407)

'have' 는 강세가 있으면 [hæv]로 발음되고, 강세가 약화되면 [həv] 또는 [əv]로 발음된다. 따라서,

(6)
a. I have finished the homework assignment ➡ I've
b. They have finished the job ➡ They've
c. We have finished the work ➡ We've

(7)
a. I could have been playing tennis, and you could have been playing football.
b. I could have been playing tennis, and you ø have been playing football.
c. (X) ➡ I could have been playing tennis, and you've been playing football.

(8)
a. I could have been playing tennis, and you have been playing football.
b. I could have been playing tennis, and you've been playing football.

그런데, (6)에서 'you/they/we' 와 'have' 는 서로 이웃해 있고, 이런 경우 대명사 주어와 조동사가 축약된다. 그런데, (7b)은 조동사가 생략된 현상이다. 그럴 때, 외견상으로만 보면 (7b)도 'you' 와 'have' 가 이웃해 있는 것처럼 보인다. 그러나 이 경우(7b)는 축약이 일어나지 않는다.

혹자는 (7b)에서 (8b)가 생겨난 것 아닐까 하고 생각할 수 있지만, (8b)는 (7b)와 의미가 다르다. 따라서, (8b)는 (7b)가 "대명사 주어-조동사" 축약되어 생겨난 결과가 아니다.

그러면, 왜 (7a)의 의미일 때, (7c)는 가능하지 않을까? 이에 대한 대답은 바로 T 절점이 modal auxiliary나 그 흔적으로 채워져 있기 때문에, 축약이 일어나지 않고, (7b)인채로 축약없이 발화되는 것이라고 설명할 수 있다.

이제 핵이동의 한 예에 해당하는 동사인상이 일어난 구문의 수형도를 살펴보면서 이러한 문장의 내부구조를 확실하게 알아보자.

(9) Verb Raising

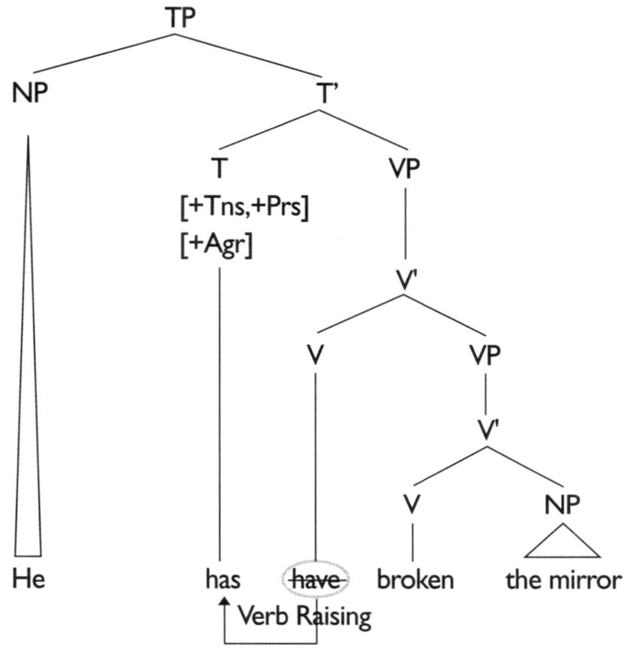

(10)

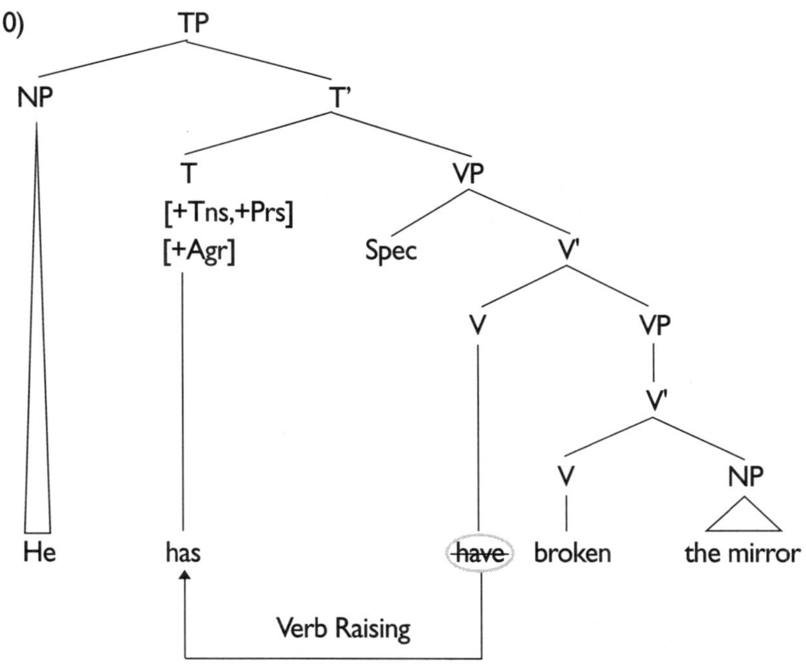

(11)

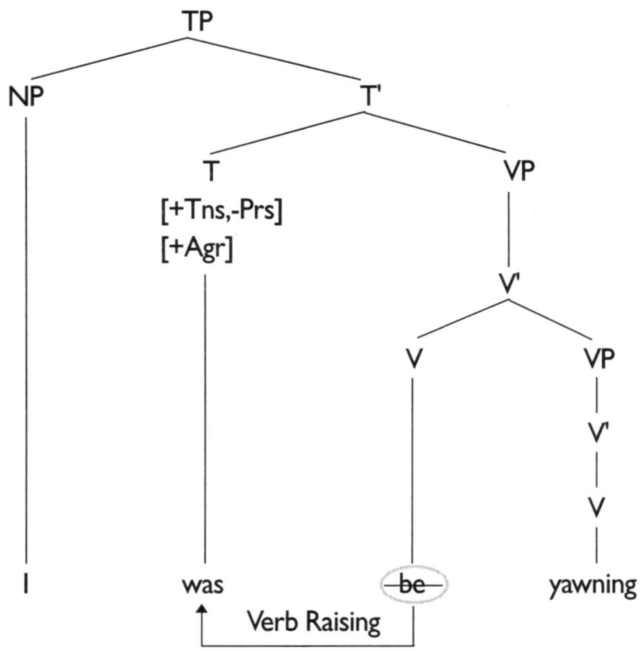
TP
NP
T'
T
[+Tns,-Prs]
[+Agr]
VP
V'
V
VP
V'
V
I
was
be
yawning
Verb Raising

(12)

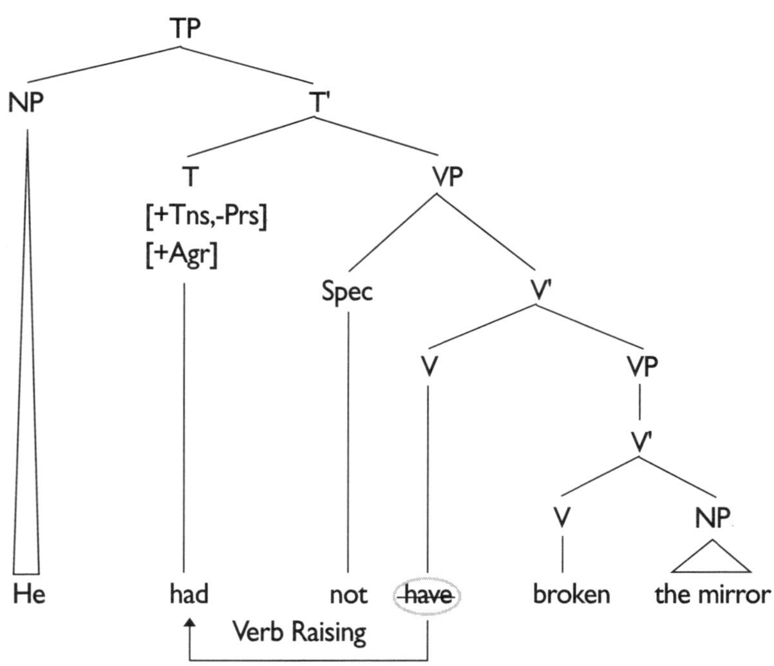
TP
NP
T'
T
[+Tns,-Prs]
[+Agr]
VP
Spec
V'
V
VP
V'
V
NP
He
had
not
have
broken
the mirror
Verb Raising

수형도 (12)를 살펴보면, 부정어구(즉, 부정부사, 'not')가 있을 때도 'have' 가 T의 위치로 인상된 것을 확인 할 수 있다. 만일 인상되었다는 것을 전제하지 않으면, (13)같은 예문의 생성을 막을 수 없을 것이다.

(13) *He did not have broken the mirror

따라서, '조동사로 사용된 'have' 는 T-절점으로 인상되며, 모든 'be' 동사 역시 T-절점으로 인상된다. 조동사로 사용된 'have' 라고 하는 이유는 미국영어의 경우 'have' 가 본동사나 경험등을 나타내는 의미의 동사로 사용될 때 Verb Raising되지 않고 제자리에 있어 결국 do-지원이 일어나는 것이다.

(14)
a. John had a slice of pizza last night.
b. John didn't have anything last night.
c. Did he have any foreign friends?

(15)

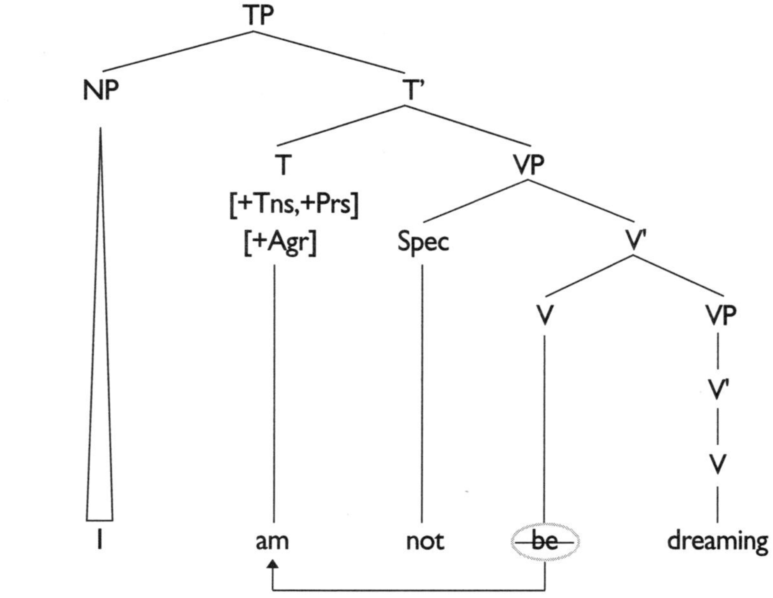
TP
NP
T'
T
[+Tns,+Prs]
[+Agr]
VP
Spec
V'
V
VP
V'
V
I
am
not
be
dreaming

(16)

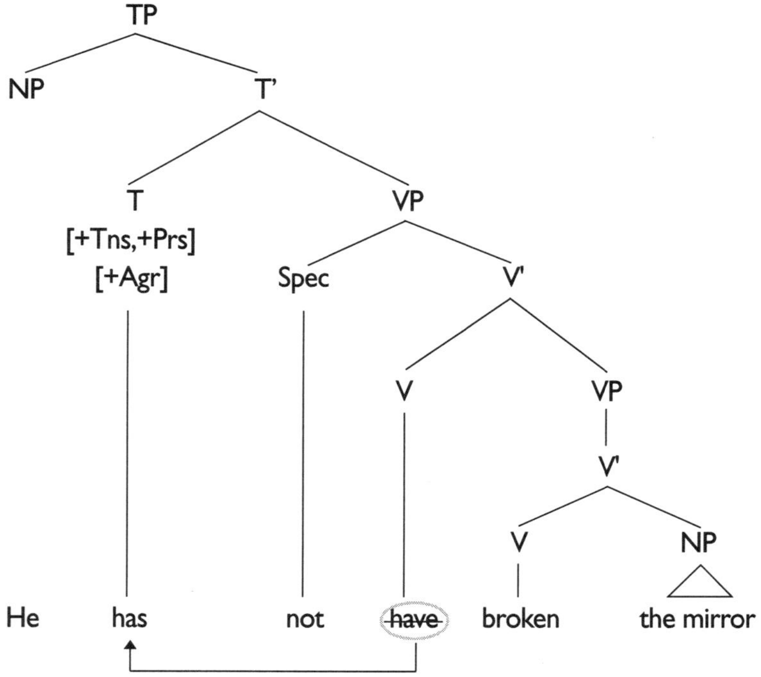
TP
NP
T'
T
[+Tns,+Prs]
[+Agr]
VP
Spec
V'
V
VP
V'
V
NP
He
has
not
have
broken
the mirror

(17)

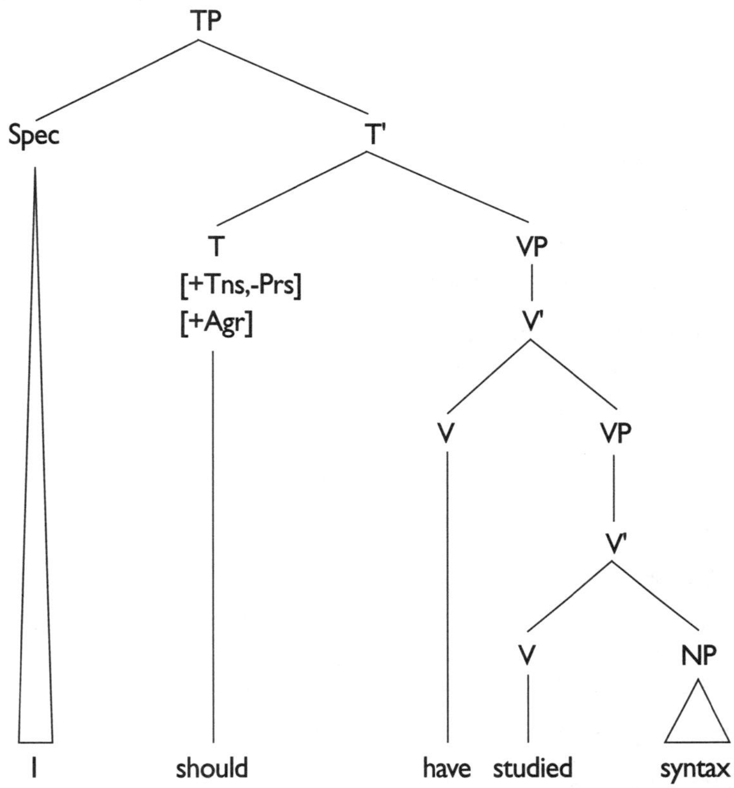

Will, shall, can, may, must등의 서법조동사가 T-절점을 차지하고 있으면, have는 동사이동을 할 수 있는 착지점이 없다. 위 수형도 (17)이 이를 잘 보여주고 있다. 따라서, V의 위치에 있는 'have' 는 원형 그대로 have인 채로 남아 있다.

7.3. 주어-조동사 도치Subject-Auxiliary Inversion, SAI

지금까지 조동사가 T-절점의 위치로 이동하는 조동사 인상(verb raising)을 알아보았다. 그렇다면 조동사 인상 현상 이외에 또 다른 핵 이동이 있는가? 이 절에서는 진술문과 의문문 쌍의 관계를 설명해주는 주어-조동사 도치현상에 대해서 알아보기로 한다. 주어-조동사 도치현상은 조동사 인상처럼 핵 이동의 일종이다. 다음의 예문을 살펴보자.

(18)
a. Charlie *can* play the oboe.
a'. *Can* Charlie play the oboe?

b. Neil *was* playing squash at the fitness center.
b'. *Was* Neil playing squash at the fitness center?

c. Simon *would* hate game shows.
c'. *Would* Simon hate game shows?

위의 (a)-(a'), (b)-(b'), (c)-(c') 문장의 체계적이고 일관성있는 관계는 주어-조동사 도치 (SAI)라는 규칙으로 설명될 수 있다.

문제는 진술문에 SAI가 적용되어 Yes/No 의문문이 될 때 그 의문문의 수형도는 어떤 구조를 가지는가? 하는 문제이다. 다시 말하면, T-절점 밑에 있던 조동사가 주어의 앞의 위치로 도치될 때 그 착지점(landing site)가 어디인가 하는 것이다.

우리는 5장 4절(5.4)에서 이미 CP(S-bar)라는 범주가 문(S, TP)보다 큰 범주라는 점을 설명하였다. 또한 6장 핵계층 이론에서 모든 문(S)은 TP이며 그 핵은 I라는 점을 제시했고, 물론 CP의 핵은 C라는 핵범주 이다.

핵범주는 핵의 위치로만, 구 범주는 구범주의 위치로만 이동할 수 있다. 이 점은 구 구조 보존의 원리로 이 원리를 최근 논의한 Hornstein (2009)를 참조하면 좋겠다.[4]

따라서, 진술문에 SAI가 적용되면 T-절점의 조동사는 TP 지정어 위치에 있는 주어의 앞으로 놓이게 되는데, 이때 위치는 C가 되는 것이다. 이점은 곧 수형도로 제시하겠다. SAI가 적용되기 전(Before)과 후(After)의 수형도는 다음과 같다.

4 J. Emonds (1976)

(19) 진술문 수형도(BEFORE)

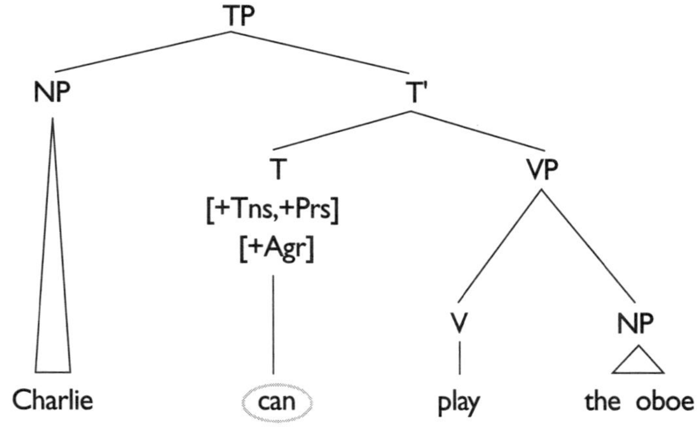

(20) 진술문 수형도(AFTER)

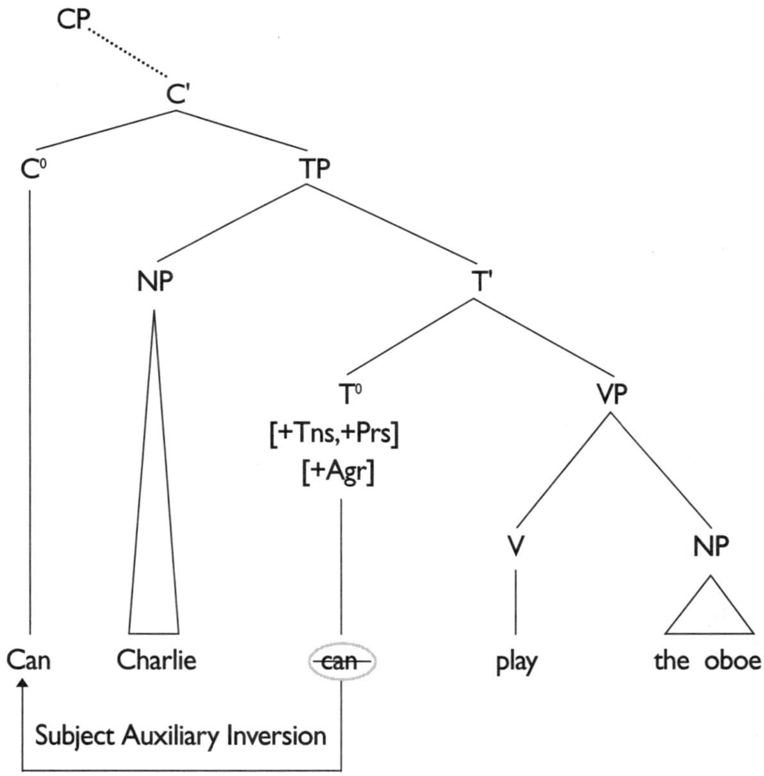

(21)

a. Neil was playing the oboe

b. Was Neil playing the oboe?

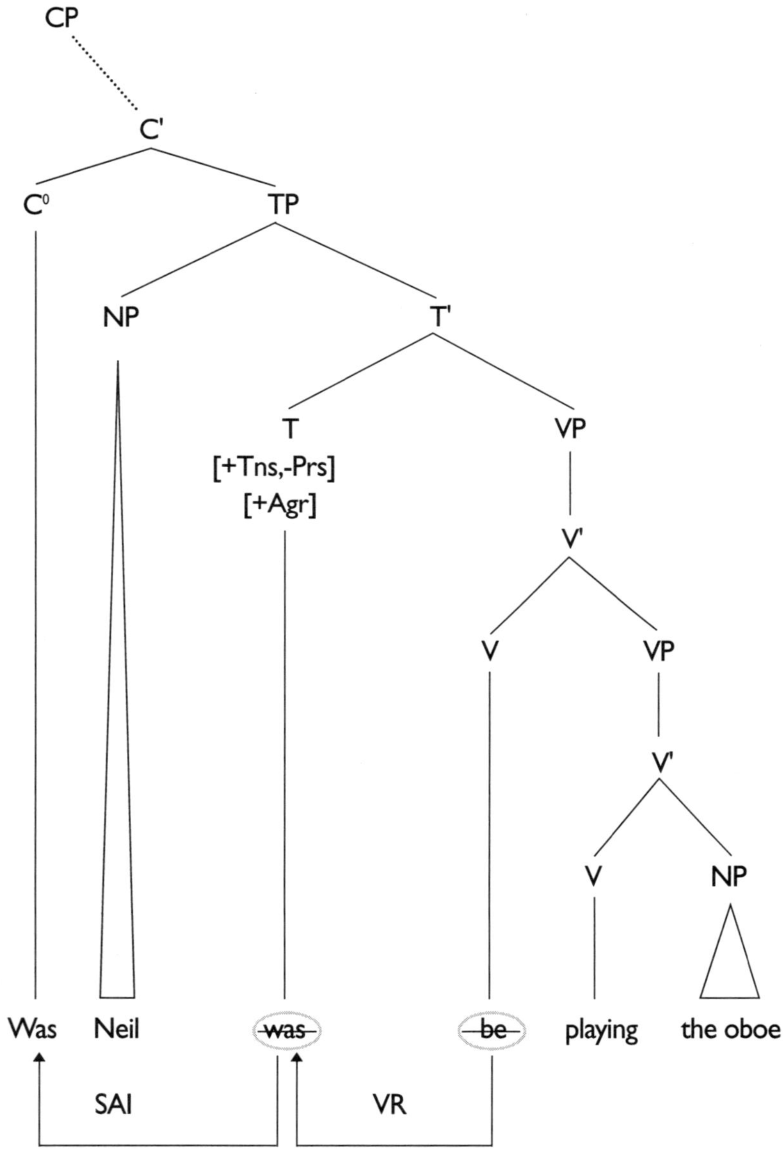

(22) BEFORE & AFTER SAI

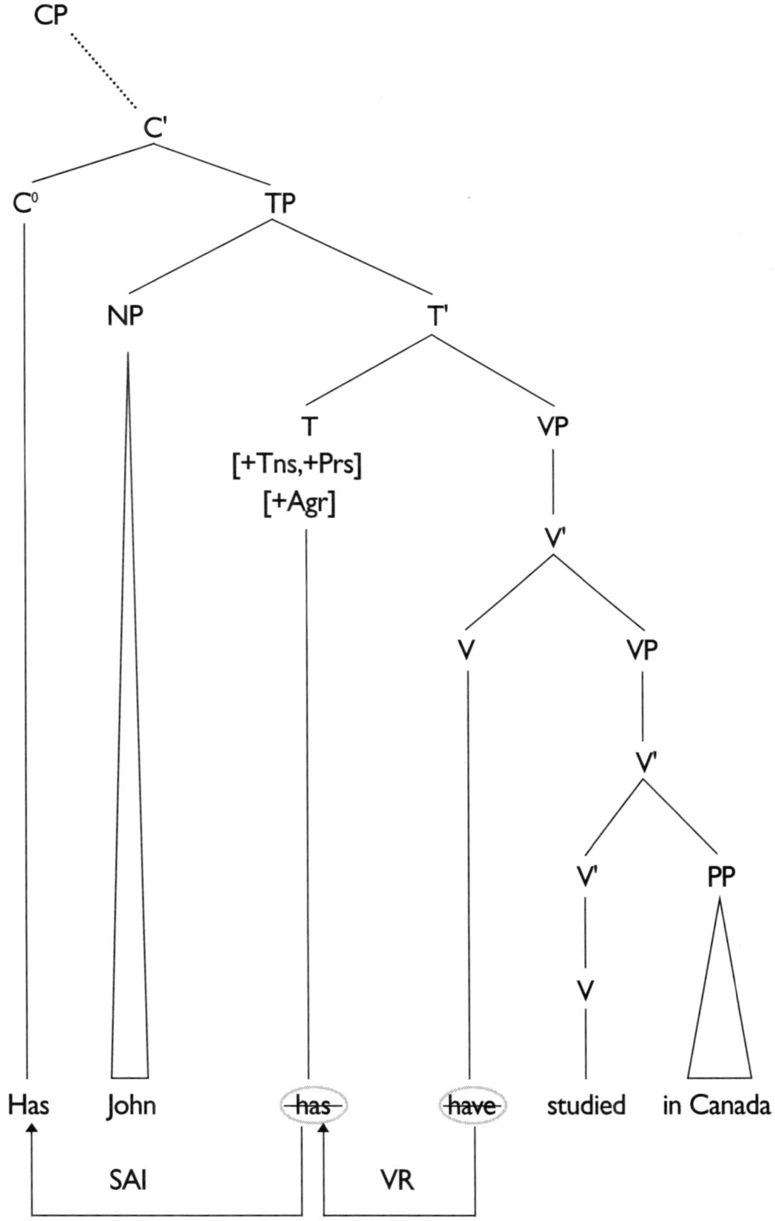

··· 연습문제

1. 이 장에서 부사구는 많이 다루어 지지 않았다. 부사구가 들어있는 문장의 수형도는 어떻게 그릴 수 있는지 설명하시오.

a. He will not have intentionally broken the mirror.
b. Edward will have carefully wrapped the present.
c. He may have broken the vase accidentally.
d. Perhaps, you could have taken the qualifying exam last fall.

▶모델 P-Markers

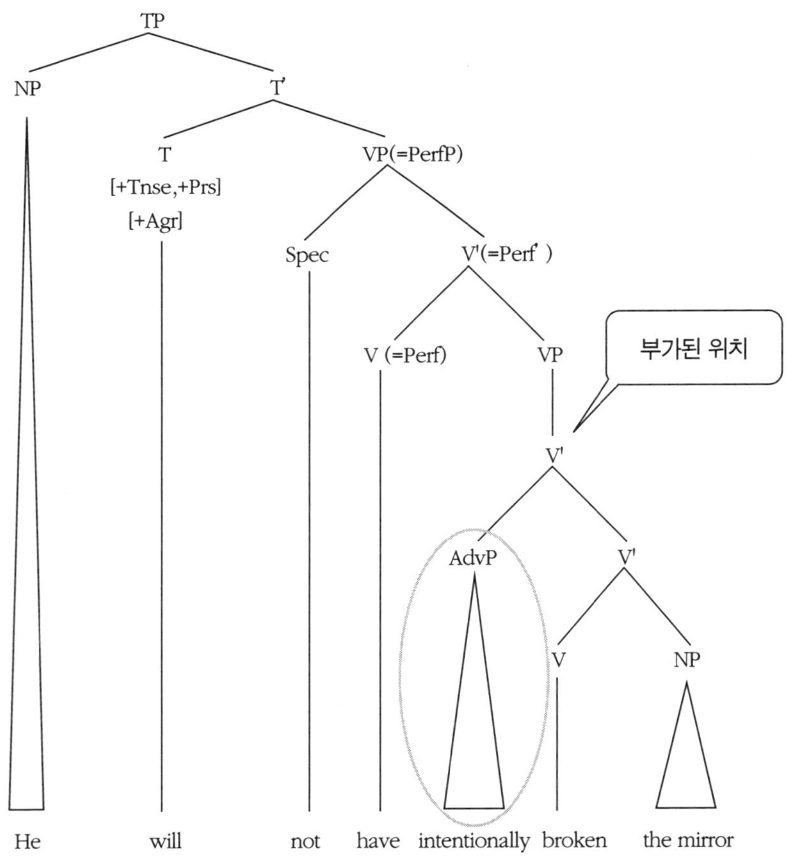

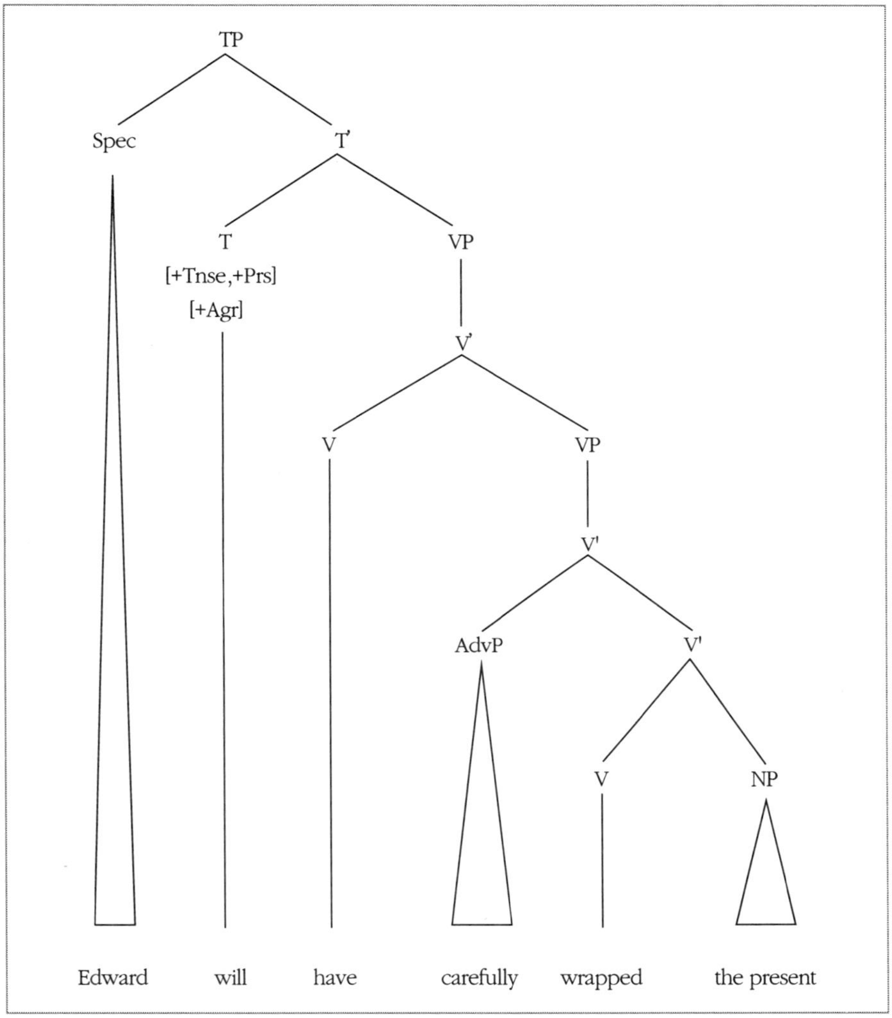
TP
Spec
T'
T
[+Tnse,+Prs]
[+Agr]
VP
V'
V
VP
V'
AdvP
V'
V
NP
Edward
will
have
carefully
wrapped
the present

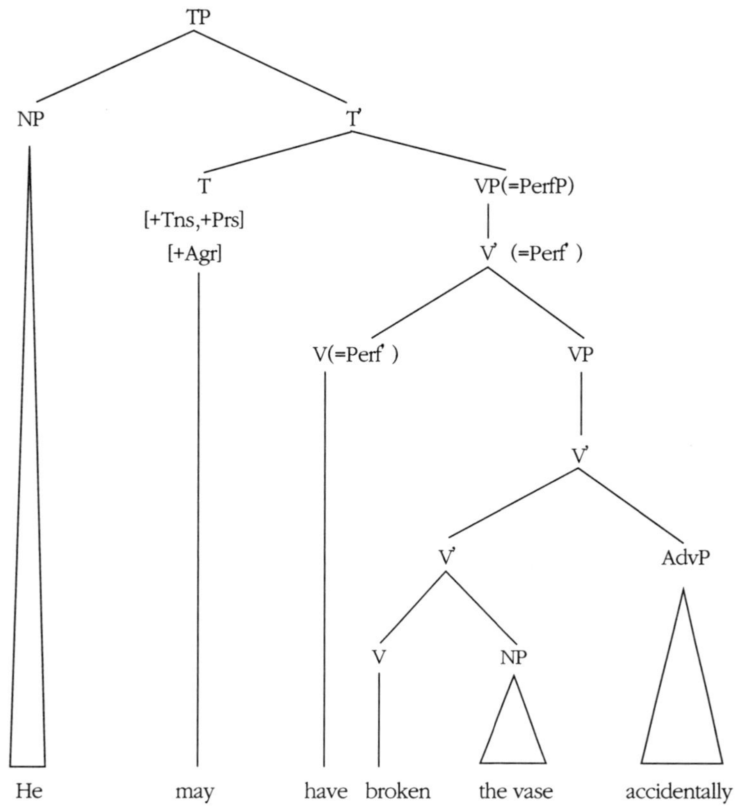

2. 다음 문장의 수형도를 그리시오.

a. The man could have been being arrested that night.
b. Must you do that?

◆ Interesting Facts about Auxiliary V and Lexical V in BE vs. AE

(1) *He has a girlfriend*
AE: He does not have a girlfriend.
Does he have a girl friend?
BE: He hasn't a girl friend.

Has he a girl friend?
(2) *You had a good time at the party last night?*
AE/BE: Did you have a good time at the party last night?

(3) *They had a hearty breakfast at the hotel.*
AE/BE Did they have a hearty breakfast at the hotel?

(4) *He has to leave.*
AE: Does he have to leave?
He does not have to leave - He must not leave
BE: Has he to leave?
He hasn't to leave.

(5) The lawyer had his hair permed last night, didn't he?
(6) The lawyer had studied syntax in college, hadn't he?
(7) You had your physician examine your cousin, ________ you?
(8) You have been going out with her for a long time, ________ you?

◆ Ought to: AE often deletes 'to' in 'ought to' when the S is negative or an interrogaive S.

(9) You ought to study hard while you are in college.
(10) You oughn 't smoke so much,
(11) Ought you smoke so much?

Chapter 08

변형문 형성규칙 II (구 범주 이동)

이 장에서는 앞장에서 다루었던 핵이동과 달리 구범주 이동에 대해서 알아보자. 많은 문장의 형태들은 흔히 일상적으로 보는 보통의 문장 구조나 어순과 다른데, 이렇게 표면상의 달라진 문장의 구조와 어순을 설명할 때, 여러 가지의 변형 규칙이 적용되었다고 생각할 수 있다. 변형규칙의 기술도 물론 여러 가지가 가능하겠지만, 최근의 통사이론으로는 내부병합이라는 이름으로 행해진다.

•• 핵심용어 및 개념

Transformational rule 변형규칙
Passivization 수동화 변형규칙
Subject-to-subject raising 주어 인상 규칙
Wh-movement 의문사 이동
Topicalization 화제화
VP fronting 동사구 전치
Dative shift 여격이동
Double Object Construction 이중목적어 구문
Dative Construction 여격구문

Chapter

08 변형문 형성규칙 II (구 범주 이동)

8.1. 수동화 변형규칙Passivization

영어 문장에서 상당히 규칙적이고 생산적으로 관찰되는 문장의 쌍은 능동-수동문이다. 이들의 관계를 설명하기 위해서, 초기 변형문법에서는 능동문에 임의적인 수동화 변형규칙이 적용되어, 수동문으로 도출되거나, 또는 능동문인 채로 표면에 도출된 것이라는 접근법이 존재 했었다. 수동화 변형규칙을 예로 보여주자면 다음과 같은 규칙이었다.

(1) Passivization(수동화 변형규칙)

SD: X ...... NP1 ..... V .... NP2 ...... Y
1 2 3 4 5
SC: 1 4 be+3 (PP) 5 (by 2)

=> Yesterday, the police arrested the criminal in the street
1 2 3 4 5
=> Yesterday, the criminal was arrested in the street by the police
1 4 be+3(PP) 3 5 2

그러나, 변형규칙은 의미에는 영향을 주지 않는다는 전제를 바탕으로 수동화 변형규칙이 제안되었었지만, 수동화 변형규칙은 그 기저 구조에 의미변화를 일으키는 것으로 밝혀져서 (1)과 같은 수동화 변형규칙은 포기되고, 단순한 NPmovement로 (NP-이동) 대체되었다. 다음은 능동문과 수동문 쌍이 의미상의 차이를 보이는 경우들이다.

(2)
a. Everyone in this classroom speaks three languages.
a'. Three languages are spoken by everyone in this room.
b. A picture of John$_i$ upset him$_{i/j}$.
b'. He$_i$ was upset by a picture of John$_{*i/j}$
c. Many arrows didn't hit the target.
c'. The target was not hit by many arrows.

수동문과 능동문의 기저 구조가 동일하지 않고, 각각 다른 기저 구조로부터 도출되었다고 생각하는 보다 최근의 통사이론과 핵계층 도식에 따라, 능동문과 수동문의 예문과 수형도를 그려보면 다음과 같다.

(3)
a. *These vehicles* produce filthy fumes.
a'. *Filthy fumes* are produced by these vehicles.
b. *The police arrested* the prime suspect.
b'. *The prime suspect* was arrested by the police.

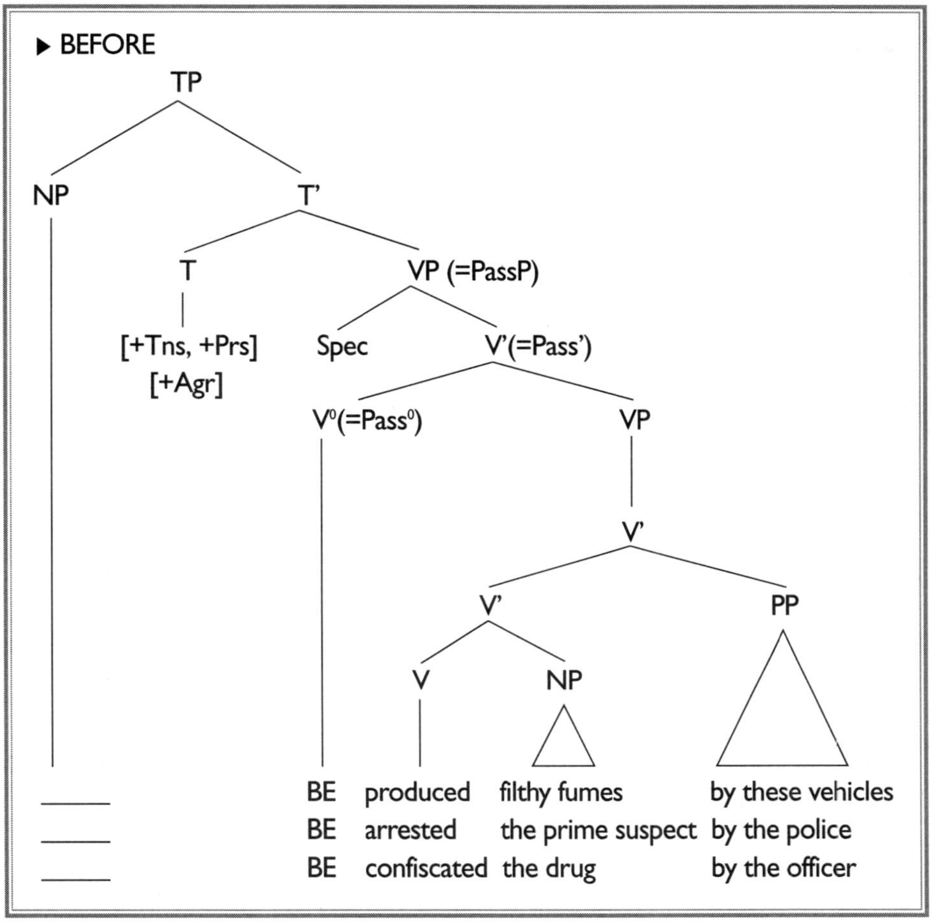

눈 여겨 볼 것은, 수동문의 경우 주어의 위치가 비어있고, 동사구의 구조는 PassiveP가 나타나 있다. 부가어로서 by-구가 선택적으로 출현할 수 있다는 점도 알아 두어야 한다.

▶ AFTER

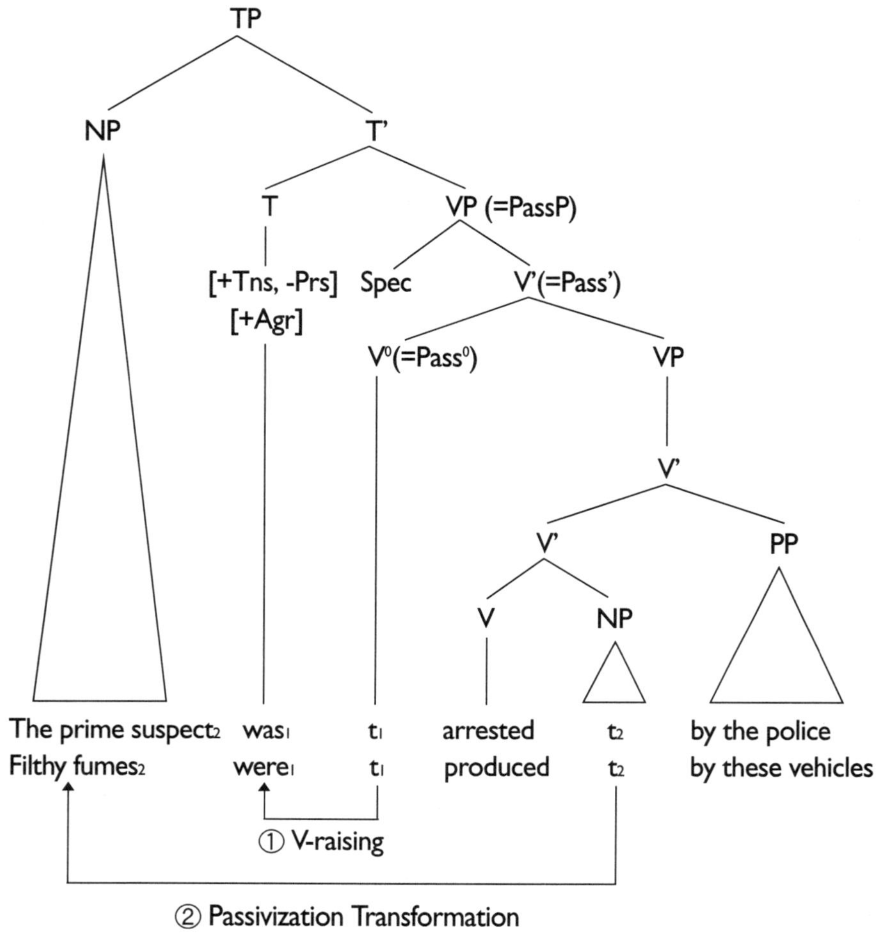

이제, 조금 더 복잡한 수동문의 도출과정과 수형도를 알아보자.

(4)
a. Two articles could have been being written by the student
b. _________ could have been being written by the student

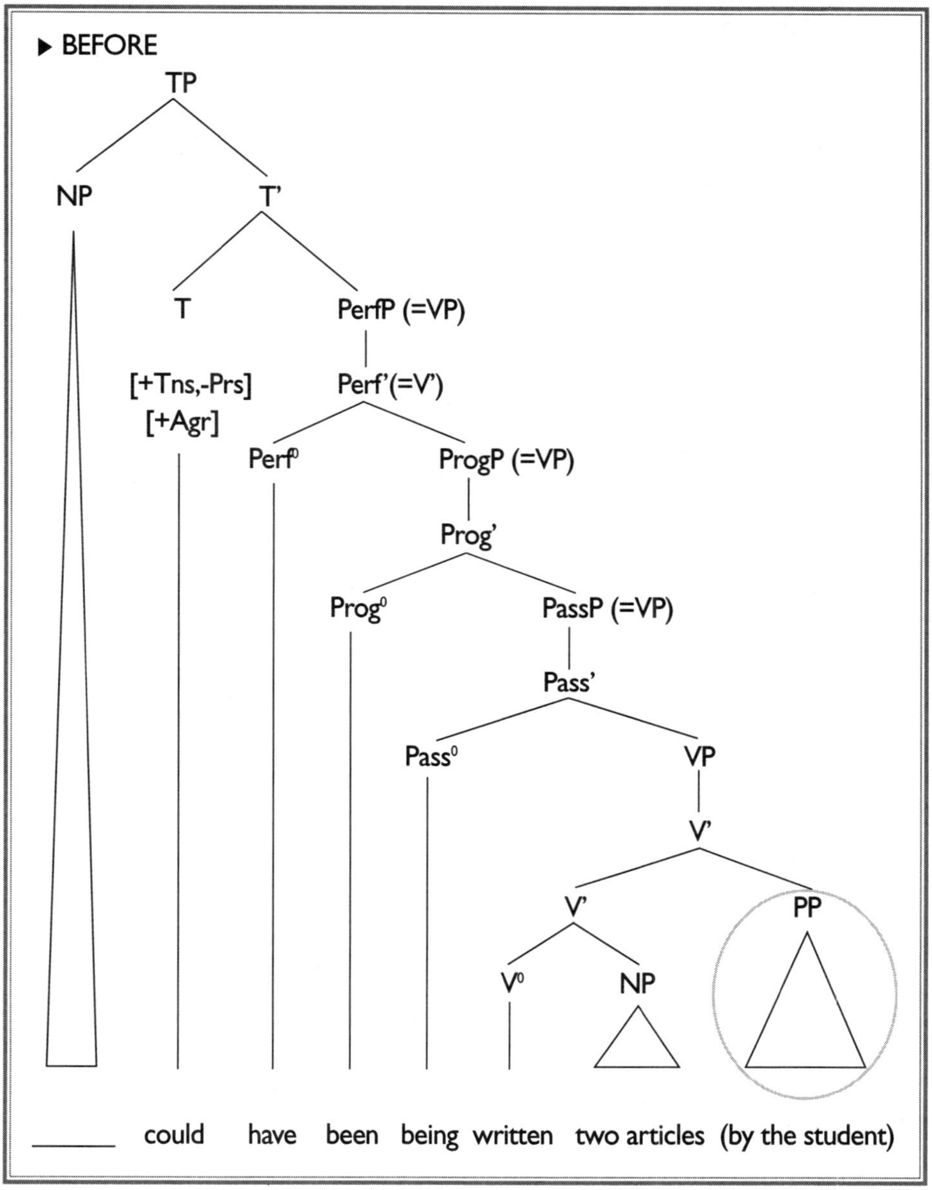

위 수형도에서 절점 PerfP, ProgP, PassP를 보다 간단한 VP로 대신 할 수 있다. 왜냐하면 Perf, Prog, Pass는 모두 동사적 특성을 가진 요소들이기 때문이다.

위 수형도에서 보이는 것처럼 수동태 주어의 위치는 의미역이 없는 비어있는 위치이다. 이 비어 있는 위치로 'two articles' 가 이동해 들어가는 과정을 수동화변형규칙이라고 부른다.

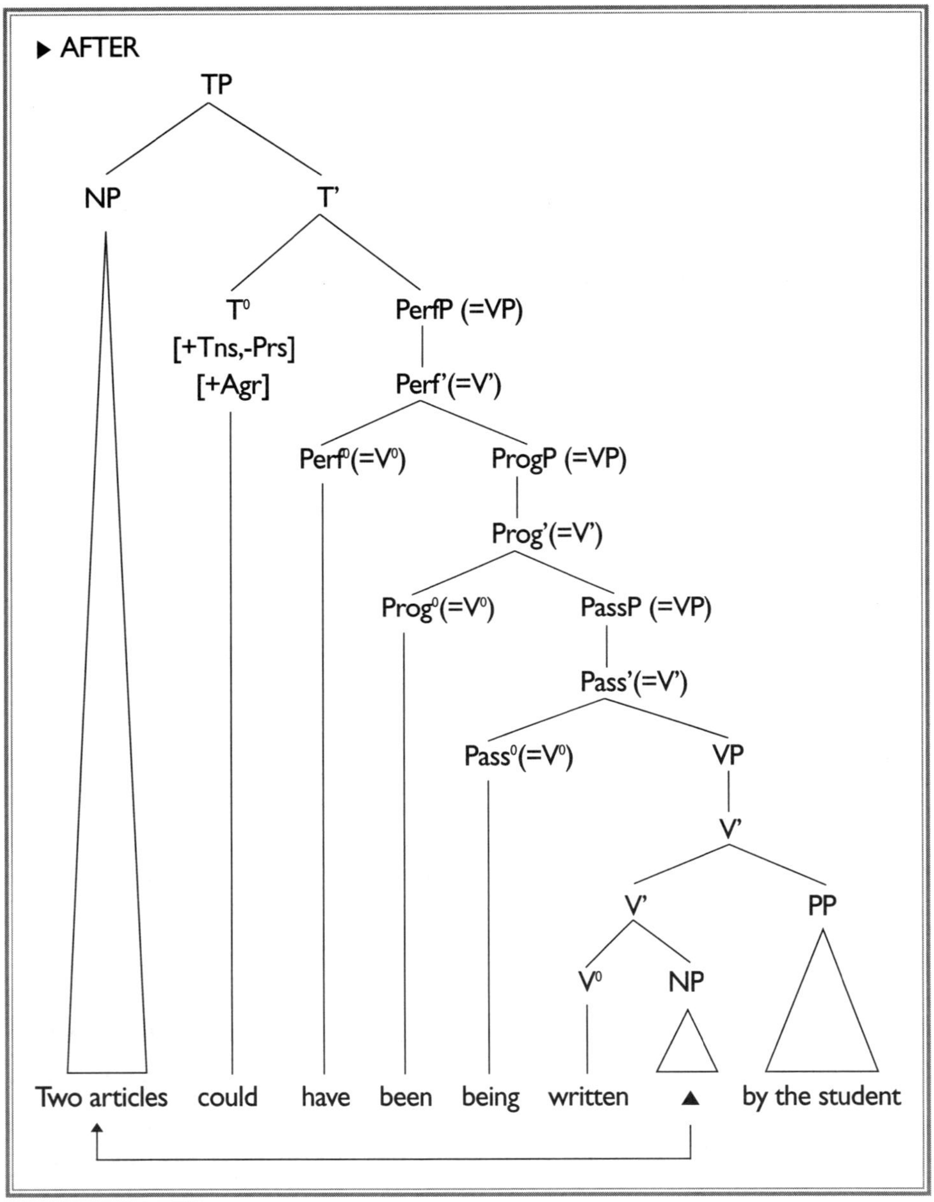

앞에서도 언급하였지만, 능동문과 수동문이 동일한 기저구조로부터 출발해서 도출되었다고 생각했던 시기가 있었는데, 초기 변형문법의 시기에 그러했다. 그러나

1980년대 이후부터 현재까지 능동문과 수동문의 기저구조는 유사한 구조로부터 도출된다는 주장이 인정되고 있다. 비록 완전 동일한 기저구조로부터 출발하지는 않지만, 능동문과 수동문은 동일한 논항 구조로부터 도출된다. 즉, Theme (대상역)의 의미역을 가진 filthy fumes나 the prime suspect가 모두 술어인 arrest/produce의 보충어의 위치에서 출발하기 때문이다. 이제, 능동문의 기저구조를 살펴보자.

(5)
a. The police arrested the prime suspect
b. The company built the bridge in 2008

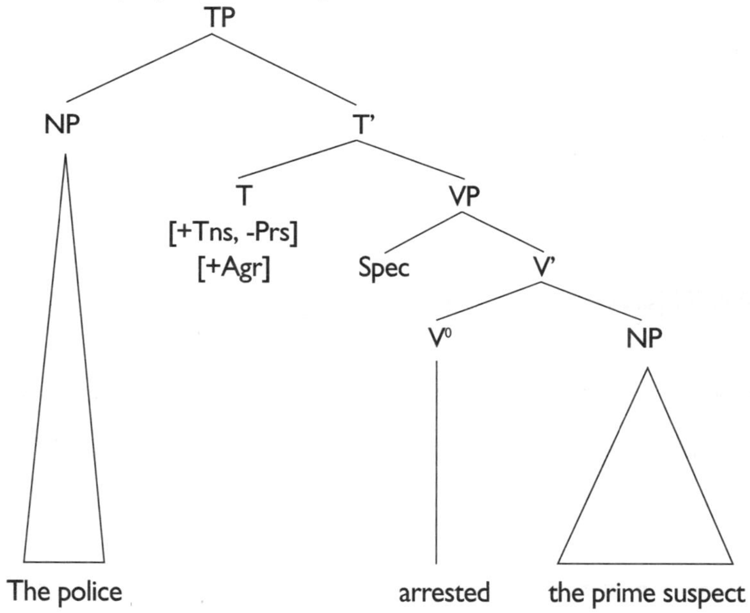

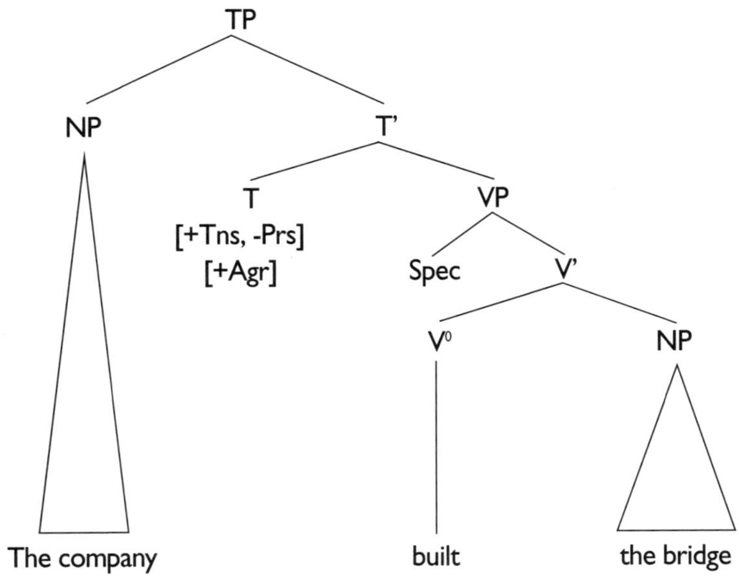

8.2. 주어 인상규칙Subject-to-Subject Raising

다음 (6)의 예문을 비교해 보자. 이 a-a' , b-b' , c-c' 은 서로 동일한 의미를 가지고 있다. 그러나, 의미는 동일하지만, 문장의 형태는 서로 다른 구문으로 나타나는데, 이들의 a-a' , b-b' , c-c' 의 관련성은 주어인상규칙으로 설명할 수 있다.

(6)
a. Harry seems to be considerate.
a'. It seems that Harry is considerate.
b. Harry appeared to be singing.
b'. It appeared that Harry was singing in the shower.
c. Harry is likely to vote for the republican candidate.
c'. It is likely that Harry votes for the republican candidate.

다시 말하면 (a) (b) (c)의 상위절 주어인 Harry는 하위절인 be considerate, be

singing, vote for the republican candidate의 주어로부터 출발해서 상위절의 술어인 seem, appear, is likely 등의 주어의 위치로 인상된 것이다. 이렇게 주어가 인상되었다는 경험적 증거가 있을까? 그 대답은 물론 "그렇다" 인데 이를 보여주는 다음의 예문을 보자.

(7)
a. ______ seems to himself$_i$ [John$_i$ to be invincible]
b. John$_i$ seems to himself$_i$ [_____ to be invincible]

위 예문 (7b)은 정문으로서 John과 himself가 동일 지시를 하고 있다. 그런데 himself 같은 종류의 단어는 anaphor에 속하는데, 이런 종류의 단어는 일정한 국부적 구역 내에서 himself를 성분통어 하는 선행사 명사구가 있어야 한다. 즉, (7a)가 기저구조라고 생각한다면 그 의미가 나타난 종속절 안에서 John은 himself를 성분통어하지 않으므로, 선행사가 될 수 없지만, John이 상위절의 주어의 위치로 이동한 예문에서는 이것이 가능하다. 따라서, 하위절의 주어였던 John이 상위절 seem의 주어의 위치로 주어 인상 된 것이라고 말할 수 있겠다.

주어인상규칙의 적용전(before)과 적용후(after)를 수형도로 살펴보면 다음과 같다.

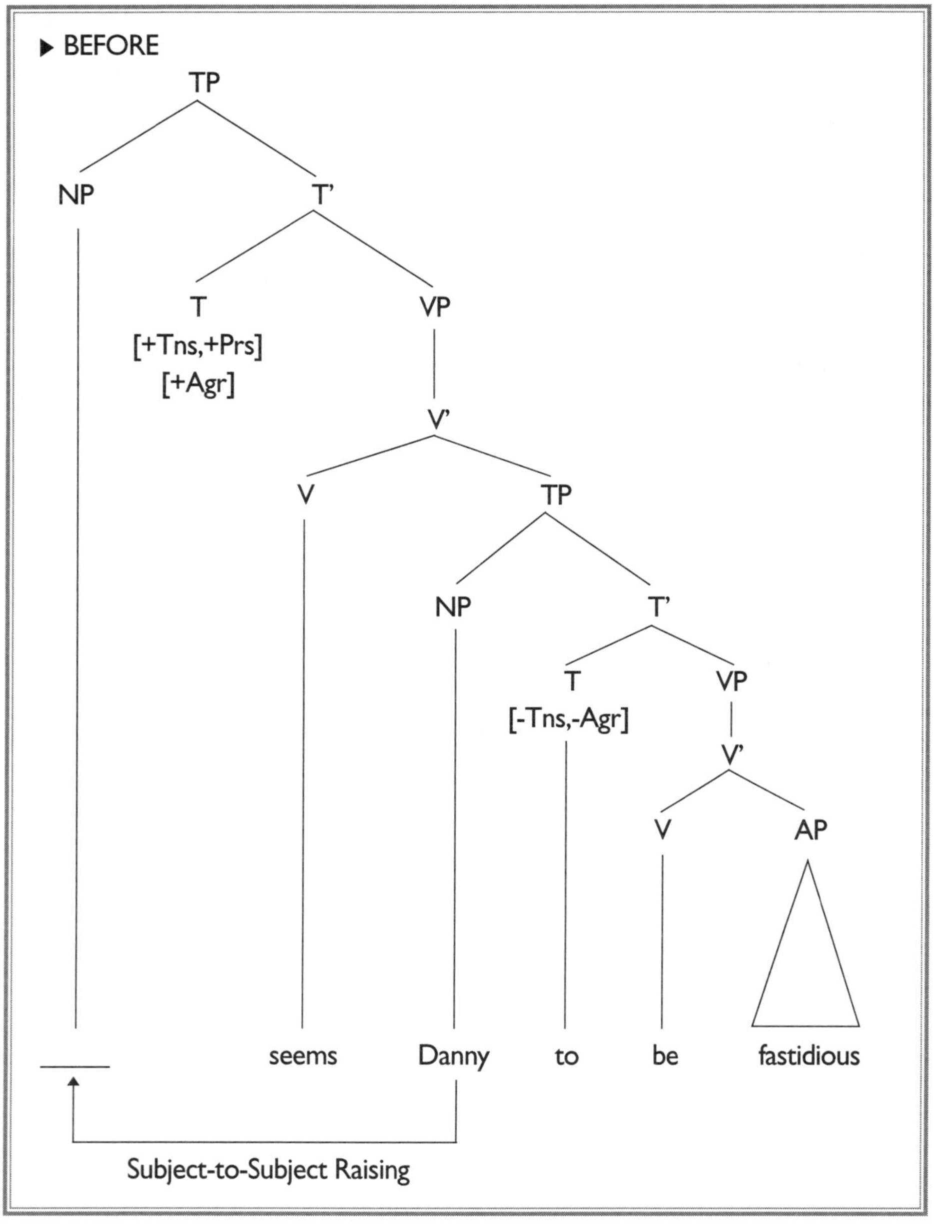

seem 동사의 주어 위치는 아무런 의미역이 없는 비어있는 위치이다. 마치 수동태구문의 주어의 위치가 아무런 의미역이 주어지지 않은 비어있는 위치와 마찬가지이다. 따라서, 영어의 경우 시제절의 주어의 위치는 반드시 채워져야 하고, 어떤 경우에는 그것이 허사주어로 채워지기도 하는 것이다.

위 예문에서 Danny는 그 의미상 하위절의 주어인 것이 분명한데, 실제로 상위절 seems의 주어의 위치로 이동하게 된다. 바로 이러한 이동을 '하위절의 주어에서 상위절의 주어로 이동하는 'Subject-to-Subject Raising' 이라고 부른다.

모든 동사가 다 주어인상을 허용하는 것은 아니고, seem, appear, is likely 등이 이에 속하는데 그것은 이들이 외부논항을 허용하지 않는 논항구조를 가지기 때문이다.

▶ AFTER

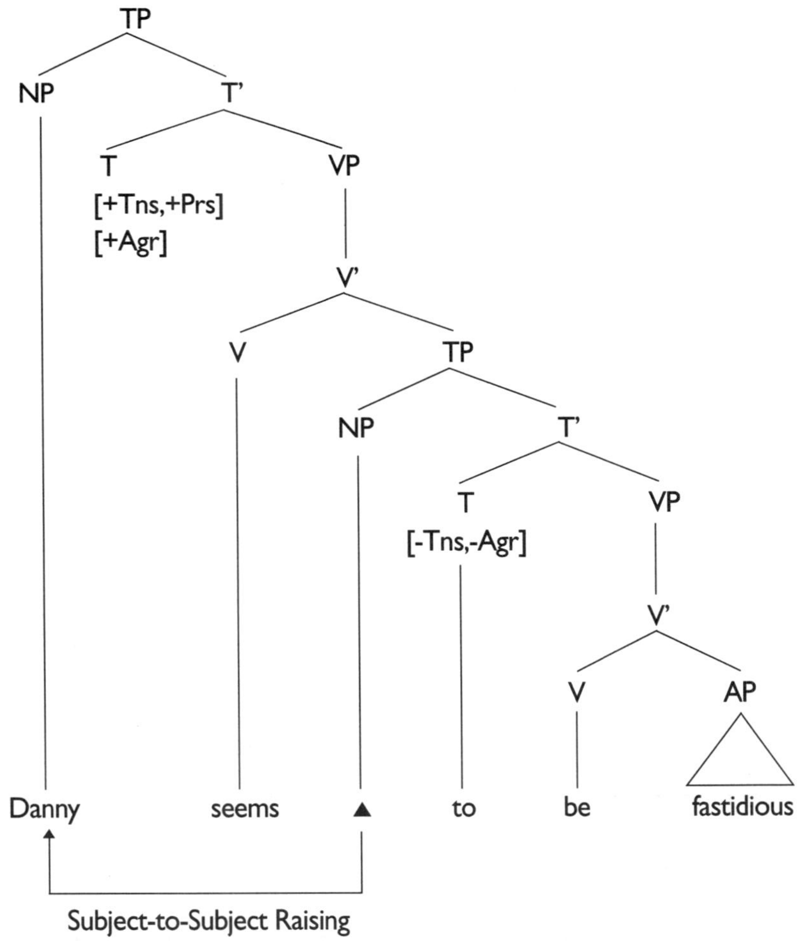

▶ P-Marker for (6a')

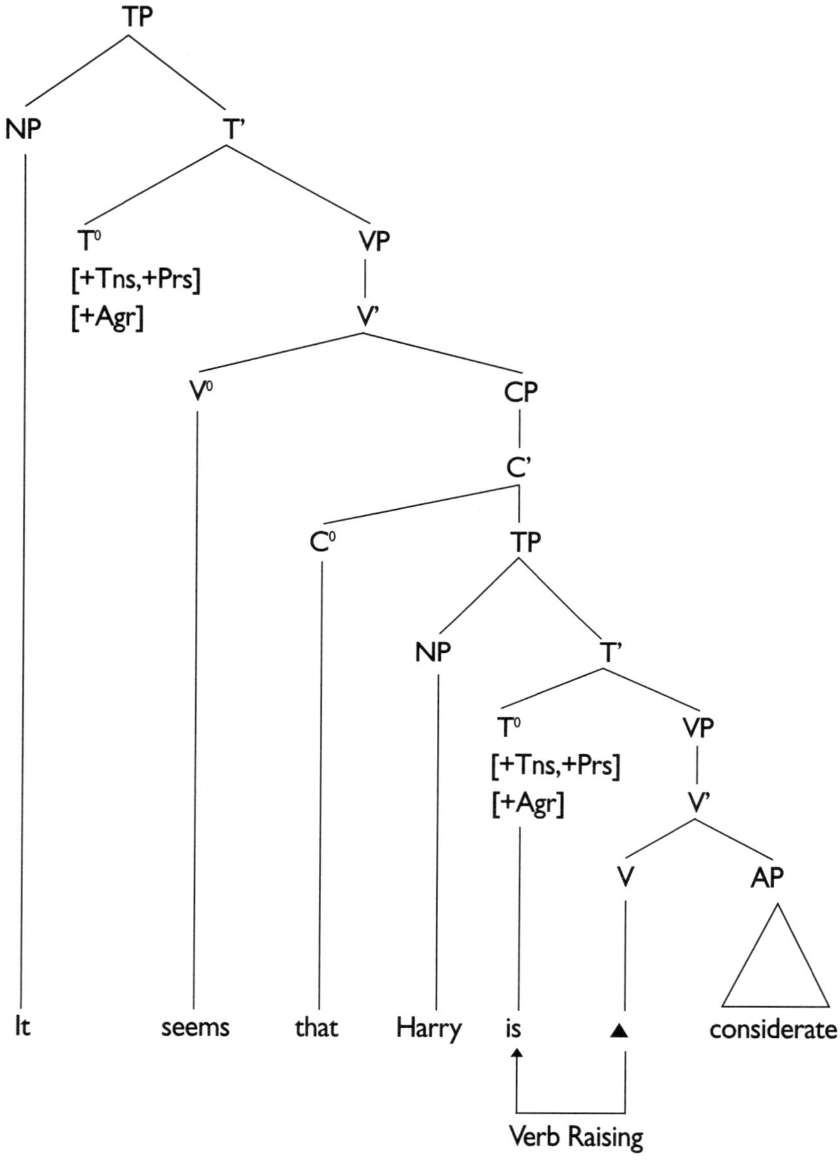

1 이 구조가 TP인지 혹은 이 절점 위에 다시 CP가 있는지에 대해서는 논란의 여지가 있을 수 있다. 일단 보문소가 출현하지 않은 경우는 무표적으로 TP라고 전제하겠다.

따라서, 'seem' 'appear' 같은 동사는 1항 술어로서 한 개의 논항을 택하며, 이 한 개의 논항은 반드시 명제여야 한다.

seem (verb) [1 <Clause, Proposition>]
appear (verb) [1 <Clause, Proposition>]

8.3. 의문사 이동Wh-question Movement

이 절에서는 의문사 이동을 설명한다. 영어 직접의문문의 경우 의문사가 대부분 문장의 제일 앞에 출현하는데, wh-의문사가 이동했음을 논증해보자.

(8)
a. Which book did he buy?
b. Where did you think Mary went?

(8)을 보면, wh-구가 문장의 앞에 나타난다. 그러나 그 의미를 살펴보면, wh-구가 buy나 went의 뒤의 위치에서 문장의 앞으로 전치된 것이라는 것을 알 수 있다. 이 절에서는 wh-구가 실제로 이동을 하였는가를 논증하기로 한다.

논증 #1: 공백 (ø)앞에서는 축약이 일어나지 않는 점에 근거해서

(9)
a. John is good at syntax, and Mary is good at semantics
b. John is good at syntax, and Mary's good at semantics
c. John is good at syntax, and Mary is Ø at semantics
d. *John is good at syntax, and Mary's Ø at semantics

위의 두 문장에서 공백(ø) 앞에서는 be동사의 축약이 일어나지 않는다는 점을 보았다. 그런데, wh-의문문의 경우는 어떠한가?

(10)
a. Mary is very good at linguistics.
b. Mary's good at linguistics.
c. How good do you think Mary is ______ at linguistics?
d. *How good do you think Mary's Ø at linguistics?

왜 위 예문에서는 be동사가 축약되지 못하는가? 이에 대한 대답으로, How good이 원래 ___ 친 곳에 있었다가 문장의 앞으로 이동하고 나니, 공백(ø)이 생겼고 이 공백으로 인해서, be동사의 축약이 일어나지 못한 것이라는 설명이 가능하겠다.

<u>논증 #2</u>: 'wanna' 축약현상에 근거해서

미국 영어에서 구어체에서 'want' 와 'to' 는 서로 나란히 인접해 있을 때 'wanna' 로 발음된다. 따라서 다음의 자료를 고려해 보자.

(11)
a. I *want to* go to Portugal on vacation
a'. I wanna go to Portugal on vacation
b. I *want to* succeed to the vice presidency
b'. I wanna succeed to the vice presidency
c. We all *want to* study syntax with Professor Hong
c'. We all wanna study syntax with Professor Hong

위의 자료를 보면, 표면상 인접해 있는 'want' 와 'to' 는 'wanna' 로 발음이 된다. 마찬가지로 아래의 자료 (12a)도 축약발음이 일어나서 'wanna' 로 발음 된다. 그러나 (13)의 경우는 인접해 있는 'want' 와 'to' 가 'wanna' 로 축약발음 되지 않는다.

(12)
a. Who did you *want to* go to Canada with?
a'. Who did you wanna go to Canada with?

(13)
a. Who did you *want to* go to Canada on vacation?
a'. *Who did you wanna go to Canada on vacation?

왜 (13)에서는 표면상으로 인접해 있는 'want' + 'to' 가 'wanna' 로 축약되어 발음되지 않을까? 이에 대한 답으로 우리는 'who' 가 'want' 와 'to' 사이에 있었다가 의문사 이동을 하고 난 후엔 그 흔적이 남아 있어서 축약을 방해한다고 생각할 수 있다. 즉, (13)같은 예문은 의문사구가 실제로 의미역이 주어진 위치로부터 의문사 이동이 있음을 논증하는 자료라고 보는 것이다.

<u>논증 #3</u>: 주어-동사 일치현상을 이용하여

(14)
a. Which boy might he say doesn't like syntax?
a'. *Which boy might he say don't like syntax?
b. Which boys might he say don't like syntax?
b'. *Which boys might he say doesn't like syntax?

Wh-의문사구의 이동을 증명하고자 할 때, 우리는 영어의 주어-동사 수(number) 일치를 사용할 수 있다. 즉, Wh-의문사의 단수/복수여부는 결국 그 의문사구가 어느 위치로부터 출발했는지를 보여주기 때문이다.

(15)
a. Which boy might he say [_________*don't/doesn't like syntax]?
b. Which boys might he say [_________ don't/*doesn't like syntax]?

논증 #4: 의미역과 선택제약조건에 근거하여

의미역에 근거하여 문장의 제일 앞에 출현한 의문사구가 실제로는 의미역이 할당되었던 원래의 위치로부터 출발한 것이라는 점을 논증할 수 있다.

(16)
a. Who did you see
b. *Who did you wear?
c. What did you buy?
d. Which car did you put in the garage?
e. Which dress did you say she was wearing __________?
f.* Which theory did you say she was wearing __________?
g. Which language did you say Mary argued that John could speak?
h. How many students do you believe that the university would send to England?

논증 #5: 결속현상에 근거하여[2]

우리는 'himself' 'herself' 'myself' 'yourself' 'themselves' 등의 재귀사는 독립적으로 의미를 가지지 못하고, 선행사의 의미에 의존한다는 것을 안다. 다시 말하면 영어의 경우 이러한 재귀사는 일정 영역(예를 들면 시제절, 또는 특정 주어가 있는 절) 안에 number와 gender가 일치하는 선행사가 있어야만 정문이라는 말이다.

(17)
a. [John washed himself]
b. *John thinks himself loves Mary
c. *John thinks Mary loves himself
d. *John believes Mary to love himself
e. *Himself left in a hurry

2 이 책에서는 재귀사와 대명사, 지시적 표현 등의 분포와 해석을 다루는 결속이론(Binding theory)이라든지 비명시적 명사구 PRO의 분포와 해석에 관여하는 통제이론 (Control theory)등을 다루지 못하였다. 이러한 현상이 매우 중요하고, 경험적으로 인정되는 현상이지만, 이 책에서 다루지 않은 이유는 지면상의 문제도 있고, 최근 최소주의 통사론에서는 조합성(modularity)이 언어의 출현이나 문법운용의 최소성을 설명하는데 걸림돌이 된다고 생각하여 별도의 문법 모듈에서 다루어지지 않기 때문이다. (Hornstein 2009) 이러한 조합적 접근법(modular approach)은 Chomsky (1981)의 LGB가 대표적이며, 이를 Principles& Parameters (PP) 문법틀이라고 부른다.

만일 그렇다면, (18)의 예문은 흥미롭다. 성분통어를 하는 선행사가 국부영역 안에 존재해야 하는데, 사실 'himself'의 선행사는 훨씬 멀리 떨어진 문장의 제일 앞에 나타나 있다. 그럼에도 불구하고 이 예문이 정문인데, 왜 이런 일이 가능할까?

(18)
Which witness did you say you thought ___________perjured himself?

(18)이 정문인 이유는 'Which witness'가 원래는 _____ 에 있었지만, 문장의 제일 앞으로 의문사 이동했음을 보여준다고 말할 수 있겠다.

이상에서 우리는 wh-의문사가 명시적으로 이동한다는 것을 몇 가지 논증을 통해서 알아보았다.

그렇다면, 영어의 wh-의문사는 항상 명시적으로 자유로이 이동하는가? 다음의 자료를 보면 'what'이 제자리 (in situ)에 남아 있는 것을 알 수 있다. 이러한 종류의 의문문을 메아리 의문문 (echo question)이라고 한다.[3] 한가지 주목할 점은 wh-의문사 이동이 일어날 때 여러 가지 다른 통사현상이 동반되는 경우가 많다는 점이다.

(19)
a. What will you buy?
b. You will buy WHAT?

이제 Wh-의문사 의문문의 구조는 어떻게 생겼는지 설명하기로 한다. 우선 의문사 이동 전(BEFORE)과 이동 후(AFTER)의 문장구조를 수형도를 통해서 살펴보자.

3 제 5장 문의 유형을 소개하면서, 의문문의 종류를 나눌 때 메아리 의문문(echo question)을 소개하였다.

▶ BEFORE

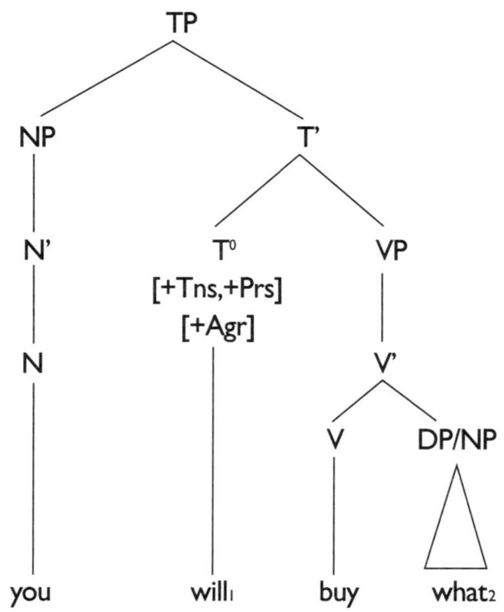

▶ AFTER

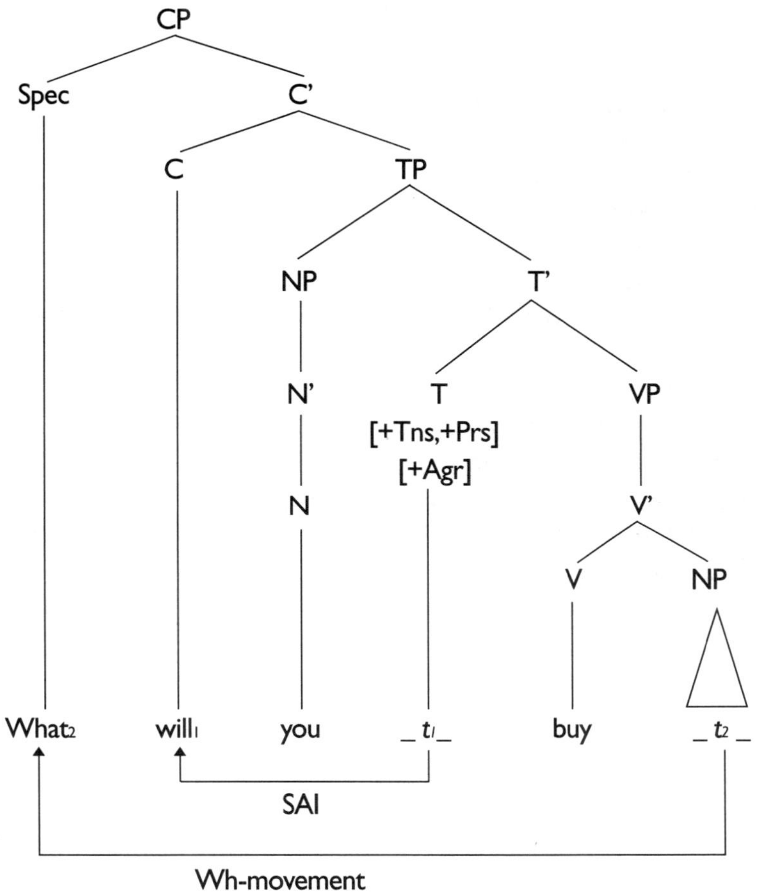
CP
Spec
C'
C
TP
NP
T'
N'
T
[+Tns,+Prs]
[+Agr]
VP
N
V'
V
NP
What2
will1
you
_ t1 _
buy
_ t2 _
SAI
Wh-movement

wh-의문사가 이동한 더 많은 예문을 생각해 보자.

(20)
a. Which student did the professor criticize _____?
b. Which language can you speak _____?
c. How old are you _____?
d. In which house do you live _____?
e. Which house do you live in _____?
f. Who did you think Mary said John kissed _____?
g. How many languages did John say that Mary believed that chomsky could speak _____?
h. How long have you been waiting here _____?
i. How often do you visit your Alma Mater _____?
j. What would you like me to buy _____?
k. Which professor did he marry the daughter of _____?
l. Which professor did he marry the daughter of the stepson of the former wife of _____?

(21)

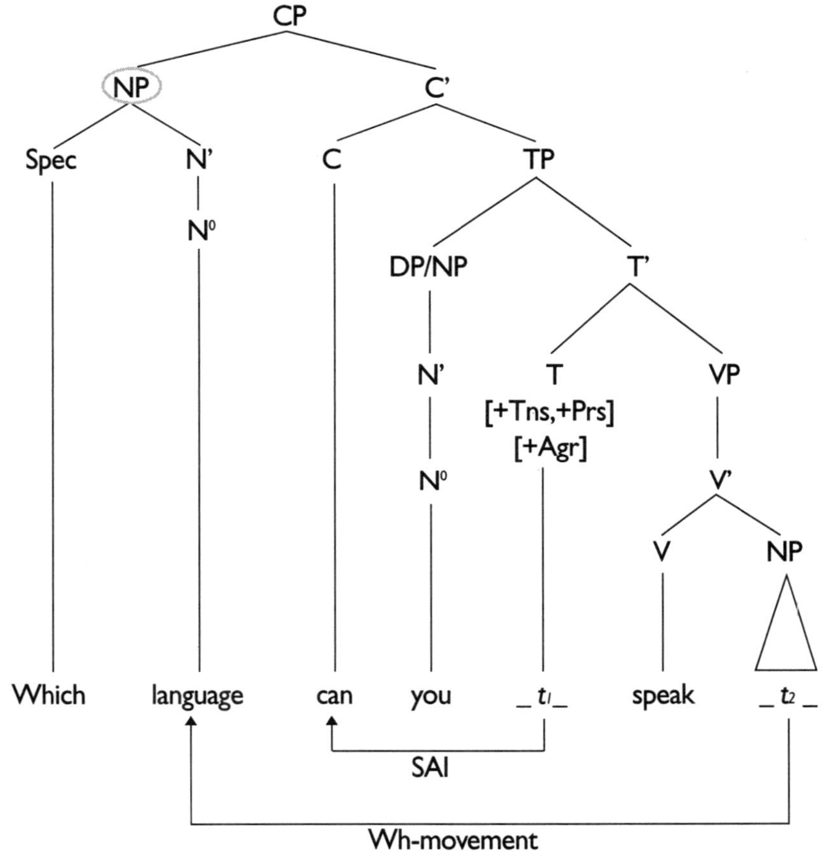
CP
NP
C'
Spec
N'
C
TP
N0
DP/NP
T'
N'
T
[+Tns,+Prs]
[+Agr]
VP
N0
V'
V
NP
Which
language
can
you
_ t1 _
speak
_ t2 _
SAI
Wh-movement

(22)

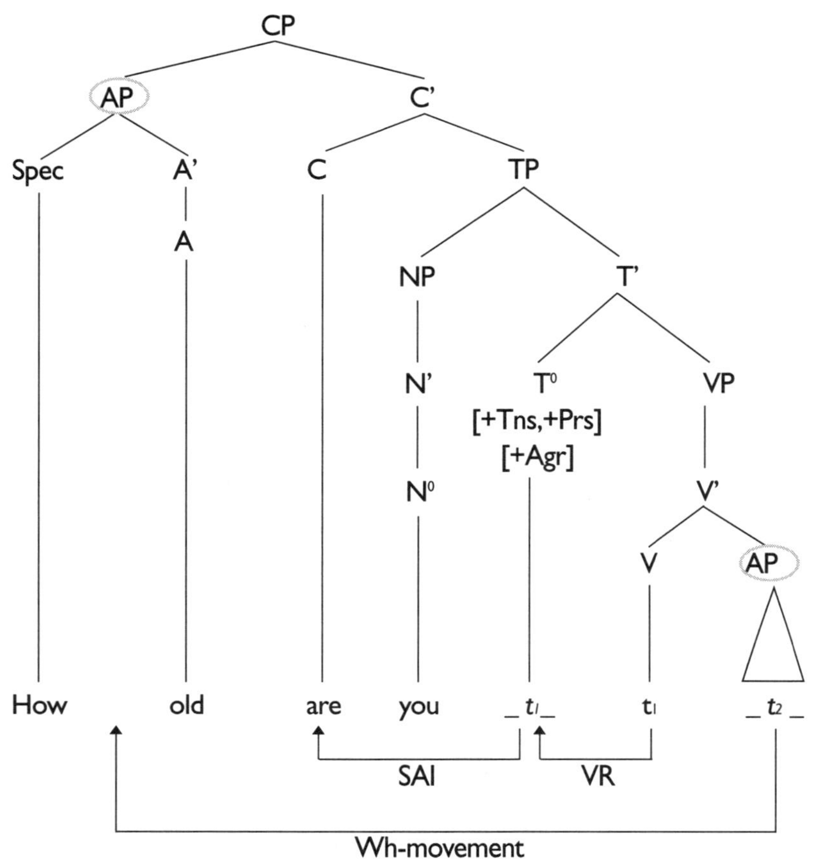
CP
AP
C'
Spec
A'
C
TP
A
NP
T'
N'
T⁰
[+Tns,+Prs]
[+Agr]
VP
N⁰
V'
V
AP
How
old
are
you
_ t1 _
t1
_ t2 _
SAI
VR
Wh-movement

(23)

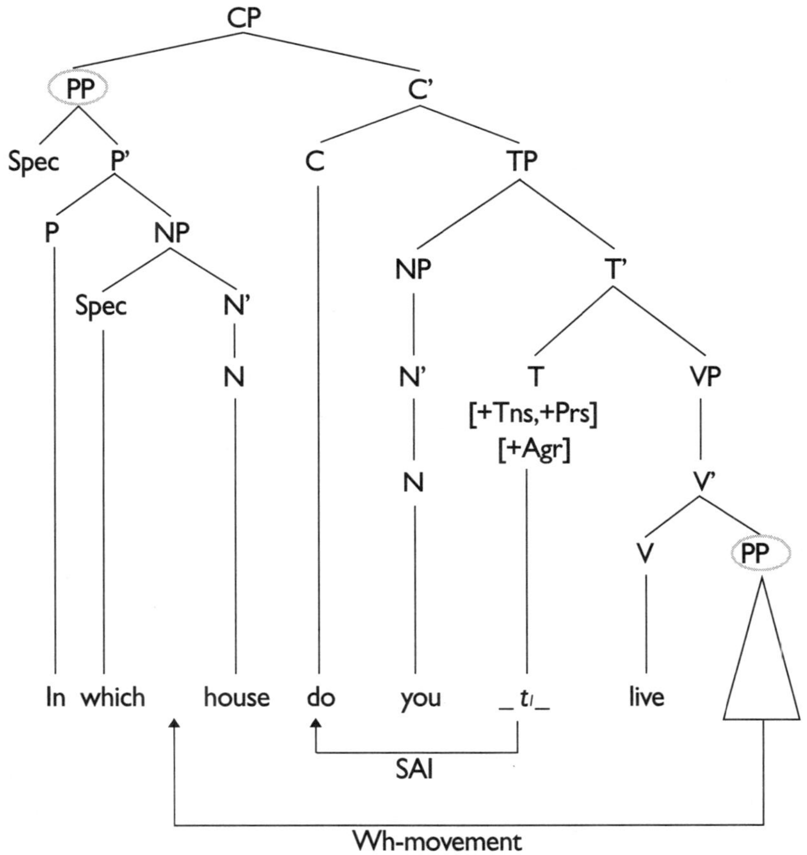
CP
PP
C'
Spec
P'
C
TP
P
NP
NP
T'
Spec
N'
N
N'
T
VP
[+Tns,+Prs]
[+Agr]
N
V'
V
PP
In which house do you _ t_i _ live
SAI
Wh-movement

(24)

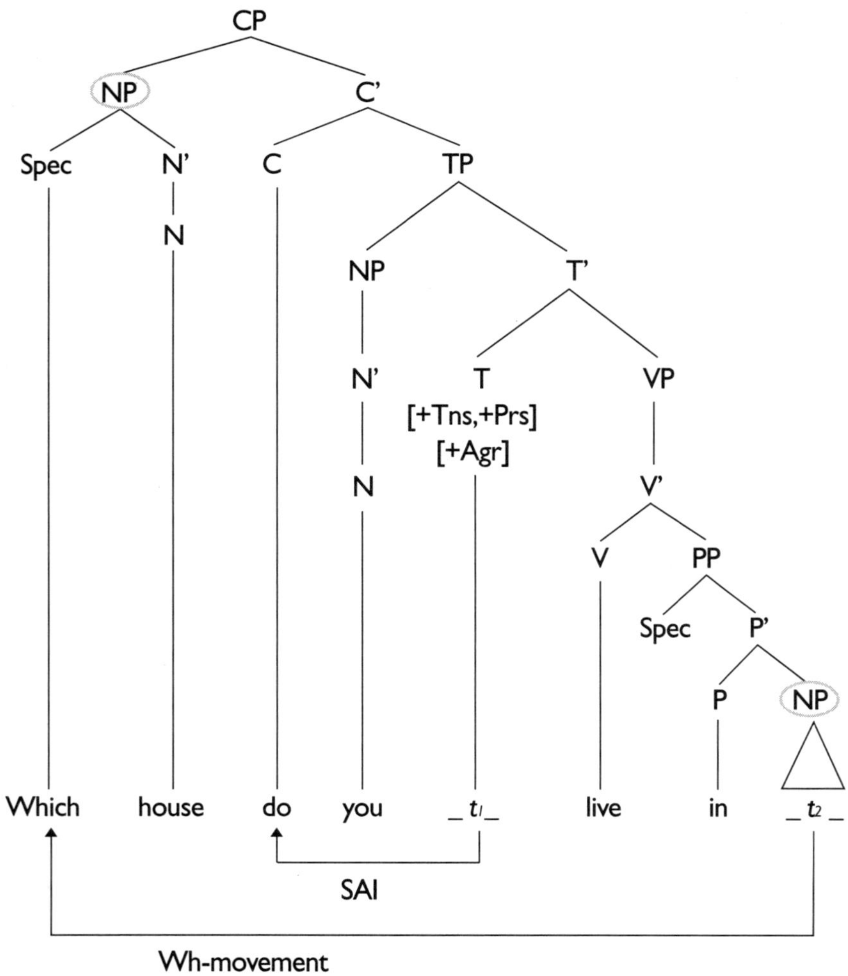

이상과 같이 wh-의문사가 이동해서 wh-의문문이 생성되는 도출 과정을 살펴보았다. 단문의 경우를 살펴보았지만, 복문의 경우도 가능하다.

다만, wh-의문사 이동은 아무런 제약없이 무조건 한꺼번에 이동할 수 있는 것은 아니다. 비록 장거리 이동이 가능하기는 하지만, 구 구조상의 일정한 위치, 즉 CP의 지정어 위치를 거치면서 연속적으로 이동을 하므로 멀리 갈 수 있다.[4]

8.4. 화제화Topicalization

화제화 역시 영어문장의 기본적인 어순을 바꾼다. 화제로 삼거나, 정보의 무게에 따라, 화제가 된 요소를 강조하거나 화제로 삼고자 할 때, 즉 화자가 정보의 무게와 비중을 중립적이지 않게 전달하고자 할 때 사용하는 구문들이다. 다음의 예문을 살펴보자. 화제화 변형은 화제가 된 요소를 문장의 앞으로 전치시킨다.

(25)
a. I like German beer, but I really hate German wine.
b. German beer I like ▲ but German wine I really hate ▲.
c. *Beer I like Belgian, but Wine, I hate Belgian

(26)
a. Nobody liked [the books about New York that she bought].
b. [The book about New York that she bought] nobody liked ▲.
c. Is your boyfriend always so obsessed with his money?
d. Concerned I would say he is ▲, but not obsessed.
e. Does Greg really keep his pets in his attic?
f. In his attic he keeps his potted plants ▲, not his pets.
g. Nicky promised to write an essay, and he will write an essay.
h. Nicky promised to write an essay, and write an essay he will ▲.
i. John, I believed Mary thought Susan dumped ▲ for a woman.
j. This book, I think that you should read ▲ was not for sale.

하지만, 모든 구성소가 항상 화제화의 대상이 되는 것은 아니다. (Chomsky 1977, Lasnik&Uriagereka, 1988) wh-islands의 예외적인 예문들로 다음이 있다.

4 Wh-이동은 subjacency (하위인접조건)를 지키면서 한꺼번에 멀리 이동하지 않고, CP의 지정어 위치가 비워져 있을 때 그 지정어 위치를 거쳐가면서 이동한다.

(27)
a. *??*Syntactic Structures*, I wonder [who read ▲]
b. *??*Syntactic Structures*, I met [the man who wrote ▲]
c. *??The man I heard [the rumor that Mary kissed ▲]
d. Syntactic Structures, I believe [that John read ▲]

(27a), (227b), (227c)는 비문이지만 (27d)는 정문이다. Wh-의문사가 의문사 이동을 할 때 가로질러 건너갈 수 없는 "섬"과 같은 요소들이 있는데, 바로 (27a)-(27c)가 이에 해당되는 섬이다.[5]

8.5. 동사구 전치VP-Fronting

동사구 전치는, 기본적으로 그 유형이 화제와와 유사하다. 화제화란 보다 일반화된 명칭이고, 동사구가 전치되는 현상을 특별히 따로 이름 붙인 것이 동사구 전치이다. 해당 예문들은 Radford(1988, pp. 521-523), Radford(1999, pp. 321-323) 로부터 인용된 것이다.

(28) Simple Sentences
a. He has compromised himself.
b. Compromised himself, he certainly has.
c. They probably will become millionaires.
d. Become millionaires, they probably will.
e. You definitely mustn't lose your cool.
f. Lose your cool you definitely mustn't.
g. We never would hurt each other.
h. Hurt each other, we never would.

5 이런 섬을 각각 Wh-island, Complex NP island라고 한다.

(29) Embedded Clauses
a. John hoped that Mary would find his hat, but [find it], she could not.
b. John intends to make a table, and [make one] he will.
c. Ralph says that he will clean his room, and clean his room he never did.
d. John said he would smile at whoever he looked at, and [smile at whoever he looked at], he did. (Hornstein, et.al. 2005. p. 184)

(30) Direct Questions
a. Do you really think he was working late?
b. Working Late do you really think he was _____ ?

동사구 전치 현상 역시 구성소만이 전치될 수 있고, 구성소의 일부만 전치될 수는 없다. 다음의 비문을 살펴서 동사구 전치구문이 어떤 경우에 비문법적인가를 확인할 필요가 있다.

(31) Ungrammatical Examples
a. *John says that he will clean his room, and [clean] he will ▲ his room.
b. *Sally says that she will return my book, and [return] she will ▲ my book.
c. *Drew says that he will wash the dishes and [wash] he will ▲ the dishes.
d. Sally said that she returned my book, and [return my book] she did.
e.*Sally said that she returned my book and [returned my book] she ▲
f.*John says that he will clean his room, and [will clean his room] he ▲

(31b)는 왜 비문법적일까? 이를 수형도로 확인해 보자. VP 전치는 VP속의 모든 요소를 다 전치해야지, 그 일부만 전치 할 수 없다.[6]

6 동사구 전치와 관련하여 흥미로운 점은 동사구 전치는 재구효과(reconstruction)를 보이지 않는다는 점이다.(Laka, 1990)
(i). ∗Buy any records[she didn' t ▲]
(ii). ∗Hit any students[John could not ▲]

(32)

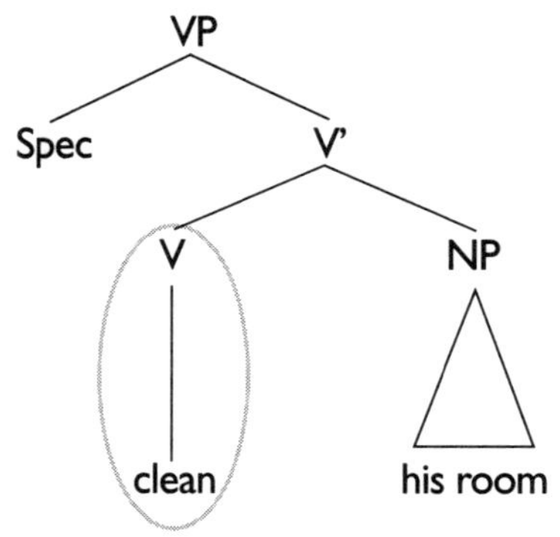

(33) Auxiliary is not within VP, but under T

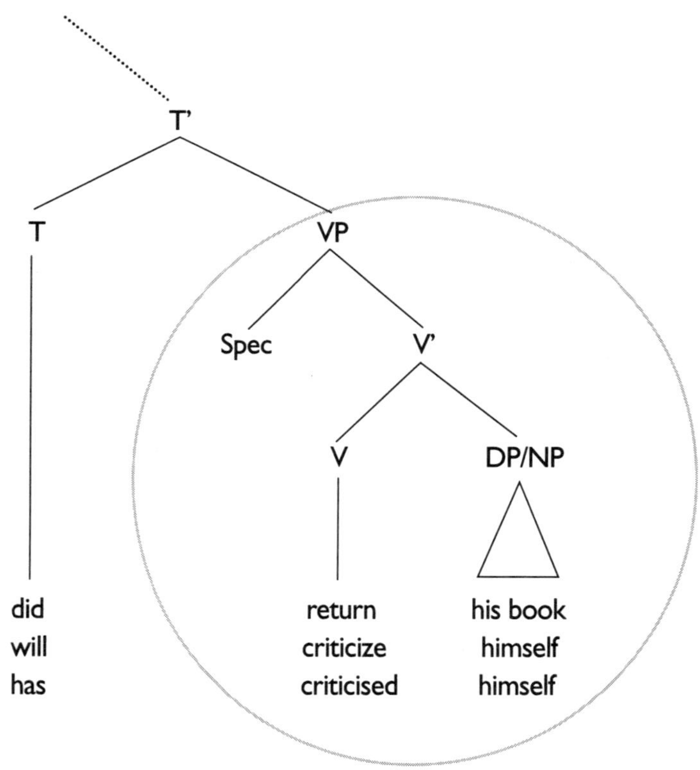

(34)

a. John says that he will clean his room meticulously, and **[clean his room meticulously]** he will [▲].

b. John says that he will carefully clean his room, and **[carefully clean his room]** he will [▲].

(35) Clean his room meticulously, he will [▲]: V-bar adjuction

a.

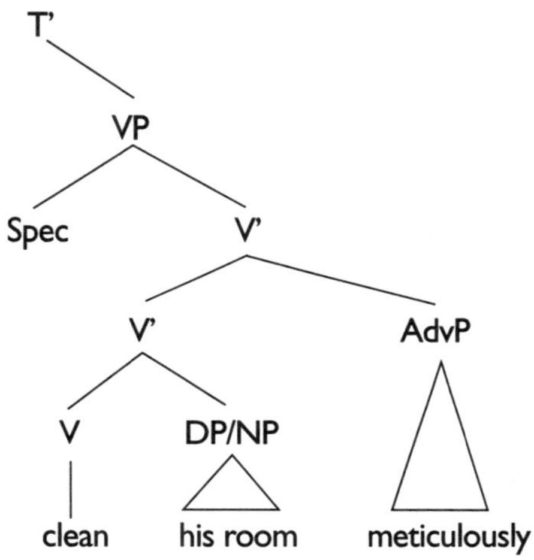

b. (35a)의 가능한 대안: VP-adjunction

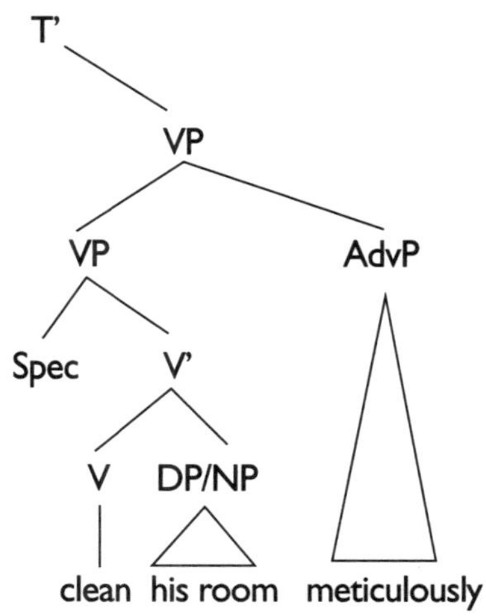

c. Carefully clean his room, he will [▲]: V-bar adjunction

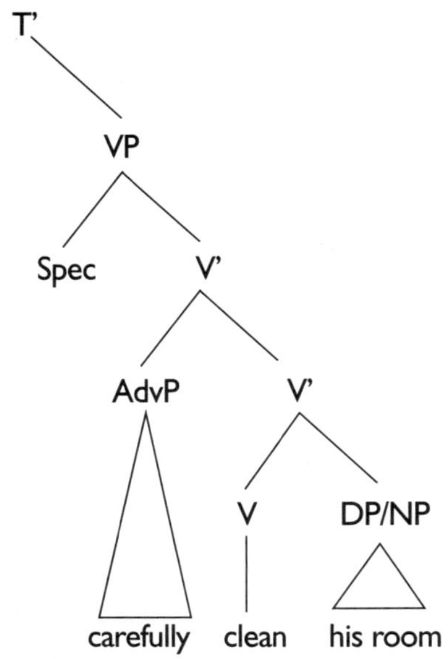

d. (35c)의 가능한 대안: VP-adjunction

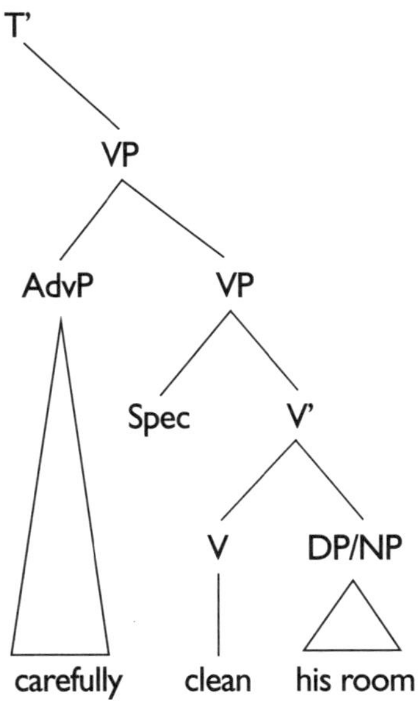

(36) 구성소 안에 포함된 부가어 'meticulously' 도 전치의 대상

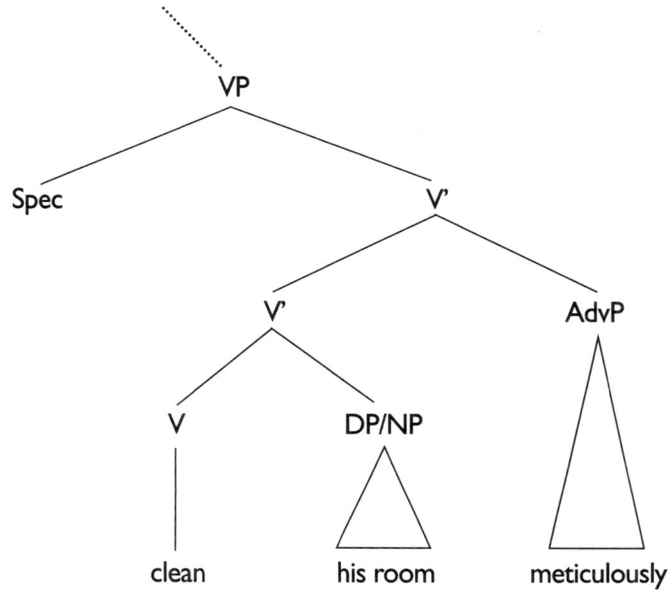

(37) 동사구 안의 부가어 'carefully' 도 전치의 대상

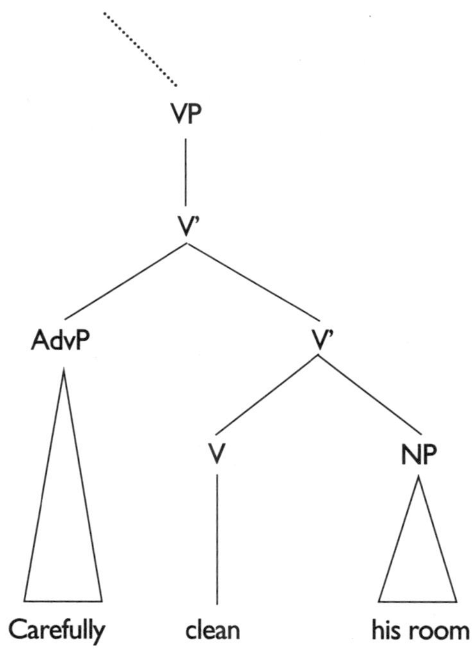

▶ VP fronting과 구성소 자료 (Aarts 2008) : v-bar adjunction 옹호 자료

(38)
a. *Simone says that she will dance the samba competently, and dance she will ▲ the samba competently.
b. *Simone says that she will dance the samba competently, and will dance she ▲ the samba competently.
c. *Simone says that she will dance the samba competently, and dance the samba she will ▲ competently.
d. Simone says that she will dance the samba competently, and [dance the samba competently] she will ▲.
e. Frank says that he will fly to New York tomorrow, and [fly to New York tomorrow] he will ▲.
f. The provost says that she will host a meeting at 4 p.m., and [host a meeting at 4 p.m.] she will ▲.

▶ Test for VP node : v-bar adjunction 옹호 자료

(40)
a. [Clean his room meticulously] though Ralph will ▲, he'd rather watch TV
b. *[Clean his room] though Ralph will ▲ meticulously, he'd rather watch TV
c. [Carefully clean his room] though Ralph will ▲, he's normally untidy and sloppy
d. *[Clean his room] though Ralph will carefully ▲, he's normally untidy and sloppy

8.6. 여격 이동Dative shift

8.6.1. 여격구문-이중목적어 구문의 기저형 논증

영어에는 다음의 두 구문이 그 의미가 상당히 유사한데, 이 두 구문사이의 관계를 설명해 주는 것이 여격이동이라고 불리는 변형규칙이다.

(41)
a. John gave a book to Mary (Dative Construction, DC)
b. John gave Mary a book (Double Object Construction, DOC)

(41a)와 (41b)의 의미가 유사하고 관련이 있음을 인정한다면, 이 두 구문은 어떻게 생성되는 것인가? 한가지 접근법은 (41a)와 (41b)가 전혀 별개의 과정을 통해서 생성되는 문장들이라고 주장하는 비변형문법적 접근 방법이 있고, 또 한가지는 (41a)와 (41b)가 변형규칙을 통해서 한 개의 기저구조로부터 나머지 한 개가 생성된 것이라고 주장하는 변형생성문법적 접근이 가능하다. 변형생성문법적 접근에서도 (41a)로부터 (41b)가 도출된 것인가 아니면 (41b)로부터 (41a)가 도출된 것인가에 대한 논란이 끊임없이 있어 왔다.

여기서는 (41a)로부터 (41b)가 도출된 것이며, 이 도출에 관여하는 변형규칙을 여격구문에 작용하는 여격이동(Dative Shift)라고 부른다.

여격구문을 기저구조로 삼아 여격이동이 적용되어 이중목적어구문이 되었다는 주장의 근거는 다음과 같다.

<u>논증 #1</u>. 이중목적어 구문과 여격구문

일부 동사는 의미가 비슷해도, 여격구문만을 허용할 뿐 이중목적어 구문을 허용하지 않는다. (donate, transmit, contribute, distribute, etc)

(42)
a. Bill Gates has been donating billions of dollars each year to charity
b. *Bill Gates has been donating charity billions of dollars each year.
c. The volunteer distributed some apples to the homeless
d. *The volunteer distributed the homeless some apples
e. Bill transmitted the message to her mother
f. *Bill transmitted her mother the message

논증 #2. 통사적으로 이중목적어 구문이 허용되지 않고 여격구문의 형태만이 허용되는 동사가 있다. (explain, describe, obtain, demonstrate, introduce, etc)

(43)
a. The professor explained the issues to the graduate students
a'. *The professor explained the graduate students the issues

b. The secretary described the situation to her boss
b'. *The secretary described her boss the situation

c. The nuclear physicist demonstrated the proof to the audience
c'. *The nuclear physicist demonstrated the audience the proof.

d. My sister will obtain the recommendation for me
d'. *My sister will obtain me the recommendation

논증 #3. 여격구문에 나타나는 전치사는 to, for, of 등이 가능한데, 이를 변형규칙적으로 설명하기 어렵다. 따라서 여격구문을 기저구조로 삼으면, 이러한 전치사구 생략된다고 설명할 수 있다. 따라서 설명이 용이하다.

(44)
a. John gave a sweater [(to) Mary]

b. John gave [ø Mary] a sweater

8.6.2. DOC와 DC의 통사의미적 특징과 차이점

의미역 관점에서 보면 이중목적어구문과 여격구문이 의미적으로 별 차이가 없어 보인다. 그러나 이 두 구문은 통사적 혹은 통사의미적으로 중요한 차이점들이 있다. 그 중 몇 가지를 설명해 보자.

첫째, DOC에서는 IO만이 수동태의 주어가 된다(미국영어기준). (Jacobs 1995)

(45)
a. The emperor gave the vassal a castle.
b. The vassal was given a castle by the emperor.
c. *A castle was given the vassal by the emperor.

(46)
a. The group awarded the community college two special scholarships.
b. The community colleague was awarded two special scholarships (by the group).
c. *Two special scholarships were awarded the college (by the group).
d. The group awarded two special scholarships *to* the community college.
e. Two special scholarships were awarded *to* the college (by the group).

둘째, 여격구문에서는 DO가 수동태의 주어가 된다.

(47)
a. The emperor gave a castle to the vassal.
b. A castle was given to the vassal by the emperor.

Dixon (1991, 2005)의 다음 예문도 이중목적어구문의 직접목적어와 간접목적어가 모두 수동태의 주어가 될 수 있다고 설명한 예문인데, 이는 영국영어의 영향이라고 생각된다.

(48)
a. Tom was given a book (by John).
b. A book was given Tom (by John).

셋째, [-concrete]직접목적어는 DOC에서만 허용되고 DC구문에서는 불허된다.

(49)
a. John gave the door *a hard kick.*
a'. *John gave *a hard kick* to the door.
b. The woman at the concierge gave the VIPs *a warm smile.*
b'. *The woman at the concierge gave *a warm smile* to the VIPs.
c. I have never given *the issue* a thought.
c'. *I have never given *a thought* to the issue.
d. You gave me a cold.
d'. * You gave a cold to me.
e. John gave Mary a kick on the knee.
e'. *John gave *a kick on the knee* to Mary.

cf. John told Mary a white lie.
John told a white lie to Mary.

넷째, DOC의 주어는 행위자, 원인격등의 의미역이 가능하지만, 여격구문의 경우는 원인(Causor)의 의미역을 가질 수 없다.

(50)
a. The tutor gave Mary a book.
a'. The tutor gave a book to Mary.
b. The horrible story gave the reporter a book.
b'. *The horrible story gave a book to the reporter.
c. Interviewing Bill Clinton gave the NY Times reporter a book.
c'. *Interviewing Bill Clinton gave a book to the NY Times reporter.

다섯 째, DOC구문과 DC구문은 의미상 함의(semantic entailment)하는 바가 다르다.[7]

(51)
a. The tutor gave Mary a book.
a'. The tutor gave a book to Mary.
b. The horrible story gave the reporter a book.
b'. *The horrible story gave a book to the reporter.
c. Interviewing Bill Clinton gave the NY Times reporter a book.
c'. *Interviewing Bill Clinton gave a book to the NY Times reporter.

위 (50) ~ (51)의 예문에서 (b)-(b′), (c)-(c′)는 그 의미가 완전히 동일하다고 말하기 어렵다. 이 점은 아래의 (52)를 살펴보면 알 수 있다.

(52)
a. John Smith taught syntax to Mary.
a'. John Smith taught syntax to Mary, but she didn't learn anything.
b. John Smith taught Mary syntax.
b'. *John Smith taught Mary syntax, but she didn't learn anything.

(52)의 a와 a' 은 문법적이지만, b와 b' 중 b' 만이 비문법적이다. 왜 이런 차이가 생긴 것일까?

이중목적어구문인 (52b)가 함의하는 바는, 'Mary' 가 'syntax' 를 배웠다는 점인데, 동등접속된 두 번째 절에서 이를 부정하고 있기 때문에 문장 전체에 모순이 생겨서 비문이 되는 것이다. 이에 비해, (52a)가 함의하는 것은, 'Mary' 가 'syntax' 를 배웠는지에 대해서 확실하지 않다는 점이다. 따라서, 동등 접속된 두 번째 절에서 이를 부인해도 문장 전체가 모순을 일으키지 않고, (52a')는 정문이 된다.

DOC구문과 DC구문이 함의하는 바가 다르다는 점을 보여주는 두 번째 예문으로

7 Den Dikken (1995, pp.158-159)

다음을 고려해 보자.

(53)
a. In 1955 they taught arithmetic to children, but they didn't teach them anything.
b. In 1955 they taught children arithmetic, but they didn't teach anything to them.

위의 예문들이 둘 다 정문인 이유는 다음과 같다. (53a)에서, 첫째 절 'They taught arithmetic to children' 과 'but' 으로 동등접속된 둘째 절 ' they didn' t teach them anything' 이 서로 문장의 형태가 다르다. 즉, DC 〈-〉 DOC가 되어서, DC가 의미적으로 함의 하는 바와 DOC가 의미적으로 함의하는 바가 다르므로, 둘째 절 'they didn' t teach them anything' 이라고, 첫 번째 절을 부정해도 첫째 절과 의미상 상충을 일으키지 않는다. (53b)의 경우도 유사한 설명인데, 첫째 절 'They taught children arithmetic' 은 DOC이고, 'but' 으로 동등접속된 둘째 절은 'they didn' t teach anything to them' 은 DC이다. 따라서, 둘째 절이 'they didn' t teach anything to them' 이라도 첫째 절을 부정했더라도, 의미상 상충이 생기지 않으므로, 결론적으로 DC와 DOC는 의미상 함의하는 바가 다르다고 말한다.

▶직접목적어와 간접목적어의 통사적 차이를 더 구체적으로 살펴보자(Huddlestone & Pullum 2005, p.72).

(54) 화제화(Topicalization):
a. Everything else, she gave him [t] (DO)
b. *Him, she gave [t] everything else (IO)

(55) Wh-이동(Wh-movement):
a. What did she buy him [t]? (DO)
b. *Who did she buy [t] these shoes? (IO)

(56) 관계화(Relativization):
a. He kept the gifts [which she had given him [t]] (DO)
b. *They interviewed everyone [whom she had given [t] gifts] (IO)

(57) 감탄문(Exclamative):
a. What a lot of work he gave them [t]! (DO)
b. *What a lot of them he gave [t] work ! (IO)

(58) 구조적 높이(structural position): 결속효과(Binding effects)
a. Mary showed [the boys]$_i$ [each other]$_i$
b.*Mary showed [each other]$_i$ [the boys]$_i$

(59) 구조적 높이(structural position): 부정극어 효과(NPI effects)
c. John gave [nobody]$_i$ [anything]$_i$
d. *John gave [anyone]$_i$ [nothing]$_i$

▪▪▪ 연습문제

1. 다음 문장의 수형도를 그리시오.

   a. German beer, I like.
   b. I like, but Bill hates Syntax

2. 다음 문장의 쌍을 어떻게 설명할 수 있는가?

   a. I had a boyfriend then
   b. *A boyfriend was had by me then.

3. 이중목적어 구문을 수형도로 그리시오.

   a. John gave the man the vase.
   b. The man got her a blouse.

Chapter 09

기타 영어 통사현상과 그 논증

이 장에서는 영어에서 발견되는 기타 중요한 몇 가지의 통사적 현상과 구문에 대해서 알아보기로 한다. 이러한 구문과 통사현상의 논증을 통해서 우리는 영어 문장의 내부구조에 대해 보다 분명한 생각을 할 수 있으며, 동시에 이러한 다양한 구조와 구문이 영어 작문이나 각종 고급 영어에 대해서 잘 알 수 있게 해준다. 이 장에서 주로 다루어지는 구문과 통사현상으로는 결속현상, 주어-목적어 인상, 여격이동, 외치변형, 분열문/유사분열문등을 알아보고 이들의 내부 구조를 보여주는 수형도도 그려보기로 한다.

•• 핵심용어 및 개념

Subject-to-Object raising 주어-목적어 인상
Exceptional Case Marking 예외적 격 할당
Extraposition 외치
Heavy NP shift 중량명사구 이동
Right Node raising 우측가지인상
Negation scope 부정어의 작용역
Negative Polarity Items 부정극어
Inversion 도치

Chapter

09 기타 영어 통사현상과 논증

9.1. 주어-목적어 인상Subject-to-Object Raising

이 절에서 우리는 다음에서 발견되는 연관성을 살펴본다. 소위 believe-유형의 동사는 다음의 세 가지 문장 형태를 다 허락한다.

(1)
a. John believes the story → NP-V -NP
b. John believes [Mary to be clever] → NP-V-NP-to-infinitivs.
c. John believes [that Mary is clever] → NP-V-CP

(1b)와 (1c)가 그 의미가 같다고 말할 수 있는데, (1)에서 'Mary' 는 과연 구조적으로 어느 위치에 있는 것일까? (1b)와 (1c)가 의미가 같다면, (1b)에서 꽉 괄호([ ])속의 'Mary' 는 내포된 IP속의 지정어 위치에 있다고 말할 수 있다. 마치 (1c)에서 'Mary' 가 시제절(IP) 속의 지정어 위치에 있는 것과 마찬가지다.

또한 내포된 절의 술어 'be clever' 의 의미상으로 살펴보아도 'Mary' 는 'be clever' 의 주어인 것이 확실하다. 그런데 'Mary' 가 상위절의 직접목적어의 위치에 속할 수도 있다는 주장에 대해서 변형문법의 초기부터 꾸준히 제기되어 온 문제였다. 과연 (1b)에서 'Mary' 는 상위절 'believe' 의 목적어 인가? 아니면, 하위절 'be clever' 의 주어인가?

(1b)의 'Mary' 는 하위절의 주어에서 상위절의 목적어로 이동한 것이라는 주장이 변형생성문법 초기부터 꾸준히 제기되어 왔는데, 이 이동은 주어-목적어 인상

(Subject-to- Object raising)이라고 불려 왔다.

9.1.1. Exceptional Case Marking (ECM) 동사

과연 어떤 이유로, 위의 예문 (1)의 'Mary'는 하위절 (IP)의 주어에서 상위절 목적어의 위치로 이동했다고 믿을 수 있을까? 이에 대한 논증을 아래에 소개 해본다.

의견A : 'Mary'는 비시제 내포절 IP의 주어이다

<u>논증 #1</u>: 하위절 술어의 의미를 근거로

하위내포절의 술어(이 경우 'be clever')도 주어가 있어야 하므로, Mary가 하위절의 주어라고 말할 수 있다.

<u>논증 #2</u>: 'Mary'가 나타난 위치에 허사가 출현가능함을 근거로

Expletives '*it*' '*there*' can occupy the NP position that 'Mary' occupies. Therefore, the NP position where 'Mary' occupies cannot be DO of 'believe'.

(2)
a. Ed believes [*it* always to be raining in London]
b. Ed believes [*there* to be a traitor in the company]
c. John believes [*there* to be a life after death]

(3)
a. I consider *it* time to leave (Radford, 1988, p.324)
b. I find *it* inconceivable that he should have gone.
c. I believe *it* inevitable that war will break out.

(4)
a. Ed believes that [it is always raining in London.
a'. John believes [it always to be raining in London]
c. John believes [that there is a traitor in the company]

논증 #3: 'believe' 의 하위범주화를 근거로[1]

*believe*는 하위 범주로서 절이나 명사구중 하나만 선택하고, NP와 IP를 동시에 선택하지 않는다.

(5)
'believe(verb)

$$[\_\_\_\_ \left\{ \begin{array}{c} NP \\ IP \\ CP \end{array} \right\}]$$

(6)
a. John believes the story.
b. John believes that the story is false.
c. *John believes [the story] [that it is laughable].

논증 #4: 주어의 위치에서 사용될 수 있는 관용구의 표현의 분포를 근거로

다음의 관용적 표현들을 고려해 보자.

1 'believe' 가 단순 명사구만을 하위범주적 요소로 선택하기도 하고, 시제절 CP를 하위범주 요소로 선택하기도 한다. John believes Mary, John believes Mary to be feisty, John believes that Mary is feisty, *John believes Mary that she is feisty.

(7)
a. *The coast* is clear (='No one/Nothing hinders us').
b. *The fat* is in the fire (='things are quite messy').

'the coast' 와 'the fat' 같은 표현은 위와 같은 관용구에서 주어로만 사용될 수 있다. 따라서, 이렇게 주어로만 사용 가능한 관용구의 표현이 'believe' 같은 동사의 구문의 목적어 위치에 나타날 수 있는지 알아볼 필요가 있다. 다음의 예문이 문법적이고, 관용적 의미를 보존하고 있는 것으로 보아, 'Mary' 는 하위절의 주어의 위치를 차지하고 있는 요소일 것이라 주장할 수 있다.

(8)
a. Ed believes [*the coast* to be clear].
b. Ed believes [*the fat* to be in the fire].

논증 #5: 하위절 안에서 수동화변형이 의미변화를 일으키지 않음을 근거로
의미 변화없이 내포문 안에서 수동화 변형이 가능하다. 즉, 상위절의 동사 'believe' 가 내포절을 직접목적어로 택했을 뿐, 내포절 안에서 능동문이던 수동문이던 상관없는 셈이다. 따라서, 'Mary' 가 차지하는 위치는 내포된 하위절의 주어의 위치이며, 내포절에 속해 있다고 말할 수 있다.

(9)
a. Ed believes [the jury to have given the wrong verdict].
b. Ed believes [the wrong verdict to have been given by the jury].

이상과 같은 5가지의 논증을 통해서 우리는 'John believes Mary to be clever' 같은 구문에서 'Mary' 가 차지하고 있는 위치는 구조적으로 하위절의 주어라고 말할 수 있을 것이다.

한편, 'Mary' 가 상위절 'believe' -동사의 직접목적어의 위치에 있다고 주장할 수 있는 근거는 무엇인가 알아보자. 다시 말하면, 'Mary' 가 상위절에 속한 요소라는 근거는 어디에 있는가?

의견 B: 'Mary' 는 상위절 동사 'believe' 의 직접목적어

<u>논증 #1</u>: 격을 근거로

우선 'Mary' 는 하위절의 주어의 의미를 가지고 있긴 하지만, 그 격은 목적격을 가진다. 따라서, 'Mary' 가 차지하고 있는 위치는 상위절 속에 속하면서, 상위절 동사인 'believe' 의 목적어이다. 다음을 보자. Accusative case => her

(10)
a. John believes Mary to be rather jumpy.
b. John believes her to be rather jumpy.
c. *John believes she to be rather jumpy.

<u>논증 #2</u>: 재귀대명사의 분포를 근거로[2]

영어의 재귀대명사는 그 분포에 있어 동일절 내에 선행사가 있어야 한다.[3]

따라서, 만일 'Mary' 의 위치에 재귀대명사가 올 수 있다면, 이 위치는 주어가 있는 절과 동일한 절, 즉 상위절에 있음을 보여준다고 할 수 있다.

2 Chomsky (1981, Lectures on Government & Binding)에서 재귀대명사의 분포와 해석에 관한 조합적이론(modular approach)은 결속이론 (Binding Theory, Binding condition)에서 다루어졌다. 그러나 조합적 문법이론의 문제점은 최근 최소주의 이론의 도입 이후로 포기되고 있다. Hornstein (2009) 다만, 재귀대명사의 분포와 해석에 관한 여러 가지 경험적 자료와 판단은 여전히 통사적인 현상의 설명과 논증에 중요한 근거가 된다. 제 1장 참조할 것.

3 영어의 재귀사(reflexives and reciprocals) 분포는 교차언어적 관점에서 보면 다른 언어의 재귀사 분포와 차이가 있지만, 한 가지 공통점은, 재귀사는 독립적으로 그 지시대상을 가지지 못하는 요소라는 점이고, 선행사가 있어야 하는데, 선행사가 출현하는 국부영역(local domain)에 대한 다양한 설명이 가능하다.

(11)
a. $John_1$ believes him_2 to be idiotic
b. $John_1$ believes *himself*$_1$ to be idiotic.

(12)
a. The $students_1$ believe $them_2$ to be hard-working and cooperative.
b. The $students_1$ believe $themselves_1$ to be hard-working and cooperative.

(13)
a. $Mary_1$ believes her_2 to be sexy and attractive.
b. Mary believes $herself_1$ to be sexy and attractive.

▸ Background data for Reflexivization and Pronominalization
-Reflexives need the antecedent within the same clause only, and pronouns cannot have the antecedent within the same clause.

(i) John washed *him* (John≠him)
(ii) John washed *himself* (John=himself)
(iii) *John thinks Mary loves *himself*
(iv) *John thinks *himself* loves Mary
(v) **Himself* left in a hurry.
(vi) *He* left in a hurry.

따라서, 위의 예문에서 상위절의 주어와 함께 나타난 재귀사(himself, themselves, herself)는 주어와 동일지시적으로 해석되고, 동일 위치의 대명사 (him, them, her)는 주어와 다른 사람으로 해석되어야 정문이다.

바로 이 위치를 차지하고 있는 ' Mary' 는 자연히 상위절의 목적어 위치에 출현한 것이라는 점을 논증한 것이다.

한편, 한국어나 일본어/중국어는 이러한 논증을 할 수 없는데 그 이유는 한국어/일본어의 재귀사는 동일절 밖에도 선행사가 가능한 장거리 선행사를 허용하는 언어들이기 때문이다.

▸ Cross-linguistic consideration from Korean:

a. John-un Mary-ka *casin*-ul saranghanta-ko sengakhanta
  John-Nom Mary-Nom self-Acc love-Prs-Comp think-Prs-SE
  John thinks Mary$_2$ loves SELF$_{1/2}$
b. John-un *casin*-i Mary-lul saranghanta-ko sengakhanta
  John-Nom self-Nom Mary-Acc love-Prs-Comp think-Prs-SE

논증 #3: 대명사의 분포와 해석을 근거로

위에서 보여주었던 바와 같이, 영어 대명사는 동일절 안에서 선행사를 가지지 못한다. 따라서, 만일 주절 동사 'believe' 다음의 위치에 출현한 Mary는 주절속에 위치해 있으며, 이것이 주절의 목적어 위치라는 주장을 할 수 있다.

(Pronoun in the NP position cannot be correferential with the subject.)

(14)
a. John believes him to be clever. (=cannot refer to 'John')
b. The students believe them to be hard-working. (=cannot refer to 'the students')

논증 #4: 부사의 출현을 근거로

그 의미상 상위절 동사/동사구를 수식하는 것이 분명한 부사가 Mary 뒤에 출현할 수 있기 때문에, Mary는 상위절에 속한 상위절 동사의 목적어이다.

(Adverbials that is related to the matrix verb can come between the NP and 'to-infinitive' (Postal)

(15) John *has believed* Mary *for a long time* to be a genius.

(16)
a. John believes the professor fervently to be a computer guru.
b. *John believes fervently the professor to be a computer guru.
c. John believes fervently that the professor is a genius.
d. John believes fervently to be a genius [that professor who gave a lecture on palm-reading].

따라서, Mary는 상위절 동사의 목적어 위치에 있는 요소이다.

<u>논증 #5</u>: 수동화 변형가능성을 근거로

수동화 변형은 일반적으로 동일절 안에서 일어나는 현상이다. 따라서, 만일 Mary가 수동화 변형의 적용대상이 될 수 있다면, Mary가 주절 속의 목적어 위치에 있음을 보여주는 증거이다.

(Passivization of the NP: passivization is possible usually within the same clause.)

(17)

a. Mary was believed _____ to be clever.

b. The story is believed _____ to be false by Ed.

한 가지 흥미로운 점은 앞서, 우리는 내포절 안에서도 의미 변화없이 수동화 변형이 가능했음을 보여주고 이것이 Mary가 내포절의 주어의 위치에 있음을 보여준다는 논증을 제시했었다. 그런데 이 위치의 요소가 다시 수동화 변형의 대상이 될 수 있음을 위에서 보았다. 그렇다면, 수동화 변형규칙이 두 번 적용된 것도 가능할까? 다음을 고려하자.

(18)

a. Ed believes [the jury to have given the wrong verdict].

b. Ed believes [the wrong verdict to have been given by the jury].

c. The wrong verdict was believed to have been given by the jury.

(19)

The wrong verdict was believed ____ [____ to have been given ____ by the jury.

passivization　　　　passivization

결론적으로, 논항 구조적으로는 하위절의 주어의 위치에서 기저 생성되었던 'Mary' 가 Subject-to-Object raising이라는 변형규칙으로 이동된 것이고, 이러한 특이한 현상을 수반하는 동사류를 예외적 격 할당 동사(Exceptional Case Marking verbs , aka ECM verbs)라고 부른다.

주의할 점은, 모든 동사가 다 Raising-to-Object를 허용하는 것은 아니다. 'believe' , 'expect' , 'consider' 등이 이런 Raising-to-Object 동사이다.

9.1.2. 기타 동사의 유형

한편, 겉으로 보기엔 비슷해 보이는 V-NP-to-infinitive의 구조를 허용하는 'persuade' 같은 동사, 또는 'want' -type의 동사는 'believe' 와는 다르다. 다음의 논의에서는 'believe' , 'persuade' , 'want' 의 세 동사를 비교해 보기로 한다.

9.1.2.1. *to-infinitive*가 나타나는 유사한 동사의 사례:

첫째, Believe+NP+to-infinitive : ECM 동사

(20)
a. I believe Bill Gates to be tantamount to a sheer guru
b. I believe that Bill Gates is tantamount to a sheer guru
c. *I believe to be tantamount to a sheer guru

둘째, Persuade+NP+to-infinitive : 통제동사

(21)
a. John persuaded Mary to resign from the managerial position
b. John persuaded Mary that she should resign from the managerial position
c. *John persuaded to resign

셋째, Want+NP+to-infinitive :

(22)
a. John wanted to resign from the managerial position
b. John wanted Mary to resign from the managerial position
c. *John wanted Mary that she should resign from the managerial position

위의 세 동사는 to-infinitive가 출현할 수 있어 구문의 구조가 동일 할 것으로 생각되지만, 동일한 기저구조를 가지지 않는다. 이 점을 보여주는 근거로 다음이 있다.

우선 persuade의 경우를 살펴보자. Persuade는 believe와 달리 그 직접목적어가 상위 절에 속한 별도의 논항이라는 점을 보여주는 근거가 있다.

논증 #1: 허사가 'persuade' -동사의 목적어의 위치에 출현할 수 없음을 근거로

(23)
a. * Ed persuaded *it* to be hot in the room.
b. *John persuaded *there* to be many foreign students at this university.

허사란 의미가 없이 자리를 채우는 (syntactic filler) 요소이다. 따라서, (23a)와 (23b)에 허사가 나타나서 비문이라는 말은 동사인 persuade가 가지고 있는 (의미역)논항이 채워지지 않았기 때문이어서 비문이라고 말할 수 있는 것이다.

논증 #2: 주어관용구가 'persuade' 의 목적어위치에 출현할 수 없음을 근거로(그 위치는 독립적인 의미역이 주어지는 위치이므로)

(24)
a. * Ed persuaded the coast to be clear.
b. *Jennifer persuaded the fat to be in the fire

<u>논증 #3</u>: 'persuade-동사의 목적어를 수동화 변형시키면 그 의미가 변화하므로

(25)
a. John persuaded Brian to interview Melanie.
b. ≠John persuaded Melanie to be interviewed by Brian.

위 두 문장은 그 의미가 다르다. 우선 (25a)에서 '설득을 받는 사람' 은 'Brian' 이고, (25b)에서는 '설득 받는 사람' 이 'Melanie' 이다. 따라서, 'persuade' 와 'Melanie' / 'Brian' 사이에는 긴밀한 의미역할을 맺고 있다.

따라서 위 두 문장의 내부 구조는 다음과 같다.

(26)
a. John persuaded Brian [PRO to interview Melanie].
b. John persuaded Melanie [______to be interviewed PRO by Brian][4]
c. John persuaded Melanie [PRO to be interviewed t by Brian]

결론적으로 말하면, persuade는 3항 술어다; persuade(John, Brian, Clause) 여기서 PRO라고 소개한 암시적 논항은 목적어에 통제되는 요소이다.[5]

believe와 비슷한 want 같은 동사의 경우는 어떠한가? 다음의 want 예문에서 ex-husband는 상위절에 속한 요소인가 하위절에 속한 요소인가를 논증해보자.

4 결국 이러한 경우의 기저 구조로부터 암시적 논항인 PRO가 IP의 주어의 위치로 이동하지만, 소리가 없는 암시적 논항이므로 결국 발음은 'John persuaded Mary to be interviewed by Brian이 되는 것이다. 설명의 일관성을 위해서, 암시적 논항 PRO도 이동을 한다고 한다고 해야 한다. 그런데 이 암시적 논강이 왜 이동하는가? 아니면 정말 이동이 있다고 해야 하는 문제를 논의해야 하지만, 이 논제는 본서의 범위를 벗어나는 논의이므로, 추후의 연구과제로 남겨놓겠다. 내포문이 수동태의 동사구를 가지고 있을 때는, 이동할 필요가 전혀 없는 PRO가 그냥 제자리에 남아서 의미역만 받게 된다고 말할 수도 있다. 그렇게 되면, 상위절 목적어인 'Mary' 가 하위절의 동사구 속의 PRO와 어떤 방식으로든 연관을 맺어 통제해야 하는데, 이런 형상구조가 어떤 결과를 낳는가도 알 수 없다. 'to' 가 소위 EPP라는 자질을 가지고 있고, PRO도 영격 (null Case)를 가져야 하므로, 이동한다고 말할 수도 있겠다.

5 주어에 의해서 통제되는 PRO도 있는데, 이는 상위절 동사의 의미와 관련이 있다.
John1 promised Mary [PRO_1 to work hard]

(27)
a. She wants her ex-husband to get out of her life.
b. Hamlet wants Ophelia to win the lottery.

논증 #1: 의미역을 근거로

(27a)에서 'want' 의 직접목적어는 'her ex-husband' 가 아니다. 'want' 가 의미적 관련을 맺고 있는 요소는 명제 전체, 즉 비시제절 ' her ex-husband to get her out of her life' 이며, (27b)에서의 'want' 의 대상은 역시 명제 전체인 'Mary to win the lottery' 이다. 이점은 다음 자료를 보면 확실히 알 수 있다.

(28)
a. She wants her ex-husband. (×)
b. What she wants is her ex-husband to get out of her life. (⌣)

논증 #2: 내포문의 수동화 변형 전/후에 의미변화가 없음을 근거로

(29)
a. Hamlet wanted Ophelia to poison his uncle.
b. Hamlet wanted his uncle to be poisoned by Ophelia.

따라서, 'Hamlet' 이 원했던 것' 은 무엇인가? 하는 질문에 (29a)로 대답하거나 (29b)로 대답해도 의미상의 차이가 없게 된다. 즉 'Hamlet' 이 원했던 것은 명제 전체라는 말이지, 'Ophelia' 나 'his uncle' 을 원했던 것은 아니다.

이 NP-to-infinitive를 수동화 변형 시켜도 의미의 차이가 없으니, Ophelia는 believe-유형의 동사처럼 하위절의 주어의 위치에 있다고 말할 수 있다.

논증 #3: 관용구나 허사의 출현을 근거로

만일 상위절 'want' 의 바로 뒤에 허사가 출현할 수 있다면, 이는 'want' 로부터 의미역을 받는 위치가 아니라는 말이다. 따라서, 이 위치는 도출 초기 원래의 위치는 하위절 주어의 위치라고 말할 수 있다. 다음의 예를 살펴보자.

(30)
a. Kate wanted *it* to rain on Ralph's birthday.
b. Kate wanted *there* to be a police officer at the crime scene.

(31)
a. Kate wants the coast to be clear, in order for her to escape from Ralph.
b. Kate wants the fat to be in the fire.

지금까지의 설명에 의하면 'want' 와 'believe' 는 유사한 성격을 보인다. 그러나 이 두 종류의 동사는 또한 차이점도 가진다. 다음절에서 이점을 논의해보자.

9.2.1.2. 'want' and 'believe' 의 차이점과 공통점

'want' 와 'believe' 는 공통점으로 NP나 혹은 명제(절 논항:이 경우 비시제절)를 직접목적어로 선택할 수 있다.

(32)
a. John believes the jury.
b. John wanted a new convertible, but his wife wanted a family sedan.
c. Ed believes the jury to have given the wrong verdict.
d. Hamlet wanted Ophelia to poison the King.

하지만 차이점은, 'believe' 의 경우 ' want' 와 달리, 하위절의 주어였던 요소가 상위절로 이동하면, 다시 상위절의 주어위치로 수동화 변형을 허용한다.

(33)
a. The jury was believed ____to have given the wrong verdict by Ed.
b. *Ophelia was wanted ____to poison Ralph by Kate.

이 점은 단순 명사구만을 직접목적어로 선택한 경우에도 마찬가지이다. 즉, 'believe' 는 목적어를 수동화 변형을 허용하지만 'want' 는 허용하지 않는다.

(34)
a. The wild allegations were believed ____by detectives.
b. ?* A new convertible was wanted____ by John.

또 한가지 차이점은 다음 자료를 살펴보면 확실하다. 'believe' 와 뒤따르는 NP사이에는 'for' 같은 보문소나 'very much' 같은 삽입구가 위치할 수 없지만, 'want' 의 경우에는 가능하다.

(35)
a. I want Mary to give me an avocado
a'. I believe Mary to give me an avocado
b. I want very much for Mary to give me an avocado
b'. *I believe very much Mary to give me an avocado[6]
c. I want (for) Mary to leave for Italy as soon as she can.
c'. *I believe for Mary to have left for Italy.

이제 지금까지 논의한 것을 정리해 보자. 각 동사가 들어있는 문장의 구조는 아래와 같다. 첫째, *Believe*-동사류의 구조: *consider, expect, intend, know, suppose, understand*, etc.

6 한 가지 추가적인 차이점으로, ??*I believe her shot vs. I want her shot 처럼 'to be' 가 want 의 경우에는 생략가능하지만, believe의 경우는 가능하지 않거나 매우 어색하다.

(36)
a. [S John [VP believes [Clause the story to be annoying]]]
b. The story is believed ___ to be annoying by John.

둘째, *Persuade*-동사류의 구조: *advise, convince, notify*, etc.

(37)
a. [S Ed [VP persuaded [NP Brian]i [Clause ▲i to interview Melanie]]]
b. Brian was persuaded __ to interview Melanie by Ed.

(37a)의 ▲로 표시는 소위 비명시적 명사구라고 불리는 PRO가 있는 곳이다.

셋째, *Want*-동사류의 구조 *demand, hate, hope, love, prefer, wish*, etc.

(38)
a. [IP Kate [VP wanted [Clause Brian to interview Melanie]]]
b. *Brian was wanted ____to interview Melanie by Kate.

9.1.3. 소절에서의 주어-목적어 인상

지금까지, 동사의 유형과 내부구조에 대해서 설명했는데, 만일 believe 종류의 동사의 경우 소절도 가능하다. 소절의 구조는 어떠하며, 소절의 술어 앞에 오는 주어는 어떤 위치에 있을까?[7]

7 소절과 일반 절의 인상에 관한 더 자세한 논의는 Stowel (1981), Hong(2002), Lasnik & Hong (2010) 등 참조할 것

(39)
a. I consider him intelligent.
b. He is considered ___ intelligent.
c. John considers him innocent.
d. John considers himself innocent.
e. I consider [[not many people] suitable for the post].

우선 소절이 나타난 위의 예문 중 'him' 같은 단어의 구조적위치는 어디일까? 이에 대한 답을 찾기 위해 다음 몇 가지 통사현상을 통해 논증해보자.

① floating emphatic reflexives

(40)
a. The president is coming *himself*.
b. *We put the president in our car *himself*.
c. *I looked behind the president for guards *himself*.

=> I consider the president entirely responsible *himself*.

따라서, 위의 'the president' 는 SC(소절)의 주어인 것이 확실하다

② '*not*-initial NP' occurs only in the subject position of a clause (Radford,1997)

(41)
a. *Not many gorillas* have learned to tapdance.
b. *Not many students* understand how interesting Syntax can be.
c. I would prefer for not much to be said about this.
d. *Joe kissed not *many models*.
e. *Jane earned *not much money*.
f. *Sally talked to Bob about *not many problems*.
g. *I bought kangaroos from *not many Australians*.

=> I consider [*not many people* suitable for the job].

따라서, 소절 속의 NP는 소절의 주어 위치에 있는 것이 확실하다.

③ 'alone' ('only' 의 의미로 사용될 때) (Postal, 1974)

(42)
a. Noam Chomsky *alone* can help you
b. It would be strange for you *alone* to be nominated on the first ballot.
c. *Call Bob alone.
d. *I believe that *alone*.
e. *I talked to John *alone* about the Bovine Spongiform Encephalopathy, aka, the mad cow disease.
f. *I refuse to work with her *alone*.
=> I consider Chomsky *alone* responsible for the collapse of Lexical Grammar

위 예문이 문법적인 것으로 보아 Chomsky는 소절의 주어인 것이 확실하다

우리는 이 절에서 예외적 격할당 동사인 believe 같은 동사류에 대한 논의을 했고, 이와 유사하게 V..NP.. *to-inf*의 구조속에 나타나는 persuade 같은 통제동사에 대해서도 설명했다. 표면상의 유사성만을 가지고는 문장의 내부구조를 파악하기 어려우며, 여러 가지 논증을 통해서 내부구조를 밝혀나가는 일이 필요할 것이다.

▶소절의 수형도

(43)
a. John considers Mary quite knowledgeable about food
b. John considers the students millionaires.
c. *John considers the students a millionaire.

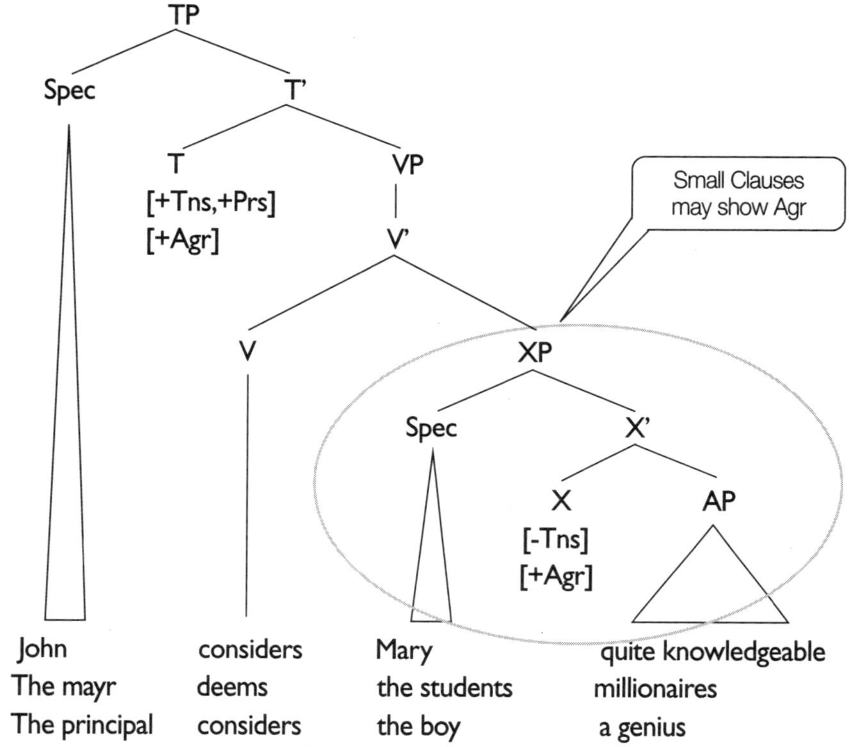

9.2. Extraposition(외치)변형

외치변형이란 문장속의 일부 요소, 특히 절 IP 등이 원래의 위치로부터 이탈하여 문장의 제일 뒤쪽으로 나가는 경우를 이른다. 외치가 일어난 가장 대표적인 경우는 that-절이 주어인 경우 허사 it을 남기고 that-절이 뒤로 옮겨가는 경우이다.

외치변형의 예를 들어보자.

(43)
a. For the restaurants to close so early is ridiculous
b. It is ridiculous for the restaurants to close so early
c. That he might run for the president of the organization was suggested
d. It was suggested that he might run for the president of the organization
e. That we need more international students is obvious
f. It is obvious that we need more international students

외치가 항상 절만을 이동시키는 것은 아니다. 다음은 명사구 안에서 외치가 일어난 예문으로 (44a)는 'two people from European Union countries' 로부터 'from European Union countries' 가 오른쪽 이동한 예문이다.

(46a)-(47b)는 관계절의 선행사만 남기고 관계절 자체가 오른쪽으로 외치된 구문인데, 모든 동사가 다 이런 외치를 허락하는 것은 아니다.

<Extraposition from NP>
(44)
a. We employed two people from European Union countries last week
b. We employed two people ▲ last week [from European Union countries].

(45)
a. A review of my latest book has just appeared.
b. A review has just appeared of my latest book.

(46)
a. A rumor that his illness was diagnosed as flu has been circulating.
b. [A rumor ▲] has been circulating [that his illness was diagnosed as flu]

(47)
a. The prisoners that were under severe surveillance escaped last night.
b. The prisoners ▲ escaped last night [that were under severe surveillance].
c. A new course which explores the influence of global warming will be offered.
d. A new course ▲ will be offered [which explores the influence of global warming]

관계절이 선행사와 분리되어 뒤로 외치 변형된 예문으로 다음이 있다.(Haegeman & Gueron, 1999, p.52)

(48)
a. [A woman [who sold second-hand books]] came here yesterday
a'. [A woman ▲] came here yesterday [who sold second-hand books]

b. Thelma published [a review [$_{PP}$ of Spielberg's new movie]] last week
b'. Thelma published [a review ▲] last week [$_{PP}$ of Spielberg's new movie]]

c. Three men who were helplessly drunk noisily left the theater.
c'. *??Three men ▲ noisily left the theater [who were helplessly drunk].

외치변형은 흔히 구성소 여부를 논증할 때 사용할 수 있는데, 외치가 된 요소는 구성소라고 생각할 수 있다.

(49)
a. Six women with yellow hats on their heads appeared.
b. Six women ▲ appeared [with yellow hats on their head].
c.*Six women ▲ on their heads appeared [with yellow hats].

(49c)는 왜 비문일까? 이에 대한 답으로 문제가 된 NP의 내부구조를 살펴 'with yellow hats' 만으로는 하나의 구성소가 아니라고 대답할 수 있겠다.

기타 그 밖의 예문을 살펴보자.

(50)
a. That the earth is round appears obvious
b . It appears obvious that the earth is round
a. That the show has been postponed appears definite
b. It appears definite that the show has been postponed

(51)
a. For the Giants to lose the World Series would be terrible.
b. It would be terrible for the Giants to lose the World Series.
a. It annoys Frances to say grace before every meal.
b. To say grace before every meal annoys Frances, because she is an atheist.

(52)
c. [That Boris won the election] has been confirmed
d. It has been confirmed [that Boris won the election]

한가지 주목할 사항은 외치변형이 주로 문장의 제일 뒤에 나타난다는 점이다. (Radford 1988, p.451)

(53)
a. A review will appear in the TLS shortly *of my latest book*
a'. *A review will appear *of my latest book* in the TLS shortly
a''. *A review will appear in the TLS *of my latest book* shortly

9.3. Heavy NP Shift(중량 명사구 이동)

문장의 정상적인 어순을 바꾸어 놓는 변형규칙으로 중량명사구 이동이 있다. 외치변형과의 차이점은 외치변형은 NP나 IP의 일부를 우향이동 시키는데 비해, "무거워진" NP 전체를 우향 이동시키는 것이다. 흔히 직접목적어가 문장의 제일 뒤로 나가는 경우가 이런 경우에 해당된다.

(54)

a. We brought six boxes of excellent French wine into the country.
a'. We brought ▲ into the country [six boxes of excellent French wine].

b. She sold the prints that she had made at the market.
b'. She sold ▲ at the market [the prints that she had made].

c. You should see the show at the art gallery before it leaves.
c'. You should see ▲ before it leaves [the show at the art gallery].

d. I drink [three glasses of milk with a teaspoon of honey] every night
d'. I drink ▲ every night [three glasses of milk with a teaspoon of honey].

e. You should read [the notes] with the greatest attention
e'. *You should read ▲ with the greatest attention [the notes].

(Collins & Lee, p. 201)
f. John believes [that professor who gave a lecture on gravitation] to be a genius.
f'. John believes ▲ to be a genius [that professor who gave a lecture on gravitation]

g. You should read [all the instructions which you receive in the course of the day] with the greatest attention.
g'. You should read ▲ with the greatest attention [all the instructions which you receive in the course of the day].

h. He bequeathed *his priceless collection of Ming vases* to his dog.
h'. He bequeathed ▲ to his dog [*his priceless collection of Ming vases*].

그러나, 이중목적어 구문의 간접목적어는 '아무리 무거워도' 중량명사구이동하지 못한다. Postal (1974, p. 138)

(55)

a. I sent my cousin from London a postcard.
a'. * I sent ▲ a postcard [my cousin from London].

b. I sent a postcard to my cousin from London yesterday.
b'. *I sent a postcard ▲ yesterday [my cousin from London].

c. John gave the professor the manuscript
c'. John gave [the professor who gave a lecture on gravitation[[the manuscript]
(John gave the manuscript to the professor who gave a lecture on gravitation)
c''. *John gave ▲ the manuscript [the professor who gave a lecture on gravitation]
(아무리 무거워도 간접목적어 이동불가)

또한, 허사는 당연히 중량명사구 이동 HNPS의 적용이 되지 않는다는 것을 다음의 예문을 보면 알 수 있다.[8]

(56)

a. John believes it to be raining hard in London
a'. *John believes to be raining hard in London it

b. John believes there to be no solution to the problem
b'. *John believes to be no solution to the problem there

다음의 추가적 자료에서 이동이 일어난 부분에 ▲을 넣어보면 중량명사구 이동의 위치를 확인할 수 있다.

8 중량명사구의 이동은 우항 이동인데, 문제는 문장 구조의 오른쪽에 어떤 위치가 있는가 하는 점에 대해서 생각해 볼 필요가 있다. 한 가지 가능한 방법은 IP-부가 라고 생각할 수도 있다.

(57)

a. The nature of this problem calls into question widespread assumptions about the relationship between word classes and phrase markers

b. I now present to you Dr. William Gates.(Ouhalla, 1994, pp. 84-85)

b. Details of a secret plan to finance the rebels have emerged

c. Details have emerged [of a secret plan to finance the rebels]

d. A man [who claims to be the killer] has come forward.

e. A man has come forward [who claims to be the killer]

f. Mary returned [all the books and the periodicals she had borrowed] to the library

g. Mary returned to the library [all the books and the periodicals she had borrowed]

9.4. 부정어와 부정어 도치현상

9.4.1. 부정어의 영향권

부정어의 위치 및 작용역, 그리고 부정어에 수반되는 분포와 해석의 문제는 영어 통사론에서 매우 중요한 주제중의 하나이다. 부정어의 작용역은 주로 그 부정어의 오른쪽 (성분 통어를 받는) 구조물에 국한되는 것이 보통이지만 항상 그런 것은 아니다.[9]

(58)

a. I definitely didn't speak to him (It is definite that I did not speak to him)

b. I didn't definitely speak to him (It's not definite that I spoke to him')

9 Quirk, et al (pp.381-)

위의 예문들이 보여주는 것처럼 그 부정어의 작용역은 그 부정어가 나타난 곳의 오른쪽이 되지만, 그렇지 않은 경우로서, 부사가 문장의 끝에 나타나면, 그 영역은 두 가지가 다 가능하다.

c. I wasn't listening [all the time] (=For the whole time, I was not listening)

(=It is not true that I was listening all the time)

d. Nothing agrees with me more than oysters
(i) ➞ Oysters agree with me more than anything else: Clausal neg
굴이 내겐 그 어느 것 보다 잘 맞는다.

(ii) ➞ Eating nothing agrees with me more than eating oysters: Local neg
아무 것도 안 먹는 것이 굴을 먹는 것보다 나에겐 잘 맞는다.
=굴을 먹느니 아무 것도 안 먹는 것이 낫다

e. I didn't leave HOME, [because I was afraid of my father]

(i) ➞ Because I was afraid of my father, I didn't leave home
나는 아버지가 무서워서 집을 떠나지 않았다 [···]가 부정어의 작용역 밖에 있다.

f. I didn't leave home [because I was afraid of my father]
(ii) ➞ I left home, but it was not because of my father that I did so)
나는 집을 떠났는데, 그것은 아버지를 무서워해서는 아니었다 (다른 이유로, 집을 떠났다)

9.4.2. 부정어 도치현상과 그 논증

영어의 부정어는, 긍정어로부터 굴절 접사가 붙어서 파생된 파생어로서의 부정어 단어들이 있다:

un-happy, dis-comfort, in-sane, in-distinguishable, a-sexual, un-drinkable, un-thinkable, etc.

또한, 주로 부사류인데, 아예 부정의 의미를 가진 단어들도 있다:[10]

rarely, scarcely, hardly, rarely, never, seldom, etc.

그리고 no나 not을 붙여서 부정어구나 부정 문을 만들기도 한다. 이들 각각은 흥미롭게도 통사-형태적으로 다른 현상이나 분포를 보인다.

우선 다음의 언어자료를 비교해 보자. 흔히 부정어구가 앞으로 전치 되면서 조동사-주어 도치를 일으키는 경우들인데, 이런 부류는 문장 부정의 특징을 지닌다.

① *Negative elements that trigger SAI: Sentential Negation(Rudanko, 1980); Inverting Negatives (Jackendoff, 1972)*

SAI를 수반하는 부정어구가 있는데 이들은 문부정어구라고 하고, 부정어의 작용역이 문장전체에 영향을 주어 그 의미가 부정문이 된다. 이를 증명하려면, 이런 예문들의 tag 의문문을 살펴보면 나타난다. 즉 neither가 나타나는지, so가 나타나는지를 보면 부정문인지 문 전체가 긍정의 의미를 가진 것인지를 알 수 있다.

neither-tag is used only with negative sentences; so-tag is used only with positive sentences;

10 부정의 의미를 가진 요소를 포함하기는 하지만, 그 의미상 아무런 영향권도 가지지 않는 부사도 있다. Nevertheless, nonetheless, notwithstanding등

다음의 자료를 살펴보자.

(59)
a. Not often does Jack attend parties.
b. *Not often Jack attends parties.
c. Not every day *does* Jack eat bagels.
d. *Not every day Jack eats bagels.
e. Not until yesterday did he change his mind.
f. On no account *will* I talk to her.
g. Seldom *do* I see him nowadays.
h. Never *did* anyone give John anything.
i. *Never anyone gave John anything.
j. Nothing *could* I find anywhere.
k. Never in my life *will* I go there again.
l. At no time *may* Bill enter this room without John°Øs permission.
m. In none of those years *will* Christmas fall on Sunday.
n. Not until you agree to come along *will* Bill be willing to face the boss.
o. Not for more than five minutes *did* he hesitate.
p. Not even ten years ago *could* we get away with that.

Lasnik: not often, not always, not many times, not on many occasions, not until, not even then, not because, not (in order) to, not for any reason, not under any conditions, not under any circumstance

<u>논증 #1</u>: 기초:부정문과 긍정문의 neither-so 분포

(60)
a. John *hasn't* left, and *neither* has Mary.
b.*John *has* left, and *neither* has Mary.
c. John *has* left and *so* has Mary.
d.*John *hasn't* left and *so* has Mary.

<u>논증 #2</u>: 부정어구가 있는 문장의 neither-so 분포

(61)
a. *Not* often does Jack attend parties, and *neither* does Bill.
b. *Not often does Jack attend parties, and *so* does Bill.
c. *Not* every day does Jack eat bagels, and *neither* does Bill.
d. *Not every day does Jack eat bagels, and *so* does Bill.

<u>논증 #3</u>: 부정어구가 있는 문장의 NPI licensing

(62)
a. *Not* often do you meet *anyone* interesting here.
b. *Not long ago John met *anyone* interesting here.[11]
b'. *Not* long ago John met *someone* interesting here.

<u>논증 #4</u>: tag questions에서 tag의 극성(polarity)

(63)
a. The client seems really unhappy, *doesn't/*does* he?
b. He *seldom* studied at the library, *did/*didn't* he?
c. *No* one wants to work for John, *does/*doesn't* he?
d. *Not* often does John attend any parties, *does/*doesn't* he?
cf. *Not* long ago John attended a party, *didn't/*did* he?

② <u>*Negative elements that do not trigger SAI:(1)-(13) are not truly negated sentences: Constituent Negation (Rudanko1980); Non-Inverting Negatives (Jackendoff, 1972);*</u>

두 번째 종류로, 주어-동사 도치 (SAI)를 수반하지 않는 종류의 부정어구가 있는데, 그 이유는 부정어의 작용역이 해당 구성소(XP)에서 끝이 나기 때문이다. 따라

11 NPI anyone은 '아무도', PPI' someone '누군가'

서, 문장 전체는 부정문이라기보다는 긍정의 의미를 가진다. 따라서 이들을 구성소 부정이라고 부른다. 이에 해당하는 예문들은 다음과 같다.

(64)
a. Not long ago, it rained.
b. *Not long ago did it rain.
c. Not far away it was raining very hard.
d. *Not far away was it raining very hard.
e. In no small measure it is his attitude that is blocking progress.
f. *In no small measure is it his attitude that is blocking progress.
g. Not unreasonably, one may expect results from him.
h. Not long ago there was a storm.
i. *Not long ago was there a storm.
j. In no time at all they had routed the enemy.
k. *In no time at all had they routed the enemy.
l. Not much later they arrived.
m. *Not much later did they arrive.

Lasnik : *not long ago, not long after, not long before, not far from here, not far away, not infrequently, not unnaturally, not unreasonably, not uncommonly, not surprisingly, not unexpectedly*

또한 특이사항으로 SAI를 수반하지 않는 부정어구는 긍정의 형태를 가진 다른 표현으로 대체될 수 있다. 다음을 살펴보자.

(65)
not long ago= a short time ago
not long after = a short time after
not long before = a short time before
not far away from here = near here /not far away = near
not infrequently = frequently
not unnaturally = naturally
not unreasonably = reasonably
not uncommonly = commonly

비록 이들이 부정어 'not' 이 들어있긴 하지만, 실제 의미상 긍정문이라는 점을 논증할 수 있는데, 위에서 문부정어구가 들어 있는 문장이 부정문이었다는 점을 논증할 때와 마찬가지 방식을 사용한다.

<u>논증 # 1</u>: 두 번째 대응어구(second conjunct)에 생략이 일어날 때, 일반 부정문에서 사용되는 neither는 사용할 수 없고, 긍정문에서 사용되는 so는 사용할 수 있다

(66)
a. **Not* long ago, John bought a house, and *neither* did Bill.
b. **Not* far away Jack is building a house, and *neither* is Bill.
c. *Not* long ago, John bought a house, and *so* did Bill.
d. *Not* far away Jack is building a house, and *so* is Bill.

<u>논증 # 2</u>: *any-words, ever* only occurs inside of the negatives; they are NPI and NPIs must be licensed by the c-commanding licenser, NEG

(67)
a. *Not long ago there was a rainstorm anywhere in that valley.
b. *Not even ten years ago, anyone could ever get away with that.
c. *In not many years, anything unpleasant will happen.
d. *In no time at all they had finished anything.
e. *Not much later anyone had arrived.

③ <u>*Negative elements optionally trigger SAI: especially PP can be operator/non-operator*</u>

어떤 경우에는 구성소 부정과 문부정이 다 가능한 표현들이 있는데, 이들은 구성소 부정이냐 문부정이냐에 따라 의미가 달라진다는 점을 주의해야 한다.

(68)
a. With no job would John be happy.
(직장이 없으면 John이 행복하지 않다)
a'. With no job John would be happy.
(직장이 없어도 (=무직이라도), John은 행복하다)

b. In not many years will Christmas fall on a Sunday.
(몇 년 동안에는 크리스마스가 일요일에 닿지 않을 것이다)
b'. In not many years Christmas will fall on Sunday.
(몇 년 안에는 (=곧, 오래지 않아) 크리스마스가 일요일에 닿을 것이다)

c. In no clothes does Mary look attractive.
(옷을 입지 않으면, Mary는 매력적이지 않다.)
c'. In no clothes, Mary looks attractive
(옷을 입지 않아도(=벗고 있어도), Mary는 멋지다)

따라서 이처럼 SAI가 나타날 수도 있고 SAI가 나타나지 않을 수도 있는 (68) 같은 문장의 의미는 확연히 다르며, 이들의 통사적 성격도 매우 다르다는 것을 (69)를 보면 알 수 있다.

(69)
a.With *no* job *would* John be happy and *neither*/**so* would Mary.
b.With *no* job John would be happy and *so*/**neither* would Mary.
c. In *not* many years *will* Christmas fall on a Sunday and *neither*/**so* will New Year's day.
d. In *not* many years Christmas *will* fall on Sunday, and *so*/**neither* will New Year's day.

한편, 부정어 문장에서만 사용되어야 하는 언어적 표현은 부정극어 (Negative Polarity Item, NPI)라고 부르고, 이와 달리 긍정문에서만 사용되는 요소들은 긍정극어(Positive Polarity Item, PPI)라고 부른다. 다음의 그 대표적인 예가 된다.[12]

12 한 개의 표현(단어)가 부정극어일 때와 긍정극어로 사용될 때는 의미가 달라진다. 따라서, 경우에 따라 부정극어로 사용되기도 하고 그렇지 않기도 한 단어들도 있다. 'Any' 같은 경우는 부정극어와 free choice 'any' 가 있다.

9.4.3. 부정극어와 긍정극어의 비교

긍정극어(PPI) 예문에서 알 수 있듯이 긍적극어는 부정문에서는 사용될 수 없다.

(70)
a. The Sox have *already* clinched the pennant.
a'. *The Sox haven't *already* clinched the pennant.

b. I *would rather* go to New Orleans.
b'. *I *wouldn't rather* go to New Orleans.

c. Jack could *just as well* have taken the train.
c'. *Jack couldn't *just as well* have taken the train.

d. He did *pretty* well on the exam
d'. *He didn't do *pretty* well on the exam.

e. He is *far* taller than his uncle.
e'. *He isn't *far* taller than his uncle.

f. John *still* plays golf.
f'. *John doesn't *still* play golf.

특이사항으로, 긍정극어가 허용되지 않지만, 상위절에 부정어구가 포함된 경우는 허용된다는 점이다.(why PPI in a simple negative Ss is disallowed but allowed in an embedded S?)

(71)
a. *He wouldn't *rather* be in Montpelier
a. There isn't anyone in this camp who wouldn't *rather* be in Montepelier.

b. *Someone else couldn't do a *far* better job than our present governor
b'. I find it impossible to believe that someone else couldn't do a *far* better job than our present governor.

c. You can't convince me that someone isn't *still* holed up in this cave.
c'. George has never come across anyone who couldn't do *pretty* well on that exam.

PPI의 분포를 방해하는 부정어구가 상위절의 부정어구에 의해서 인허되기 때문에 PPI의 분포가 허용되는 것 같다. 이 문제의 논증은 향후 연구과제로 남겨두기로 한다.

이밖에 NPI 로 소개할 만한 예문을 다음에 열거한다.

(71)
a. He didn't say *much*.
a'. *He said *much*.

b. George won't *ever* see that movie.
b'. *George will *ever* see that movie.

c. The colonel isn't *all that bright*.
c'. *The colonel is *all that bright*.

d. Bob probably won't *bother* leaving a number.
d'. *Bob probably will *bother* leaving a number.

e. John hasn't *lifted a finger* lately.
e'. * John has *lifted a finger* lately.

f. I don't *care to* go.
f'. * I *care to go*.

(72) (McCawley, p. 562-)
a. Mary didn't give *a red cent* to Arthur.
a'. *Mary gave *a red cent* to Arthur.

b. No one has seen Martha *in a coon's age*.
b'. *Fred has seen Martha *in a coon's age*

c. The governor isn't *all that* smart.
c'. *The governor is *all that* smart.

d. No one *budged* while the police were watching us.
d'. *Sam *budged* while the police were watching us.

e. The bomb didn't explode *until* 10:00.
e'. *The bomb exploded *until* 10:00.

9.5. 기타 이동(양보절 Though-이동)

끝으로 though-양보절에서 화제화가 일어나기도 한다. 다음의 예문이 이에 해당된다. 흥미로운 것은 though와 although가 모두 양보절의 접속사로 사용되기는 하지만, although는 이동과 관련이 없다.

(73)[13]

a. [Fare dodgers] though students are__, they're not thieves.

NP

b. [Quite happy] though Ken usually is__, today he is sad.

AP

c. [Very sad] though she was________, she managed to deliver a fantastic speech.

AP

d. [In debt] though she is ___, she's very generous.

PP

e. [Eat the puff fish] though he did___, he hasn't been sick.

VP

13 Aarts (2001, 2004)

'Although' 와 'though' 의 차이점에 대해서 알아보자. Although는 항상 접속사로만 쓰이지만 though는 부사(nonetheless, however, yet, notwithstanding)로 사용될 수 있다.

-부사 though

The weather forecaster says that snow is not predicated; we can expect some rain, though.

The prosecutor is very attractive, though he certainly isn' t a ladykiller.

-접속사 though

Today is clear though it is extremely cold weather.

Today is clear albeit (even though) cold weather.

··· 연습문제

1. 다음 주어진 예문의 수형도를 그리시오.

a. That the show has been postponed appears definite

b. It appears definite that the show has been postponed

c. I consider the president entirely responsible

d. For actors to undress on the stage is normal nowadays.

e. John considers Mary to be fastidious

2. 다음 문장들의 비문법적인 예문은 문법적인 문장으로 고쳐 쓰고, 문법적인 예문은 변형규칙이 적용되기 전의 문장으로 고쳐 쓰시오.

a. *You should read with the greatest attention the notes

---

b. *You should read with the greatest attention it

---

c. You should read with the greatest attention all the instructions which you receive in the course of the day.

---

d. That he has to say grace before ever meal annoys John.

참고문헌

참고문헌

김양순.박연미(2004) 영어통사론 이해. 도서출판 아진.
김양순.박연미.서진희.최숙희.홍성심(1999) 영어전문가를 위한 문법 (역서). 한국문화사
김연승 (2007) 영문구조의 이해. 공주대학교 출판부
김연승.홍성심.김양순 (2001) 현대 통사론특강. 경진 문화사
박연미.서수현.최숙희.홍성심.김양순.김연승(2008) 통사구조의 습득. 도서출판 동인
손근원.최숙희.홍성심.김양순.김연승.박연미.서수현(2010) 최소주의와 다위니즘. 도서출판 동인
정태구(2005) 영어통사론. 학술연구총서 68. 고려대학교 출판부
채희락.김선웅.서성기 (2005) 편저. 영어학의 최근논점. 통사론2. 한국문화사
홍성심.이봉형.서진희.김광섭 (2006) 개정 영어학 강의. 한국문화사
홍성심(2012) "언어진화에 관한 공방: FOXP2는 과연 언어유전자인가?". 현대문법학회 동계학술대회 자료집

Aarts, Bas. (1992) Small Clauses in English: the Non-verbal type. Mouton de Gruyter
________. (2008) *English Syntax and Argumentation*, 3rd edition, Palgrave
Abney, S. (1987) *The English Noun Phrase in its Sentential Aspect.* PhD. dissertation. MIT
Adger, David. (2003) Core Syntax: A Minimalist Approach. Oxford University Press
Authier, Jean-Marc (1992) "Interated CPs and embedded topicalization." *Linguistic Inquiry* 23.
Baker, Mark (1996) "Thematic Roles and syntactic structure". Ms. McGill University
Baltin, M. & C. Collins. (eds) (2001) *The Handbook of Contemporary Syntactic Theory.* Blackwell. Oxford.
Borsley, Robert (1999) Syntactic Theory: A unified approach. 2nd edition. Arnold.
Brinton, Laurel. (2000) The *structure of Modern English: a Linguistic introduction.* John Benjamins Publishing House
Burton-Roberts, Noel. Analysing Senences: An Introduction to English syntax (2nd edition): Longman
Celce-Murcia, M. & Larsen-Freeman, D. (1999) *The Grammar Book: An ESL/EFL teacher's course.* Heinle & Heinle
Chafe, W. L. (1976) Givenness, Contrastiveness, Definiteness, Subjects, Topic, and Points of View, *Subject and Topic*, London: Academic Press.
Chomsky, N. (1965) *Aspects of the Theory of Syntax*, MIT Press, Cambridge: MASS.
Chomsky, N. (1972) Deep Structure, Surface Structure, and Semantic Interpretation, *Studies on Semantics in Generative Grammar*, The Hague: Mouton.
Chomsky, N. (1981) *Lectures on Government and Binding: The Pisa Lectures*, Dordrecht: Foris.
Chomsky, N. (1986a) Barriers, Linguistic Inquiry Monograph 13. Cambridge, Massachusetts, MIT.
Chomsky, N (1986b) Knowledge of Language: Its nature, Origin and Use. New York. NY. Praeger
Chomsky, N. (1995) *The Minimalist Program*, Current Studies in Linguistics 28., Cambridge, Massachusetts: MIT.
Chomsky, N. (2000) Minimalist Inquiries: The Framework, *Step by Step*, MIT Press.
Chomsky, N. (2001) Derivation by Phase, *Ken Hale: A Life in Language*, MIT Press.
Chomsky, N. (2005) *On Phases*, Cambridge: MIT Press.
Chomsky, N. & H. Lasnik (1993) The Theory of Principles and Parameters, *Syntax: An International*

Handbook of Contemporary Research, Berlin: de Gruyter.

Chung, S., Ladusaw, W. & J. McCloskey (1995) Sluicing and Logical Form, *Natural Language Semantics* 3.

Crystal, David. (1987) *The Cambridge Encyclopedia of Language*. Cambridge

Denham, Kristin & Anne Lobeck (2010) *Linguistics for Everyone*. Wadsworth.

Den Dikken (2008) "Small Clauses, Phases, and Phase Extension ?the case of Scope and Object Shift." Presented at 31 GLOW colloquium

Dixon, R. (1991) *A new Approach to English grammar on semantic principles*. Oxford. Clarendon Press.

________(2005) "*A Semantic approach to English grammar*. Oxford Textbooks on Linguistics. Oxford University Press.

Felser, Claudia (1999) *Verbal Complement clauses*. John Benjamins Publishing company.

Grothe, Mardy (1999) *Never let a fool kiss you or a kiss fool you*. Viking, the Penguin Group. USA

Haegeman, L & Jacqueine Gueron (1999) *English Grammar: Generative perspective*. Blackwell

Han, Chung-hye & Maribel Romero (2002) "Ellipsis and Movement in the syntax of *Whether/Q … or* Questions." NELS 32

Hankamer, J. & I. Sag (1976) Deep and Surface Anaphora, *Linguistic Inquiry* 7(3).

Hartmann, C. (2000) *Right Node Raising and Gapping: Interface Conditions on Prosodic Deletion*. Amsterdam/Philadelphia: Benjamins.

Henry, Alison (1995) *Belfast English and Standard English*. Oxford University Press

Hong, Sungshim (2007) "On the syntax of 'Have to'." *Studies in Generative Grammar*. Vol 17. No.3. The Korean Generative Grammar Circle

___________(2008) "Rightward Movement and English subject postposing" *English Language and Linguistics* 25.

__________ (2009) "An English *tough*-construction Resolution: A Minimalist account." *Language and Information* 13.1. Korean Society for Language and Information.

Hong, S & H. Lasnik (2010) "A Note on 'Raising to Object' in small clauses and full clauses", Journal of East Asian Linguistics. Vol 19. No 3., Springer

Hornstein, Nobert (2009) *A Theory of Minimalist syntax: Minimal operations and Universal Grammar*. Cambridge University Press.

Hornstein, N., J. Nunes, K. Grohmann (2005) *Understanding Minimalism*. Cambridge Textbook in Linguistics. Cambridge University Press

Huddlestone, Rodney & Geoffrey Pullum (2005) A Student's Introduction to English Grammar, Cambridge University Press

Hudson, R.A. (1970) *English Complex Sentences: An Introduction to Systemic Grammar*. North-Holland

Jackendoff, R. S. (1972) Semantic Interpretation in Generative Grammar, *Studies in Linguistics* 2. MIT Press.

Jacobs, J. (1995) *English Syntax: A Grammar for English Language Professionals*. Oxford University Press

Jayaseelan, K. A. (1990) Incomplete VP deletion and gapping. *Linguistic Analysis*. *20*, pp. 61-84.

Johnson, K. (1996) Gapping: In Search of the Middle Field, ms. University of Massachusetts, Amherst.

Johnson, K. (2009) "Gapping is not (VP) Ellipsis," *Linguistic Inquiry* 40:2. pp. 289-328.

Kiss, K. E. (1998) Identical Focus versus Information Focus, *Language* 74.

Klein, W. (1993) Ellipsis, *Syntax: An International Handbook of Contemporary Research*, Berlin: de Gruyter.

Kratzer, A. (1991) The Representation of Focus, Semantics: *An International Handbook of Contemporary Research*, Berlin/New York: de Gruyter.

Kuno, S. (1972) Functional Sentence Perspective, *Linguistic Inquiry* 3(3).

Kuno, S. (1978) Generative Discourse Analysis in America, *Current Trends in Text l inguistics,* Berlin: de Gruyter.

Kuno, S. (1979) Newness of Information and Order of Deletion, *Cahiers Charles V: Recherches de l' Institut d' Anglais Charles V* 1: 211-221.

Laka, M. I. (1990) *Negation in Syntax: On the Nature of Functional Categories and Projections*, Ph. D. dissertation, MIT Press, MASS.

Larson, R. (2010) Grammar as Science, MIT Press, MASS

Lasnik, H.(1999) Pseudogapping Puzzles, *Fragmatics: Studies in Ellipsis and Gapping*, Oxford: Oxford University Press.

Lasnik, H. & J. Uriagereka (1988) *A Course in GB Syntax: Lectures on Binding and empty Categories.* MIT Press

Legate, J. A. (1998) "Verb Phrase Types and the Notion of a Phase." ms., MIT, Cambridge: MASS.

Legate, J. A. (2002) "Some Interface Properties of the Phase." *Linguistic Inquiry* 34(3)

Lobeck, A. (1999) VP ellipsis and the Minimalist Program: Some Speculations and Proposals, Fragments: *Studies in Ellipsis and Gapping*, Oxford: Oxford University Press.

McCawley, James (1988) *The Syntactic phenomena of English.* 2nd edition. The University of Chicago Press. Chicago.

Ouhalla, Jamal. (1994) *Introducing Transformational Grammar.* Edward Arnold

Pesetsky, D. (1987) Wh-in-situ: Movement and Unselective Binding, The Representation of (In)definiteness, *Current Studies in Linguistics* 14.

Prince, E. (1981) Toward a Taxonomy of Given-New Information, *Radical Pragmatics*, New York: Academic Press.

Quirk, Randolph, S. Greenbaum, G. Leech, J. Svartvik. (1972) *A Grammar of Contemporary English.* Longman

Quirk, Randolph, S. Greenbaum, G. Leech, J. Svartvik. (1985) *A Comprehensive Grammar of the English Language.* Longman

Radford, Andrew. (1981) *Transformational* syntax. Cambridge University Press

______. (1988) *Transformational Grammar: A first course.* Cambridge University Press

______. (1997) *Syntactic Theory and the structure of English.* Cambridge University Press

______. (2004) *Minimalist Syntax: Exploring the Structure of English.* Cambridge University Press

Reinhart, T. (1983a) *Anaphora and Semantic Interpretation*, London: Croom Helm.

Reinhart, T. (1983b) Coreference and Bound Anaphora: A Restatement of Anaphora Questions,

Linguistics and Philosophy 6.

Rochemont, M. S. (1986) Focus in Generative Grammar, *Studies in Generative Linguistic Analysis 4.*

Ross, J. R. (1969) Auxiliaries as Main Verbs, *Studies in Philosophical Linguistics 1.*

Sag, I. (1976) A Logical Theory of Verb Phrase Deletion, *Papers from the 12th Regional Meeting of the Chicago Linguistic Society.*

Sag, I. (1977) *Deletion and Logical Form*, Bloomington: Indiana University Linguistic Club Publications.

Schwarz, B. (1999) On the Syntax of *either…or… Natural Language and Linguistic theory* 17: 339-370

Siegel, M. E. A. (1984) Gapping and Interpretation, *Linguistic Inquiry* 15 (3): 523-530.

Wardhaugh, R. (1995) *Understanding English Grammar.* Blackwell. Holland

Wasow, T. (1972) *Anaphoric Relations in English*, Ph. D. dissertation, MIT, Cambridge: Mass.

Wasow, T. (1979) Anaphora in Generative Grammar, *Studies in Generative Linguistic Analysis 2.*

Williams, E. (1977a) Discourse and Logical Form, *Linguistic Inquiry* 8(1).

Williams, E. (1977b) On Deep and Surface Anaphora, *Linguistic Inquiry* 8(4).

Williams, E. (1980) Remarks on Stress and Anaphora, *Journal of Linguistic Research* 1(3).

Wilder, C. (1994) Coordination, ATB and Ellipsis: Minimalism and Kayne' s Asymmetry Hypothesis. *Groninger Arbeiten zur Germanistischen Linguistik* 37:291-331.

Winkler, S. (2000) Silent Copy and Polarity Focus in VP Ellipsis, *Ellipsis in Conjunction*, Tübingen: Niemeyer.

Winkler, S. (2005) Ellipsis, *The Encyclopedia of Language and Linguistics*, Oxford: Elsevier.